Paris
1922

Kautsky, Carl

Documents allemands relatifs à l'origine de la guerre

Tome 2

DOCUMENTS ALLEMANDS

RELATIFS A

l'Origine de la Guerre

COLLECTION COMPLÈTE DES DOCUMENTS OFFICIELS

Rassemblés avec quelques Compléments

PAR

KARL KAUTSKY

ET PUBLIÉS, A LA DEMANDE DU MINISTÈRE ALLEMAND DES AFFAIRES ÉTRANGÈRES,

APRÈS RÉVISION EN COMMUN AVEC KARL KAUTSKY

PAR

Le Comte Max MONTGELAS et le Professeur Walter SCHUCKING

Traduit par CAMILLE JORDAN

Ministre plénipotentiaire

TOME II

DE LA RÉCEPTION DE LA RÉPONSE SERBE

A LA NOUVELLE DE

LA MOBILISATION GÉNÉRALE RUSSE

PARIS

ANCIENNE LIBRAIRIE SCHLEICHER

ALFRED COSTES, ÉDITEUR

8, RUE MONSIEUR-LE-PRINCE, 8

1922

DOCUMENTS ALLEMANDS

RELATIFS A

L'ORIGINE DE LA GUERRE

DOCUMENTS ALLEMANDS

RELATIFS A

l'Origine de la Guerre

COLLECTION COMPLÈTE DES DOCUMENTS OFFICIELS

Rassemblés avec quelques Compléments

PAR

KARL KAUTSKY

ET PUBLIÉS, A LA DEMANDE DU MINISTÈRE ALLEMAND DES AFFAIRES ÉTRANGÈRES,

APRÈS RÉVISION EN COMMUN AVEC KARL KAUTSKY

PAR

Le Comte Max MONTGELAS et le Professeur Walter SCHUCKING

Traduit par CAMILLE JORDAN

Ministre plénipotentiaire

TOME II

DE LA RÉCEPTION DE LA RÉPONSE SERBE
A LA NOUVELLE DE
LA MOBILISATION GÉNÉRALE RUSSE

PARIS

ANCIENNE LIBRAIRIE SCHLEICHER

ALFRED COSTES, ÉDITEUR

8, RUE MONSIEUR-LE-PRINCE, 8

—

1922

ERRATA

Table chronologique, P. vii, n° 339, lire « au Chancelier de l'Empire », au lieu de « au Ministère des Affaires Etrangères ».

»　　　　»　　　　P. xiii, n° 475, lire « 12 h. 25 soir », au lieu de « 12 h. 52 soir ».

»　　　　»　　　　» n° 477, lire « 12 h. 55 soir », au lieu de « 12 heures soir ».

P. 27, n° 297, note 3, lire « quelconques », au lieu de « aucunes ».

P. 70, n° 339, Suscription, lire « au Chancelier de l'Empire » au lieu de « au Ministère des Affaires Etrangères ».

P. 83, n° 349, 2ᵉ paragraphe *in fine*, lire « qu'elle n'y songeait pas », au lieu de « qu'elle n'y songerait pas ».

P. 104, n° 366, 4ᵉ ligne, lire « Beg you », « au lieu de « Bog you ».

P. 114, n° 372, 1ʳᵉ ligne, lire « en chef », au lieu de « en Chef ».

P. 125, n° 376 a, 2ᵉ ligne, lire « est parvenu », au lieu de « est parvenue »

P. 137, n° 382, 1ᵉʳ paragraphe, avant-dernière ligne, lire « Britain » au lieu de « Britian ».

P. 139, 2ᵉ note de l'Empereur à droite, lire « de la menace qu'il a adressée », au lieu de « de la menace qu'il a adressé ».

P. 155, n° 394, avant-dernière ligne, lire « au ministre », au lieu de « au Ministre ».

P. 158, n° 398, ligne 15, lire « le marquis Pallavicini », au lieu de « le marquis de Pallavicini ».

P. 176, n° 413, lire « de sa vive satisfaction de », au lieu « de sa vive reconnaissance pour ».

TABLE CHRONOLOGIQUE DU TOME II (1)

N°°	HEURE DU DÉPART	DATE ET SUBSCRIPTION	HEURE DE L'ARRIVÉE	PAGES
		28 Juillet		
279	2 h. mat.	Le Chancelier de l'Empire à l'Ambassadeur à Londres.		1
280		L'Ambassadeur à Vienne au Ministère des Affaires Etrangères.	4 h. mat.	2
281		L'Ambassadeur à Vienne au Ministère des Affaires Etrangères.	4 h. mat.	3
282		L'Ambassadeur à Pétersbourg au Ministère des Affaires Etrangères	4 h. 36 mat.	4
283	5 h. mat.	Le Chancelier de l'Empire à l'Empereur.		6
284		Le Chargé d'affaires à Cettigné au Ministère des Affaires Etrangères	7 h. 5 mat.	7
285		L'Ambassadeur à Constantinople au Ministère des Affaires Etrangères.	7 h 20 mat.	8
286		Le Ministre à Christiania au Ministère des Affaires Etrangères.	8 h. 3o mat.	9
287	9 h.3o mat.	Le Secrétaire d'Etat des Affaires Etrangères à l'Ambassadeur à Rome.		9
288		L'Ambassadeur à Pétersbourg au Chancelier de l'Empire.	matin	10
289		L'Ambassadeur à Pétersbourg au Chancelier de l'Empire.	matin	14
290		Annexe au rapport de l'Ambassadeur à Pétersbourg du 26 juillet 1914.	matin	15
291		L'Attaché militaire à la Cour de Russie à l'Empereur.	matin	16
292		L'Ambassadeur à Paris au Chancelier de l'Empire.	matin	20
293	10 h. mat.	L'Empereur au Secrétaire d'Etat des Affaires Etrangères.		22
294		Le Consulat à Riga au Ministère des Affaires Etrangères.	11 h.55 mat.	24
295		Le Gérant du Consulat à Moscou au Ministère des Affaires Etrangères.	12 h.10 soir	25
296		L'Ambassadeur à Pétersbourg au Ministère des Affaires Etrangères.	1 h. 4 soir	26
297		L'Ambassadeur à Pétersbourg au Ministère des Affaires Etrangères.	2 h. 25 soir	26

(1) Les dates et heures indiquées sont celles du départ du Ministère des Affaires Etrangères et de l'arrivée au Ministère. Pour les télégrammes, etc., de l'Empereur, ce sont celles du départ de la résidence impériale et de l'arrivée à la résidence. Voir *Observations préliminaires* III.

Nos	HEURE DU DÉPART	DATE ET SUSCRIPTION	HEURE DE L'ARRIVÉE	PAGES
		30 Juillet (suite)		
391	2 h. 40 mat.	Le Chancelier de l'Empire à l'Ambassadeur à Saint-Pétersbourg.		153
392	2 h. 55 mat.	Le Chancelier de l'Empire à l'Ambassadeur à Saint-Pétersbourg.		154
393	2 h. 55 mat	Le Chancelier de l'Empire à l'Ambassadeur à Londres.		154
394		Le Chargé d'affaires à Cettigné au Ministère des Affaires Étrangères.	2 h. 55 mat.	155
395	2 h. 55 mat	Le Chancelier de l'Empire à l'Ambassadeur à Vienne.		155
396	3 h. mat.	Le Chancelier de l'Empire à l'Ambassadeur à Vienne		156
397	3 h 5 mat.	Le Chancelier de l'Empire à l'Ambassadeur à Saint-Pétersbourg.		157
398		L'Ambassadeur à Constantinople au Ministère des Affaires Étrangères	5 h. 40 mat.	158
399	6 h. mat.	Le Chancelier de l'Empire à l'Empereur.		159
400		L'Ambassadeur à Vienne au Ministère des Affaires Étrangères.	6 h. 50 mat.	160
401		L'Ambassadeur à Pétersbourg au Ministère des Affaires Étrangères.	7 h. 10 mat	162
402	matin	Annotations marginales faites le 30 juillet matin par l'Empereur sur l'article du « Morning Post », du 28 juillet 1914 : « Efforts en faveur de la paix. »		165
403		Le Ministre à Bruxelles au Chancelier de l'Empire.	matin	167
404		Le Gérant du Consulat de Kowno au Ministère des Affaires Étrangères.	matin	168
405		L'Ambassadeur à Constantinople au Ministère des Affaires Étrangères.	10h.45 mat.	169
406	11 h. mat.	Le Chancelier de l'Empire au Ministre à Stockholm.		169
407	11 h. 15 mat.	Le Chancelier de l'Empire à l'Empereur.		170
408	11h. 15 mat	Le Chancelier de l'Empire à l'Empereur		171
409	11 h. 30 mat.	Le Chancelier de l'Empire à l'Ambassadeur à Londres.		172
410		L'Ambassadeur à Pétersbourg au Ministère des Affaires Étrangères.	11 h. 50 mat.	173
411		L'Ambassadeur à Constantinople au Ministère des Affaires Étrangères.	11h 59 mat.	174
412		L'Ambassadeur à Pétersbourg au Ministère des Affaires Étrangères.	12 h. 13 soir	175
413	12 h. 40 soir	Le Chancelier de l'Empire à l'Ambassadeur à Pétersbourg.		176
414		L'Ambassadeur à Rome au Ministère des Affaires Étrangères.	12 h. 56 soir	176
415		L'Ambassadeur à Vienne au Ministère des Affaires Étrangères.	1 h. 55 soir	177

Nᵒˢ	HEURE DU DÉPART	DATE ET SUSCRIPTION	HEURE DE L'ARRIVÉE	PAGES
		30 Juillet (suite)		
440	8 h. 55 soir	Le Chancelier de l'Empire à l'Empereur.		202
441	9 h. soir	Le Chancelier de l'Empire à l'Ambassadeur à Vienne.		202
442	9 h. soir	Le Secrétaire d'État des Affaires Étrangères à l'Ambassadeur à Vienne.		204
443		L'Ambassadeur à Vienne au Ministère des Affaires Étrangères.	9 h. 30 soir	204
444	9 h. 50 soir	Le Secrétaire d'État des Affaires Étrangères à l'Ambassadeur à Londres.		205
445		L'Attaché militaire à la Cour de Russie au Ministère des Affaires Étrangères	10 h. 5 soir	206
446		L'Ambassadeur à Rome au Ministère des Affaires Étrangères.	10 h. 5 soir	208
447		L'Ambassadeur à Londres au Ministère des Affaires Étrangères.	10 h. 25 soir	209
448		L'Ambassadeur à Vienne au Ministère des Affaires Étrangères.	10 h. 25 soir	210
449		L'Ambassadeur à Pétersbourg au Ministère des Affaires Étrangères.	11 h. 5 soir	211
450	11 h. 20 soir	Le Chancelier de l'Empire à l'Ambassadeur à Vienne.		212
451		Projet d'un télégramme non envoyé du Chancelier de l'Empire à l'Ambassadeur à Vienne.		212
452		Le Roi d'Angleterre au Prince Henry de Prusse.	11 h. 30 soir	213
453	11 h. 50 soir	Le Secrétaire d'État des Affaires Étrangères au Chargé d'affaires à Athènes.		214
454		L'Ambassadeur à Londres au Ministère des Affaires Étrangères.	12 h. soir	215
455		L'Ambassadeur à Paris au Ministère des Affaires Étrangères.	12 h. soir	215
456		Procès verbal de la séance du Conseil des Ministres prussiens du 30 juillet 1914.		216
		31 Juillet		
457	12 h. 45 mat.	Le Chancelier de l'Empire à l'Ambassadeur à Rome.		222
458		L'Ambassadeur à Rome au Ministère des Affaires Étrangères.	12 h. 52 mat.	222
459		L'Ambassadeur à Pétersbourg au Ministère des Affaires Étrangères.	12 h. 52 mat.	223
460		L'Ambassadeur à Londres au Ministère des Affaires Étrangères.	12 h. 52 mat.	223
461	1 h. 30 mat.	Le Secrétaire d'État des Affaires Étrangères à l'Ambassadeur à Paris.		225
462	1 h. 55 mat.	Le Secrétaire d'État des Affaires Étrangères à l'Ambassadeur à Pétersbourg.		225
463		Le Chargé d'affaires à Bucarest au Ministère des Affaires Étrangères.	2 h. 35 mat.	226

N° 279

Le Chancelier de l'Empire
à l'Ambassadeur à Londres (1).

Télégramme 184.

Berlin, le 28 juillet 1914 (2).

Sir Edw. Grey a déclaré expressément et à plusieurs
reprises que le conflit austro-*serbe* ne le regardait en rien,
mais que, par contre, il était prêt à offrir sa médiation dans le
cas d'un conflit austro-*russe*, et qu'il comptait à cet effet sur
notre coopération. Nous nous étions déclarés parfaitement
d'accord sur ce point. Maintenant Sir Edward a abandonné
ce point de vue, et a demandé notre médiation à l'effet
d'obtenir que l'Autriche considérât la réponse serbe comme
satisfaisante, ou tout au moins comme base d'une discussion
ultérieure (3).

La première demande est inadmissible. Il nous est impossible (4) de conseiller à Vienne de sanctionner *a posteriori* la
réponse serbe qu'elle a aussitôt et sans qu'elle fût parvenue à
notre connaissance rejetée comme insuffisante. Nous sommes
allés très loin dans la voie de la conciliation à l'égard de
l'Angleterre, quand, en ce qui concerne la seconde demande,
nous avons entrepris une action médiatrice (5). Je compte
absolument que l'Angleterre appréciera à sa juste valeur
notre démarche favorable à ses désirs. Je n'ai pas encore
pu examiner si la réponse serbe va jusqu'aux limites du
possible, car elle vient seulement de parvenir entre mes
mains. Toutefois la mobilisation de la Serbie antérieure à la

---

(1) D'après la minute de la main du Chancelier. La date du 27 juillet
écrite primitivement par le Chancelier a été changée en celle du 28 juillet.

(2) 28 juillet, 2 h. matin à l'Office central télégraphique.

(3) Voir N° 258.

(4) « impossible » a été substitué par le Chancelier à « nous ne pouvons
pas ».

(5) « en ce qui concerne..... quand nous avons entrepris... » est une
modification du texte primitif du Chancelier : « en nous prêtant à la modification du point de vue de Sir Edward, nous avons entrepris une action
médiatrice, en soumettant à l'examen de Vienne le désir anglais de voir
considérer la réponse serbe comme base de discussion ».

remise de sa réponse est un fait qui prête à des soupçons. Il *donne lieu de supposer de mauvais desseins.*

Quant à la supposition de Sir E. Grey, que l'Autriche aurait visé à l'écrasement de la Serbie, je puis d'autant moins l'admettre comme exacte qu'elle a déclaré expressément à la Russie qu'elle ne projetait aucune annexion territoriale, et qu'elle ne voulait pas porter atteinte à l'intégrité du Royaume de Serbie, déclaration qui n'a pas manqué de produire son effet sur la Russie. L'Autriche veut, et elle en a non seulement le droit, mais encore le devoir, obtenir des garanties que son existence ne continue pas à être minée par l'agitation panserbe qui a fini par aboutir à l'attentat de Sarajevo. Cela n'a absolument rien de commun avec une politique de prestige ou avec l'exploitation de la Triple Alliance contre la Triple Entente (6).

Sans doute nous nous efforçons, en plein accord avec l'Angleterre, et en continuant à coopérer avec elle dans tous les sens, de maintenir la paix européenne. Mais nous ne pouvons pas reconnaître à la Russie, ou même à la Triple Entente le droit d'intervenir en faveur des menées serbes contre l'Autriche.

Je prie Votre Excellence de régler son langage sur ces indications.

Bethmann Hollweg.

---

(6) La phrase qui suivait ici dans l'original : « Mais nous ne pouvons pas reconnaître à la Russie, ou même à la Triple-Entente, le droit d'intervenir en faveur des menées serbes contre l'Autriche », a été rayée par le Chancelier.

N° 280
L'Ambassadeur à Vienne
au Ministère des Affaires Étrangères (1).

Télégramme 116.

Vienne, le 27 juillet 1914 (2).

J'ai demandé personnellement d'urgence le texte de la note

---

(1) D'après le déchiffrement.
(2) Télégramme daté du 27 juillet, remis à Vienne 28 juillet 1 h. 45 matin,

serbe (3). Le baron Macchio m'a fait savoir que, vu le sur-
menage des bureaux, il n'était pas possible d'établir aussi
rapidement, copie d'une note aussi longue, mais qu'il ferait
tout son possible pour me faire remettre cette note ce soir
même.

A l'instant — onze heures et demie du soir — la note me
parvient, imprimée avec des commentaires explicatifs du
Gouvernement austro-hongrois. Comme la note, accompagnée de ces observations est communiquée ce soir à la presse,
je n'ai, vu sa longueur, — presque six pages imprimées —
pas cru devoir la transmettre par télégramme.

Tschirschky.

---

parvenu au Ministère des Affaires Etrangères 4 h. matin. Timbre d'enregistrement à l'entrée : 28 juillet matin.

(3) Voir N° 240.

N° 281

L'Ambassadeur à Vienne
au Ministère des Affaires Etrangères (1).

Télégramme 115.

Vienne, le 27 juillet 1914 (2).

Le comte Berchtold est venu me voir assez tard ce soir
pour me communiquer ce qui suit :

Ici est parvenu un télégramme du comte Szapary, faisant
connaître, d'après des informations de l'attaché militaire,
que la nouvelle se répand que les districts militaires de Kiew,
Varsovie, Odessa et Moscou ont reçu l'ordre de mobilisation
et que l'on convoque en même temps les réservistes. Les
districts de Pétersbourg et Wilna, et probablement aussi
celui de Kazan, ont reçu l'ordre de préparer la mobilisation,
mais sans appel de réservistes.

---

(1) D'après le déchiffrement.

(2) Télégramme daté du 27 juillet, remis à Vienne 28 juillet 1 h. 45 matin,
parvenu au Ministère des Affaires Etrangères 28 juillet 4 h. matin. Timbre
d'enregistrement à l'entrée : 28 juillet matin.

Le chef de l'État-Major général est d'avis que le moment est venu, au cas où l'on aurait confirmation à Berlin des mesures militaires russes, de déclarer à Pétersbourg, en vue de tirer au clair la situation militaire, que cette mobilisation constitue une telle menace pour les régions limitrophes des frontières méridionale et occidentale de la Russie qu'il y aura lieu de recourir à des contre-mesures appropriées.

Le baron Conrad de Hötzendorf est en outre d'avis qu'il faut *informer immédiatement la Roumanie de cette déclaration à Pétersbourg, et l'inviter, le cas échéant, à s'associer à cette déclaration.* Peut-être serait-ce le moment indiqué pour la publication du traité d'alliance avec la Roumanie, vu que M. Beldiman a fait savoir au comte de Szapary, que les milieux dirigeants en Roumanie, en raison des derniers événements, cherchaient les voies et moyens de publier le traité.

TSCHIRSCHKY.

N° 282
L'Ambassadeur à Pétersbourg
au Ministère des Affaires Étrangères (1).

Télégramme 167.

Saint-Pétersbourg, le 27 juillet 1914 (2).

Je viens de donner connaissance à Sasonow du contenu des télégrammes 126 et 128 (3). Le Ministre me pria de

---

(1) D'après le déchiffrement.

(2) Remis à Pétersbourg 27 juillet 8 h. 40 soir, parvenu au Ministère des Affaires Étrangères 28 juillet 4 h. 30 matin. Timbre d'enregistrement à l'entrée : 28 juillet matin Annotation marginale du Chancelier de l'Empire du 28 juillet : « Soumis à Sa Majesté » ; v. B. H. 28-7 ». Sur un feuillet collé au déchiffrement, le Chancelier fait l'observation suivante sur le télégramme de Pourtalès : « Il me semble douteux qu'il y ait lieu de communiquer *in-extenso* à Lichnowsky le télégramme de Sasonow. Il raconte tout à Sir E. Grey, d'une façon maladroite, et celui-ci pourrait être encore plus facile à l'égard de la Russie s'il voyait aussi manifestement que les fils ne sont pas rompus entre Berlin et Pétersbourg. Cet effet est tout au moins possible. Tout dépend beaucoup de la forme des instructions données à Lichnowsky, et dans laquelle il parlera à Sir Edward. v B. H. 28. »

(3) Voir n°ˢ 198 et 219.

remercier Votre Excellence de ces deux communications qui
ont fait sur lui une très bonne impression, et de l'assurer que
l'appel à nos bonnes et anciennes relations trouve chez lui
un chaleureux écho, et le touche profondément. Votre Excellence peut être assurée que la Russie ne décevra pas la confiance qu'Elle témoigne en son amour de la paix. Il est prêt
à aller jusqu'aux dernières limites dans la voie de la conciliation à l'égard de l'Autriche, et à épuiser tous les moyens
pour amener une solution pacifique de la crise.

Depuis que l'Autriche a proclamé son désintéressement
territorial, elle n'a encore entrepris aucun acte hostile
contre la Serbie. Dans ces conditions il est d'avis que le
moment est venu de chercher par un échange de vues entre
les puissances le moyen « de faire un pont d'or » à l'Autriche ;
peu importe la voie à suivre pour atteindre ce but. Il était
certes très éloigné du désir d'humilier l'Autriche. Mais il
demandait instamment de réfléchir que, si les exigences autrichiennes portant atteinte au droit de souveraineté serbe
étaient remplies, un régime révolutionnaire viendrait au pouvoir qui serait pire encore que le régime actuel. Je lui répondis qu'en tout cas la Serbie devrait avaler quelques pilules
très amères. L'Autriche ne se contenterait certainement pas
de protestations équivoques. En ce qui concernait la possibilité de l'adoucissement de quelques points, je n'étais pas à
même d'apprécier la question. En tout cas il faudrait mettre
un terme, une fois pour toutes, aux provocations incessantes
de la Serbie qui, pour la troisième fois dans l'espace de cinq
ans, avaient mis l'Europe au seuil de la guerre, car l'état de
choses actuel était devenu insupportable pour l'Europe. Aussi
l'Europe ne devait-elle pas arrêter le bras de l'Autriche dans
son règlement de comptes avec la Serbie. Sasonow ne voulut
pas abandonner l'espoir que l'on pût obtenir l'adoucissement
de quelques points dans les conditions posées par l'Autriche
à la Serbie. Il demanda instamment notre coopération à cet
effet. On devrait pouvoir trouver un moyen de donner à la
Serbie une leçon (4) méritée, tout en respectant ses droits de

____

(4) Voir n° 323.

souveraineté. Je répondis qu'il fallait aussi donner des garanties pour l'avenir, que la Serbie ne se soustrairait pas de nouveau aux obligations qu'elle avait assumées. Si la Serbie voulait être traitée comme un membre possédant l'égalité de droits dans la famille des États européens, elle devait se comporter comme un État civilisé. Les objections du Ministre contre ces critiques adressées à la Serbie ont été aujourd'hui beaucoup plus faibles qu'il y a deux jours; le langage du Ministre a été conciliant comme hier. En ce qui concerne la première partie du télégramme n° 128, Sasonow se référa à l'entretien d'hier du commandant Eggeling avec le Ministre de la Guerre (5).

POURTALÈS.

(5) Voir n° 242 ; voir en outre n° 3oo.

N° 283

Le Chancelier de l'Empire à l'Empereur (1).

Berlin, le 27 juillet 1914 (2).

Je soumets respectueusement à Votre Majesté un télégramme du prince Lichnowsky qui vient de me parvenir (3). Conformément aux ordres de Votre Majesté j'ai soumis la suggestion de Sir E. Grey au comte Berchtold (4). C'est à l'Autriche qu'il appartiendra de prendre parti à ce sujet. Si nous rejetons *a limine* tout rôle de médiateur, alors que Londres et Paris agissent continuellement sur Pétersbourg, nous serons considérés par l'Angleterre et par le monde entier comme responsables de la conflagration, et comme les véritables instigateurs de la guerre. D'une part cela nous

(1) D'après la minute de la main du Chancelier de l'Empire.
(2) Annotation marginale du Chancelier de l'Empire : « Demain matin par messager au Nouveau-Palais » ; parti par messager 28 juillet 5 h. matin.
(3) Voir n° 258. Jagow dans une note destinée au Chancelier avait demandé : « Le télégramme doit-il être soumis à Sa Majesté ? Il ne semble pas possible de ne pas l'en informer ? »
(4) Voir n° 277.

rendrait impossible de maintenir dans notre propre pays le caractère actuellement confiant de l'opinion, et d'autre part cela ferait sortir l'Angleterre de sa neutralité.

Votre fidèle sujet.

v. BETHMANN-HOLLWEG.

N° 284

Le Chargé d'Affaires à Cettigné
au Ministère des Affaires Etrangères (1).

Télégramme 18.
Urgent.

Cettigné, le 27 juillet 1914 (2).

Les autorités autrichiennes de Cattaro ont expulsé ce matin tous les Monténégrins qui s'y trouvaient. Le Conseil des Ministres d'ici a décidé comme mesure de représailles d'expulser tous les Autrichiens résidant au Monténégro. On annonce de fortes concentrations de troupes dans les localités de la côte autrichienne. Le Gouvernement craint un coup de main autrichien contre le Lovcen. Le Roi a *dit* à l'attaché militaire autrichien *qu'il (3) ferait tout son possible pour éviter la guerre avec l'Autriche.* La surexcitation s'accroît à Cettigné. Les communications postales et télégraphiques avec Cattaro sont provisoirement interrompues. Le ministre autrichien prie d'informer Vienne

Il ne le peut pas du tout! Que le diable le croit!

---

(1) D'après le déchiffrement.

(2) Remis à Cettigné 27 juillet 11 h. 30 soir, parvenu au Ministère des Affaires Etrangères 28 juillet 7 h. 5 matin Timbre d'enregistrement à l'entrée : 28 juillet matin. Le déchiffrement a été soumis à l'Empereur qui par une décision marginale en a ordonné la communication à l'ambassadeur à Vienne, rendu par lui le 28 juillet. Le télégramme de Zech a été communiqué le 28 juillet par Jagow à l'ambassadeur à Vienne, remis 10 h. 10 matin à l'Office central télégraphique.

(3) « il » souligné deux fois par l'Empereur.

que les relations télégraphiques entre
Cettigné et Cattaro sont interrompues, et
à ce qu'il semble par les autorités autrichiennes. *Comme le Monténégro l'empêche d'envoyer des messagers à la poste
à Cattaro, il ne peut établir sa liaison
avec Vienne.*

Zech.

N° 285

L'Ambassadeur à Constantinople
au Ministère des Affaires Etrangères (1).

Télégramme 366.
Strictement confidentiel.

Constantinople, le 28 juillet 1914 (2).

Le Grand-Vizir vient de me faire appeler auprès de lui et
m'a prié de soumettre à S. M. l'Empereur la demande de son
Souverain tendant à la conclusion à bref délai d'un traité
secret d'alliance *offensive et défensive entre l'Allemagne et
la Turquie contre la Russie*, et à permettre ainsi à la Turquie
d'entrer dans la Triple Alliance. Le *casus fœderis* interviendrait si la Russie attaquait la Turquie ou l'Allemagne ou
l'Autriche-Hongrie, ou si l'Allemagne ou la Triple Alliance
attaquait la Russie. Contre d'autres pays que la Russie, la
Turquie ne réclame pas de protection. Pour toutes les questions internationales, comme les Capitulations, la dette, etc.,
on en restera aux errements anciens. La Turquie y met pour
condition que Sa Majesté maintiendra en Turquie, en cas de
guerre, la mission militaire. Par contre la Turquie s'engagera
à trouver un mode d'après lequel la direction de l'armée
turque et le commandement d'un quart de l'armée seraient
confiés à la mission militaire à la déclaration de guerre.

---

(1) D'après le déchiffrement.
(2) Remis à Constantinople 28 juillet : h. 45 matin, parvenu au Ministère des Affaires Etrangères 7 h. 20 matin. Timbre d'enregistrement à
l'entrée : 28 juillet après-midi.

Les négociations devraient être conduites dans le plus profond secret, même à l'égard des Ministres turcs. Le Grand-Vizir me pria de n'en parler provisoirement à aucun de mes collègues et il déclara « indispensable » (3) que Mahmud Muchtar Pacha ne fût pas mis dans la confidence.

WANGENHEIM.

(3) En français dans le texte. (Note du Traducteur.)

N° 286

Le Ministre à Christiania
au Ministère des Affaires Étrangères (1).

Télégramme 17.

Christiania, le 27 juillet 1914 (2).

La visite du Président de la République française à Christiania a été contremandée aujourd'hui.

OBERNDORFF.

(1) D'après le déchiffrement.
(2) Remis à Christiania 27 juillet 11 h. 3o soir, parvenu au Ministère des Affaires Etrangères 28 juillet 8 h. 3o matin. Timbre d'enregistrement à l'entrée : 28 juillet matin. Le télégramme a été soumis à l'Empereur, et rendu par lui le 29 juillet.

N° 287

Le Secrétaire d'État des Affaires Étrangères
à l'Ambassadeur à Rome (1).

Télégramme 25.

Berlin, le 28 juillet 1914 (2).

Je vous prie de dire que nous appuyons les désirs de l'Italie en ce qui concerne les compensations, en ce sens que nous avons attiré et que nous continuons à attirer l'attention de Vienne sur la nécessité d'une entente avec l'Italie (3).

JAGOW.

(1) D'après la minute de la main de Jagow.
(2) 9 h. 3o matin à l'Office central télégraphique.
(3) Voir n** 26o et 267.

N° 288
L'Ambassadeur à Pétersbourg
au Chancelier de l'Empire (1).

Saint-Pétersbourg, le 26 juillet 1914 (2).

Tous les journaux d'ici discutent avec des commentaires approfondis la gravité de la situation créée par le fait du rejet par la Serbie de l'ultimatum autrichien.

La « Nowoje Wremja » d'aujourd'hui consacre trois articles à la situation actuelle. Le premier article intitulé « Dépêche autrichienne » cherche à discréditer les assertions contenues dans la note autrichienne au sujet de l'activité criminelle des officiers et fonctionnaires serbes, et les compare au procès Friedjung. L'attitude de l'Autriche ne prouve qu'une chose, son intention d'anéantir la Serbie. De plus on dit que l'Autriche, *sans entente avec l'Allemagne, ne se décidera jamais à commettre* une nouvelle et publique *violation du droit des gens.* L'Empereur d'Allemagne n'a que *deux mots à dire* et *l'Autriche retirera sa note* (3). L'Empereur sait que *la Russie appuiera la Serbie* avec toutes ses *forces* militaires, que l'attaque contre *la Serbie signifiera la guerre avec la Russie,* et que l'Allemagne et la France seront alors entraînées dans la guerre.

La responsabilité morale de l'anéantissement qui menace la civilisation euro-

merci !

Non je ne le savais pas!

Je ne pouvais pas supposer que le Tsar se mettrait du côté des bandits et des régicides, même au risque de déchaîner une guerre européenne. Les Germains sont in-

---

(1) D'après l'expédition.

(2) Timbre d'enregistrement du Ministère des Affaires Etrangères, 28 juillet matin. Le rapport a été soumis à l'Empereur, et rendu par lui le 30 juillet.

(3) En marge : point d'exclamation de l'Empereur.

péenne incombe à l'Allemagne et à son
Souverain.

« La Paix ou la Guerre » est le titre du
second article. Le procédé de l'Autriche
y est qualifié d'expédition de brigan-
dage, qui, en passant sur le corps de la
Serbie, tire l'épée contre la Russie ; la Russie sait que c'est à elle qu'est adressée la
provocation ; la Russie n'a pas attiré
l'orage de la guerre, mais elle intervien-
dra énergiquement pour défendre son
honneur.

L'Autriche a encore le temps de réfléchir, elle a encore le temps d'échapper à
ce tribunal de sang. Que Dieu punisse
celui qui commencerait la guerre !

Le troisième article est intitulé : « La
situation actuelle ».

C'est à Berlin qu'il faut chercher la réponse à la question de savoir si nous nous
trouvons à la veille d'une guerre européenne. Si l'Allemagne a résolu qu'il était
désavantageux d'attendre d'autres aug-
mentations des forces de la Double Alliance, et particulièrement de la Russie, et
si elle croit nécessaire de provoquer immédiatement la guerre, tous les efforts
des puissances seront sans résultats. Dans
ce cas il serait indubitable que la note
inouïe de l'Autriche est intervenue avec
la coopération de l'Allemagne ; que cette
démarche, en vue de provoquer la guerre
et d'y engager la Russie et la France,
émane de l'Allemagne. Mais les informations recueillies à ce sujet dans les milieux
diplomatiques semblent très indécises. En
tout cas, s'il s'agit d'un bluff, ce dessein
n'a pas réussi. Il est dit ensuite : « Une

solution pacifique n'est possible que si derrière l'Autriche ne se trouve pas l'Allemagne, résolue à faire la guerre. Car alors tout est inutile, et l'on ne peut plus éluder l'heure de la guerre européenne ».

Confiante en sa force et en l'alliance inébranlable avec la France, la Russie attend tranquillement le cours des événements. L'amour de la paix de la Russie est bien connu, mais la Russie a conscience de sa mission historique, et est prête à prendre les mesures les plus décisives que pourraient exiger les événements.

La « Semschtchina » est bien à l'opposé de la « Nowoje Wremja ». Elle condamne l'ultimatum, mais déclare qu'elle est très éloignée d'exciter la Serbie. Le Gouvernement russe a le devoir de retenir autant que *possible* la Serbie, et d'agir en même temps sur l'Autriche. Manifestement, le Gouvernement fait des efforts dans ce sens. Si l'Autriche a voulu une guerre, il fallait prendre des mesures pour l'empêcher, sans engager l'Europe dans la guerre. Il faut agir sur l'Autriche par l'Allemagne ou l'Italie.

Dans une boucherie générale, la Russie serait aussi engagée dans une guerre avec l'Allemagne que ne veulent ni la Russie ni les Allemands. Jusqu'ici il existe entre nous de bonnes relations; pourquoi ne seraient-elles pas utilisées pour le maintien de la paix? On ne pouvait que se réjouir des déclarations de Soukhomlinow d'après lesquelles tout serait prêt, mais c'était une raison de plus pour que l'Allemagne nous écoutât quand nous lui demandions d'exercer une influence sur l'Autriche.

La nouvelle du rejet par l'Autriche de la réponse serbe ne signifie pas encore que l'Autriche restera inaccessible aux suggestions de l'Allemagne.

Le « Rjetch » envisage la situation d'une façon analogue. « Il semble », écrit cette feuille, « qu'en dépit des provocations de la « Nowoje Wremja », l'Allemagne ne se prépare pas encore à des mesures extrêmes. L'espérance d'une solution pacifique du conflit, ou au pis aller d'une localisation du conflit, n'est pas encore perdue. C'est ce qu'on peut conclure des nouvelles de quelques milieux commerciaux de Londres que nous avons reproduites, qui concernent l'attitude que compte prendre l'Angleterre. L'Angleterre a l'intention d'offrir sa médiation ayant pour but de partager la note autrichienne en deux parties, soit une partie politique qui doit faire l'objet des négociations des puissances, et l'autre sur l'affaire de Sarajevo qui doit être discutée entre l'Autriche et la Serbie. Dans ce cas il ne s'agit pas des torts de la Serbie, il s'agit d'une guerre préventive, et, ne pas le faire observer serait ne pas voir le bois parce qu'il y a trop d'arbres ».

« Il est temps d'en finir », écrit le « Courrier de Pétersbourg ». Pour la Russie il y a un intérêt vital à ce que les Etats slaves, qui sont la couverture de la Russie sur le chemin des Dardanelles contre la « poussée à l'Est », ne tombent pas sous une influence étrangère. Une guerre contre l'Autriche et l'Allemagne serait populaire dans les milieux intellectuels russes, qui voient dans l'Allemagne l'incarnation de la réaction et le berceau du militarisme.

Le « Swjet » réclame la « mobilisation immédiate de l'armée russe ».

La « Birschewija Wjedomosti » constate que la réponse de la Russie à la note autrichienne « menaçante » a trouvé un appui unanime dans toute la presse russe. L'attitude du Gouvernement russe a montré que la diplomatie et l'opinion publique considéraient comme absolument inadmissible une entreprise de l'Autriche contre le territoire et l'indépendance de la Serbie.

F. POURTALÈS.

N° 289

L'Ambassadeur à Pétersbourg
au Chancelier de l'Empire (1).

St-Pétersbourg, le 26 juillet 1914 (2).

La « Wotschernoje Wremja », dans une édition parue exceptionnellement le dimanche, publie un article dont la traduction est ci-jointe. D'après les déclarations de M. Paléologue que m'a communiquées un collègue ami, il n'est pas douteux que la « haute personnalité » mentionnée dans ce journal est l'ambassadeur de France.

F. POURTALÈS.

---

(1) D'après l'expédition.

(2) Timbre d'enregistrement à l'entrée du Ministère des Affaires Etrangères 28 juillet matin. Le rapport a été soumis avec l'annexe (n° 290) à l'Empereur qui, par une décision marginale, en a ordonné communication à l'ambassadeur à Paris, communication qui toutefois n'a pas eu lieu ; rendu par l'Empereur au Ministère le 30 juillet.

N° 290
Annexe au rapport de l'Ambassadeur
à Pétersbourg du 26 juillet 1914.

Wetschernoje Wremja, le 13/26 juillet 1914.

Nous avons eu aujourd'hui l'occasion de nous entretenir avec une haute personnalité.

quand donc? Comment? Alors le Tsar n'aurait pas eu besoin de faire appel à moi !

Du *côté russe on a fait tout ce qu'on pouvait* pour que *le conflit entre la Serbie et l'Autriche ne prît pas une grande extension*, mais le Gouvernement de Vienne n'a pas jugé nécessaire d'écouter la voix de la justice, et semble être résolu à pousser l'affaire jusqu'à la guerre.

Le rôle diplomatique de la Russie vis-à-vis de l'Autriche doit être *considéré* comme *terminé*, vu que le Cabinet de Vienne a fait une réponse négative à la note adressé hier par le Prince Kudachew au Ministre autrichien des Affaires Etrangères.

Dans une pareille situation, à mon avis, les chances de guerre se sont considérablement accrues, et nous nous trouvons à la veille de grands événements.

Les troupes autrichiennes peuvent à toute heure franchir la frontière serbe, et alors *le rôle de la Russie semble bien déterminé*, et consiste nettement à *porter* à la

aux assassins de princes

Serbie *le secours militaire nécessaire.*

Sur l'ordre du Ministre de la Guerre Soukhomlinow, on a pris hier *les mesures*

mobilisation

nécessaires pour éviter une catastrophe éventuelle. En tout cas *nos ennemis ne*

malheureusement non s'ils continuent d'agir comme ils l'ont fait jusqu'ici.

pourront nous surprendre.

En ce qui concerne notre alliée, la France, et notre amie l'Angleterre, il est évident par l'échange de vues qui a eu lieu entre nous, que nous agissons dans une solidarité entière et la main dans la main, et que nous poursuivons ensemble la même tâche. Il est possible que la situation soit sauvée au dernier moment par l'intervention du Roi d'Italie, mais on ne peut concevoir à ce sujet que de faibles espérances. Il ne faut pas oublier que derrière les coulisses *des événements actuels se trouve l'Allemagne*, qui considère probablement le moment actuel comme très favorable pour régler son compte avec la France. Les milieux dirigeants de Berlin affichent ouvertement leur entière sympathie pour la *conduite révoltante* de l'Autriche. Sans une pareille sympathie le Gouvernement de Vienne ne se serait jamais décidé à un parti qui ne paraît *aucunement justifié par les faits*.

Cochon!

alors l'assassinat d'un prince est une bagatelle.

N° 291

L'Attaché militaire à la Cour de Russie à l'Empereur (1).

St-Pétersbourg, le 13/26 juillet 1914 (2).

J'ai l'honneur de compléter ainsi qu'il suit mon télégramme d'hier au soir (3).

Hier l'Empereur avec toute sa suite a, du matin au soir, passé des revues à Krasnoje. Le contenu de la note autrichienne

(1) Le chef du Cabinet Militaire a transmis l'original du rapport de Chelius au Ministère des Affaires Etrangères ; en vertu d'une décision du Chancelier de l'Empire du 28 juillet, le rapport a été renvoyé au chef du Cabinet militaire le 31 juillet.

(2) D'après une copie du rapport qui se trouve aux Archives.

(3) Voir N° 194.

venait précisément d'être publié par les journaux, et tant par
son ton acerbe que par ses énonciations détaillées, elle a provoqué une grande indignation. Au Conseil des Ministres
d'hier il avait été résolu de demander à Vienne une prolongation du délai. Le refus de Berchtold est parvenu ce matin
à Krasnoje. Jusque-là, l'opinion au Quartier Général était
sérieuse et inquiète. Après le déjeuner se déchaîna la plus
profonde indignation contre l'Autriche. Le Ministre de la
Guerre, le Grand-Duc Nicolas, le chef de l'Etat-Major général, etc., ont été appelés chez l'Empereur, et il se produisit
dans le camp une inquiétude, indice de résolutions importantes. A l'inspection de l'après-midi on apprit que les exercices se terminaient le soir, que les manœuvres étaient décom-
mandées, et que toutes les troupes reviendraient. Le général
Adlerberg, Gouverneur de St-Pétersbourg, se trahit à ce
sujet, et dit que c'était pour la mobilisation. Le baron Grun-
wald, le Grand-écuyer, un homme très favorablement disposé envers l'Allemagne, était assis à côté de moi au dîner et
me dit : « La situation est très grave, je ne peux pas vous
dire ce qui a été résolu aujourd'hui à midi, vous l'appren-
drez bientôt ; mais attendez-vous à ce que ce soit très
grave ». Il m'adressa encore les mots : « J'espère que nous
nous reverrons dans des temps meilleurs ». Après le repas
trois Messieurs de la suite se présentèrent à moi, probablement par ordre supérieur, pour savoir si l'on avait connu
la note autrichienne à Berlin, et si on l'avait approuvée avant
sa remise à Belgrade. Je ne pus que répondre que l'on n'en
aurait guère eu le temps. Je me suis abstenu d'assister à la
représentation du théâtre du soir et j'ai bien fait, vu que l'Empereur a été l'objet d'une longue ovation démonstrative qui
était préparée par le Grand-Duc Nicolas. L'Empereur était
très calme, et ne laissait paraître aucune émotion. Sa Majesté me salua deux fois en me serrant la main très amicalement, mais sans me dire un mot. Avant le banquet, Sa Majesté fit le discours ci-annexé (4) aux élèves des écoles mili-

---

(4) Texte du discours du Tsar (d'après la copie se trouvant aux Archives) :
« Je voulais vous voir, et Je vous ai ordonné de vous rassembler pour vous

taires, et les nomma officiers, ce qui doit être considéré comme une mesure exceptionnelle, vu que la promotion comme tous les ans devait avoir lieu à une époque plus tardive.

Au camp se répandit la nouvelle de la mobilisation des districts militaires de Kiew et Odessa à la frontière autrichienne. Bien que le fait ne soit pas confirmé et il ne pourra être établi que dans quelques jours, vu la sévère censure qui s'exerce sur les mesures militaires, on avait l'impression très nette qu'une mobilisation avait été ordonnée. Cette mobilisation a été provoquée par les circonstances suivantes : En premier lieu, le ton de la note. La Russie la considère comme profondément offensante ; jamais un Etat n'a tenu un pareil langage à un Etat plus faible ; la Russie doit assister ses frères de race, et ne peut tolérer que la Serbie soit broyée. « Peu nous importe ce qu'il adviendra ! Nous romprions avec nos traditions si, dans le cas actuel, nous nous contentions d'observer une attitude indifférente. L'Autriche aurait dû avertir la Russie d'une pareille note ; mais, dans ces conditions, c'est une offense à une grande puissance qui est amie de la Serbie, et qui ne peut l'abandonner à la merci de l'Autriche. » Telle est l'opinion du Ministre de la Guerre.

En second lieu le rejet d'une prolongation de délai.

« La Russie a montré de la bonne volonté en faisant intervenir sa médiation avant l'expiration du délai ; le rejet est

---

dire quelques mots du service que vous aurez à accomplir. Souvenez-vous de Mes ordres : Croyez en Dieu ainsi qu'en la grandeur et la gloire de Notre Patrie. Efforcez-vous de la servir et de Me servir de toutes vos forces, et de remplir votre devoir dans quelque situation que vous soyez, et quelque poste que vous ayez à occuper. Témoignez du respect à vos supérieurs et soyez animés entre vous d'un esprit de camaraderie, à quelque arme que vous puissiez appartenir, en vous souvenant que chacun de vous sert en tant que membre de Notre grande Armée sa Patrie et son Souverain. Soyez sévères, mais justes à l'égard des hommes de troupe qui vous sont subordonnés, et efforcez-vous de leur servir en tout de modèle, dans le service, comme en dehors du service. Je vous souhaite de tout mon cœur bon succès, et Je suis convaincu que chacun de vous en toute circonstance se conduira comme un digne descendant de nos ancêtres, et Me servira honorablement Moi et la Russie. Je vous félicite de votre nomination d'officiers ».

un affront inouï de la part de l'Autriche qui nous traite comme si nous n'existions pas. Tout en reconnaissant la légitimité de l'indignation provoquée en Autriche par l'attentat de Sarajevo, cette puissance ne doit pas agir d'une manière qui va à l'encontre de tous les usages diplomatiques. Une guerre entre l'Autriche et la Serbie est une guerre avec la Russie ». Ceci est l'opinion de l'entourage de l'Empereur. Toutes les objections cessèrent quand ce mot d'ordre fut donné.

La troisième opinion est que l'on a eu connaissance à Berlin de la note et qu'on l'a approuvée. Ce dernier point a déjà été démenti, mais on a eu l'impression qu'après la visite de Poincaré, qui visait à une union plus étroite entre la Russie et la France, la Triple Alliance voulait donner à la Monarchie russe un soufflet en plein visage, et qu'on avait choisi à cet effet la malheureuse Serbie pour l'écraser du pied et faire affront aux puissances de l'Entente.

Ces trois facteurs ont produit une énorme surexcitation. D'autre part les hommes plus âgés, comme le général Fredericksz, qui possède une grande influence sur l'Empereur, espèrent une médiation de l'Angleterre, dont le désintéressement, d'après les déclarations de la « Westminster Gazette » ne leur plaît pas beaucoup, mais cependant dans ce cas leur paraît pratique.

L'inquiétude d'avoir à faire la guerre, alors que dans toute la Russie les masses ouvrières sont en grève, est cependant pour bien des gens plus grande que l'intérêt qu'on porte à la Serbie, car on craint que des démonstrations de plusieurs centaines de milliers d'ouvriers qui, particulièrement à Pétersbourg, offrent un caractère presque révolutionnaire, puissent apporter des entraves à la mobilisation, et forcer à laisser dans toutes les grandes villes de forts contingents de troupes.

Hier à 6 heures du soir a expiré le délai assigné par la note à Belgrade. Un général de la Suite impériale, avec qui je me trouvais à Krasnoje, regarda l'heure à sa montre et dit : « Maintenant les canons sur le Danube doivent avoir ouvert le feu, car on ne peut envoyer une pareille note que quand les canons sont chargés. »

Cela ne s'est toutefois pas produit, et l'Autriche semble attendre. Alors la crise est probablement passée, et la porte est ouverte à la *médiation* ; Sasonow *se réjouit*, car l'activité des diplomates, qui avait presque cessé, peut s'exercer de nouveau. Si l'Autriche avait occupé hier au soir Belgrade, le monde aurait été placé en face d'un fait accompli. Une goutte de sang serbe pouvait être considérée comme une expiation, l'Autriche pouvait éviter de continuer l'effusion de sang et accepter des propositions de médiation. L'opinion de la Russie que « l'Autriche aboie mais ne mord pas » (5) recevra une nouvelle confirmation.

En ce qui concerne la visite de Poincaré, j'ai l'honneur de vous faire connaître que l'Empereur, autant que j'ai pu l'observer, l'a traité très froidement et de haut en bas, ce qui a frappé toute l'assistance. Parmi les vieux Messieurs du Quartier général, on se soucie peu de l'entente avec la France, et on penche plutôt en faveur d'une ligue monarchique avec l'Allemagne. L'Empereur lui-même, à ce que m'a dit le baron Grünwald, n'a pas de sympathie pour les Français, ce que Sa Majesté aurait souvent dit. La mort du vieux prince Meschtchersky, l'éditeur du *Grashdanin*, que Sa Majesté lit tous les jours, est sous ce rapport une grande perte, et la presse favorable à l'Allemagne a perdu en lui un de ses rares amis. Dans la crise actuelle il aurait pu prononcer des paroles énergiques.

VON CHELIUS.

Lieutenant-général et général à la Suite.

____

(5) En français dans le texte (Note du Traducteur).

N° 292

**L'Ambassadeur à Paris
au Chancelier de l'Empire** (1).

Paris, le 24 juillet 1914 (2).

Dans mon entretien au sujet du conflit austro-serbe avec

____

(1) D'après l'expédition.
(2) Parti le 26 juillet ; timbre d'enregistrement à l'entrée du Ministère des Affaires Étrangères : 28 juillet matin.

M. Bienvenu-Martin, Ministre de la Justice, assurant l'intérim de la Présidence du Conseil des Ministres et du Ministère des Affaires Etrangères, j'ai fait ressortir particulièrement que le Gouvernement impérial considérait le différend
comme une affaire qui devait être réglée exclusivement entre
les deux intéressés, et espérait que, comme lui, les Gouvernements des autres puissances feraient les efforts les plus
sérieux en vue de la localisation du conflit.

L'opinion qui règne ici d'après les premières impressions
est connue de Votre Excellence : on a la volonté de ne pas
intervenir, mais cette volonté comme dans toutes les questions balkaniques est tempérée par les égards dûs à la Russie.
On comprend, il est vrai, que le Cabinet de Vienne se soit vu
contraint par les menées serbes à une mesure énergique,
mais on pense que la forme de la note a été d'une dureté inutile, et que les exigences sur certains points vont tellement
loin que leur acceptation ne paraît pas conciliable avec la
souveraineté et avec la dignité d'un Etat indépendant. L'excès
de ces prétentions est un facteur qui n'est pas favorable au
maintien de la paix, car il est impossible que la Russie puisse
rester indifférente à une pareille humiliation d'un Etat slave.

J'ai exprimé, à titre purement personnel, l'opinion que
l'on pouvait comprendre que l'Autriche-Hongrie, après les
fâcheuses expériences qu'elle avait faite depuis des années et
particulièrement dans ces derniers temps avec la Serbie, ne
mesurât pas la dignité de cet Etat avec le même étalon que
celle d'autres Etats. L'Autriche-Hongrie, bien éloignée de
vouloir mettre le feu à l'Europe, acquérait, d'après moi, des
mérites au maintien de la paix, lorsqu'après l'insuccès de
nombreux appels au devoir de ses voisins serbes, elle intervenait pour étouffer un foyer d'incendie dangereux, non seulement pour son intégrité territoriale, mais encore pour la
paix générale. D'ailleurs je ne pouvais qu'affirmer que le
Cabinet de Vienne ne nous avait pas demandé conseil, et que
nous avions encore moins provoqué cette démarche vigou-
reuse à Belgrade. Mais après que ses exigences étaient ren-
dues publiques, nous ne pouvions que les considérer comme
absolument justifiées.

M. Bienvenu-Martin, qui semble peu familiarisé avec les questions de politique étrangère, fit prendre part à l'entretien le Directeur politique intérimaire, M. Berthelot. Tous deux cherchèrent à savoir de moi si la démarche austro-hongroise à Belgrade devait être considérée comme un avertissement sérieux ou comme un ultimatum, et si, en conséquence, il y avait encore ou non place pour des négociations sur quelques unes des conditions que la Serbie ne pourrait accepter que difficilement.

J'ai évité de formuler à cet égard même une opinion personnelle, et j'ai insisté de nouveau sur le point qu'il y avait lieu de recommander aux autres puissances de s'abstenir de toute immixtion, vu que tout écart de la neutralité, en raison du « jeu des alliances » (3), pouvait entraîner des conséquences incalculables.

v. Schoen.

---

(3) En français dans le texte (Note du Traducteur).

N° 293

L'Empereur au Secrétaire d'Etat des Affaires Etrangères (1).

Nouveau Palais, 28 juillet 1914, 10 heures matin (2).
Excellence,

Après avoir parcouru la réponse serbe, que j'ai reçue ce matin, je suis convaincu que, dans l'ensemble, les désirs de la Monarchie du Danube sont accomplis. Les quelques réserves que la Serbie fait sur certains points peuvent, à mon avis, être réglées par des négociations. Mais la capitulation la plus humble est annoncé *orbi* et *urbi*, et par là *tout motif de guerre* disparaît.

Toutefois il n'y a lieu d'attribuer à ce morceau de papier

---

(1) D'après la minute originale de la main de l'Empereur se trouvant aux Archives. Comparez l'annotation marginale sur la réponse serbe. N° 271.

(2) Timbre d'enregistrement à l'entrée du Ministère des Affaires Etrangères 29 juillet après-midi.

et à son contenu qu'une valeur limitée, tant qu'il ne se sera pas traduit par des *faits*. Les Serbes sont des Orientaux, et par conséquent menteurs, faux et maîtres consommés dans l'emploi de moyens dilatoires. *Pour que ces belles promesses deviennent une vérité et une réalité, il faut exercer une « douce violence »* (3). On pourrait la réaliser de la façon suivante : l'Autriche pourrait *occuper* (Belgrade) comme *gage* de l'accomplissement et de l'exécution des promesses, et maintenir cette occupation jusqu'à ce que ses exigences aient *reçu en fait* leur exécution. C'est également nécessaire pour donner une satisfaction d'honneur (4) apparente à une armée qu'on a mobilisée *inutilement* pour la troisième fois, pour lui donner l'apparence d'un succès vis-à-vis de l'étranger, et le sentiment d'avoir au moins mis le pied sur un territoire étranger. Sans cela, à défaut d'une campagne, il pourrait surgir contre la dynastie une opinion très fâcheuse qui présenterait de graves inconvénients. Au cas où Votre Excellence partagerait mon opinion, je proposerai de dire à l'Autriche : le recul de la Serbie dans une forme très humiliante est obtenu, et on l'en félicite. Naturellement *il n'y a plus actuellement aucun motif de guerre.* Mais une *garantie* est nécessaire pour que les promesses soient *exécutées.* On pourrait l'obtenir par une occupation *passagère* d'une partie de la Serbie. On agirait de même que nous en 1871, quand nous avons laissé des troupes en France jusqu'à ce que les milliards fussent payés. Sur *cette base*, je suis prêt à servir de *médiateur* de la *paix* en Autriche. Je rejetterai toutes propositions ou protestations d'autres Etats en sens opposé, d'autant plus que tous font appel plus ou moins ouvertement à moi pour contribuer au maintien de la paix.

Je le ferai à ma manière, et en ménageant autant que possible *le sentiment national* de l'Autriche et *l'honneur de son armée,* car son chef suprême a déjà fait appel à elle, et elle doit obéir à cet appel. Dans ces conditions, elle doit sans

---

(3) « douce violence » en français dans le texte. (Note du Traducteur).

(4) « satisfaction d'honneur » en français dans le texte (Note du Traducteur.

contredit avoir une satisfaction d'honneur (5) apparente ;
c'est la *condition sine qua non* de ma médiation. Je prie
Votre Excellence de vouloir bien me soumettre dans ce sens
un projet qui sera communiqué à Vienne (6). J'ai fait écrire
dans ce sens au chef de l'Etat-Major général par Plessen qui
partage entièrement ma manière de voir.

GUILLAUME,
I. R.

------

(5) « satisfaction d'honneur » en français dans le texte. (Note du Traducteur).

(6) Voir n°s 3o8 et 3a3.

N° 294

Le Consulat à Riga
au Ministère des Affaires Etrangères (1).

Télégramme 2.

Riga, le 28 juillet 1914 (2).

Hier l'entrée du port était barrée jusqu'à l'après-midi par
la pose de mines de contact. Après, le vapeur de Stettin,
« Regina », fut admis dans le port. Les phares sont éteints, les
ponts de chemin de fer occupés militairement, les troupes
sont arrivées du camp de Kurtenhoff, les brise-glaces, « Pierre
le Grand » et « Tsar Michel » ont reçu l'ordre de se rendre à
Pétersbourg. Les wagons de marchandises sont refusés aux
particuliers.

CONSULAT.

------

(1) D'après le déchiffrement.

(2) Remis à Riga 28 juillet, parvenu au Ministère des Affaires Etrangères
28 juillet 11 h. 55 matin. Timbre d'enregistrement à l'entrée : 28 juillet
après-midi. Communiqué le 28 juillet à l'Etat-Major général, à l'État-Major
de la Marine, au Ministère de la Marine et au Ministère de la Guerre, transmis par messager 5 h après-midi.

N° 295

Le Gérant du Consulat Général à Moscou
au Ministère des Affaires Etrangères (1).

Télégramme 4.

Urgent. Moscou, le 27 juillet 1914 (2).

Ce soir la mobilisation semble en cours. On dit qu'elle a lieu à Kiew, Varsovie, Wilna. Continuellement des officiers de toutes armes partent de la gare d'Alexandre (Moscou-Brest). Hier, dans la nuit, les réservistes du 1ᵉʳ hussards ont été convoqués. Les dragons de Twer ont l'ordre de se rallier immédiatement à la troupe, et quand celle-ci sera partie, de la suivre. On dit qu'on a mobilisé ici en tout trois régiments. Probablement les cosaques d'ici. Le 70ᵉ grenadiers est encore ici. L'opinion est très calme et nullement hostile. Une Commission secrète d'officiers supérieurs de Pétersbourg a appris que les ouvriers se montrent très hostiles à la mobilisation et décidés à l'empêcher autant que possible. Cette constatation aurait produit une très grande impression. Les paysans ne s'intéressent qu'à la récolte, les commerçants ne sont pas belliqueux. La police ici ne passe pas pour très sûre vis-à-vis de troubles ouvriers qui pourraient surgir. Les troupes sont tenues très isolées des ouvriers. L'ambassade est prévenue.

HAUSCHILD.

---

(1) D'après le déchiffrement.

(2) Daté du 27 juillet, remis à Moscou le 28 juillet 12 h. 36 matin, parvenu au Ministère des Affaires Etrangères 12 h. 10 après-midi. Timbre d'enregistrement à l'entrée : 28 juillet après-midi Le 28 juillet communiqué, conformément à une décision marginale de Zimmermann, à l'Etat-Major général, à l'Etat-Major de la Marine, au Ministère de la Marine et au Ministère de la Guerre. Transmis par messager 5 h. après-midi.

N° 296

L'Ambassadeur à Pétersbourg
au Ministère des Affaires Étrangères (1).

Télégramme 172.

Saint-Pétersbourg, le 28 juillet 1914 (2).

Odessa annonce le 27 de ce mois : de nombreux réservistes sont convoqués, et on semble concentrer beaucoup d'artillerie dans le camp.

POURTALÈS.

(1) D'après le déchiffrement.
(2) Remis à Pétersbourg 12 h. 14 après-midi, parvenu au Ministère des Affaires Étrangères 1 h. 4 après-midi. Timbre d'enregistrement à l'entrée: 28 juillet après-midi. Communiqué le 28 juillet à l'État-Major général, à l'État-Major de la marine, au Ministère de la Marine et au Ministère de la Guerre, transmis par messager 5 h. après-midi.

N° 297

L'Ambassadeur à Pétersbourg
au Ministère des Affaires Étrangères (1).

Télégramme 173.

Saint-Pétersbourg, le 28 juillet 1914 (2).

Le langage que me tient mon collègue italien, permet de constater qu'à Rome on n'est nullement tranquille sur les intentions de l'Autriche ; qu'au contraire on se méfie beaucoup que l'Autriche songe à faire des acquisitions territoriales. Le marquis Carlotti croit que le Cabinet de Vienne a jusqu'ici évité de faire sur ce point des déclarations har-

(1) D'après le déchiffrement.
(2) Remis à Pétersbourg 1 h. 21 après-midi, parvenu au Ministère des Affaires Étrangères 2 h. 25 après-midi. Timbre d'enregistrement à l'entrée: 28 juillet après-midi. Communiqué télégraphiquement par Jagow après quelques modifications le 28 juillet aux ambassadeurs à Rome (136), et à Vienne (177). Télégramme 9 h. de l'après-midi à l'Office central télégraphique, expédié à 11 h. 35 soir, parvenu à l'ambassade à Vienne le 29 juillet 6 h. matin.

dies (3), propres à dissiper les inquiétudes de l'Italie. Je m'efforce sincèrement de combattre les soupçons de mon collègue italien qui, probablement trouvent ici un fort aliment.

POURTALÈS.

(3) « hardies » du déchiffrement de Jagow a été changé en « aucunes » dans les communications à Rome et à Vienne ; déchiffré à Vienne « la liant ».

N° 298

**Le Chargé d'Affaires à Bucarest
au Ministère des Affaires Etrangères (1).**

Télégramme 44.

Sinaïa, le 27 juillet 1914 (2).

S. M. le Roi a fait lire au comte Hutten-Czapsky deux télégrammes de Pétersbourg et Paris. D'après le ministre de Roumanie à Pétersbourg, on a là-bas l'impression qu'une opinion belliqueuse règne à Berlin. Sasonow veut la paix, l'Empereur le soutient jusqu'ici, mais le parti panslaviste et serbophile est tellement influent que l'on craint que le Monarque puisse être amené à changer d'avis.

Le ministre à Paris télégraphie qu'il a l'impression que le Gouvernement ne désire pas la guerre pour l'instant.

Le Roi a dit en outre au comte que le ministre de Russie avait trois fois déclaré au Roi que la mobilisation de la Russie ne s'étendait qu'à la frontière autrichienne et non à la frontière allemande. Le Roi suppose que Poklewski lui demandera un de ces jours ce que ferait la Roumanie au cas où la Russie attaquerait l'Autriche. Le Roi posera la question inverse, et demandera si la Russie attaquera l'Autriche.

WALDBURG.

(1) D'après le déchiffrement.
(2) Remis à Sinaia 27 juillet, parvenu au Ministère des Affaires Etrangères 28 juillet 3 h. 16 après-midi. Timbre d'enregistrement à l'entrée : 28 juillet après-midi.

N° 299

Le Chancelier de l'Empire
à l'Ambassadeur à Vienne (1).

Télégramme 173.

Secret.   Berlin, le 28 juillet 1914 (2).

Les nouvelles militaires venant de Russie n'offrent encore ici que le caractère de bruits, et ne sont pas encore confirmées.

Le général de Moltke est d'avis qu'une déclaration catégorique à Pétersbourg paraîtrait prématurée. Toutefois le comte Szapary pourrait peut-être, en évitant de donner à ses démarches tout caractère comminatoire, attirer l'attention du Gouvernement russe sur ces bruits et en faire pressentir les conséquences.

A son retour de Roumanie, M. Beldiman m'a dit que la publication du traité secret, sans qu'on eût au préalable préparé l'opinion publique du pays, paraissait impossible.

Tant que les dés ne seront pas jetés, la Roumanie doit s'abstenir de toute provocation à l'égard de la Russie.

BETHMANN-HOLLWEG.

(1) D'après la minute. Projet de la main de Jagow.

(2) 3 h. 20 après-midi, à l'Office central télégraphique, parvenu à l'ambassade à Vienne 6 h. après-midi.

N° 300

Le Chancelier de l'Empire
à l'Ambassadeur à Pétersbourg (1).

Télégramme 130.

Berlin, le 28 juillet 1914 (2).

J'approuve absolument le langage de V. E. (3).

Je vous prie de dire à M. Sasonow que je lui suis recon-

(1) D'après la minute. Projet de la main de Jagow.

(2) 3 h. 35 après-midi à l'Office central télégraphique.

(3) Voir n° 282.

naissant de sa communication et de son esprit de conciliation, et que j'espère que la déclaration de désintéressement
territorial de l'Autriche suffira à la Russie, et pourra servir
de base à une entente ultérieure.

BETHMANN-HOLLWEG.

N° 301

L'Ambassadeur à Londres
au Ministère des Affaires Étrangères (1).

Télégramme 171.

Londres, le 28 juillet 1914. (2)

Les membres de l'ambassade d'Autriche d'ici, y compris
le comte Mensdorff, dans leurs conversations avec les
membres de l'ambassade et avec moi, n'ont jamais fait le
moindre mystère que l'Autriche tenait exclusivement à
abattre la Serbie, et que la note avait été rédigée à dessein
de manière qu'elle dût être rejetée. Lorsque samedi soir
le « Central News », répandit la nouvelle que la Serbie avait
cédé, ces Messieurs étaient pour ainsi dire atterrés. Le comte
Mensdorff m'a dit encore confidentiellement hier qu'on voulait absolument la guerre à Vienne, vu que la Serbie devait
être abattue. Ces Messieurs ont aussi raconté qu'on avait
l'intention de céder des portions du territoire serbe à la Bulgarie (3) (et aussi probablement à l'Albanie). Mais je prierais
instamment de ne pas faire état de ces déclarations à Vienne,
vu que je ne veux pas compromettre mes relations amicales

---

(1) D'après le déchiffrement. Voir n° 301.

(2) Remis à Londres 12 h. 58 après-midi, parvenu au Ministère des
Affaires Etrangères 3 h. 45 après midi. Timbre d'enregistrement à l'entrée :
28 juillet après-midi.

(3) Là l'annotation marginale du Chancelier de l'Empire du 28 juillet :
« Cette duplicité de l'Autriche est intolérable. Ils nous refusent des renseignements sur leur programme, ils disent expressément que les déclarations
du comte Hoyos, visant le démembrement de la Serbie, n'étaient qu'une
opinion purement personnelle ; à Pétersbourg, ils sont des agneaux qui
n'ont aucun mauvais dessein, et à Londres leur ambassadeur parle d'attribuer des portions du territoire serbe à la Bulgarie et à l'Albanie. »

avec le comte Mensdorff. Je ne sais pas si ces Messieurs dans leurs conversations ont fait à d'autres personnes des déclarations semblables, mais on peut supposer non sans raison qu'il ne s'agit pas simplement d'opinions inoffensives et purement théoriques, comme celles auxquelles a donné lieu le manque de vigilance du bavard polonais Bilinski.

J'ai toujours soutenu ici énergiquement le point de vue autrichien, et j'ai exposé à Sir E. Grey et à Sir W. Tyrrell, qu'en fait c'était le sentiment de la conservation qui déterminait le comte Berchtold à une politique active, vu qu'autrement lui et l'Autriche se seraient trouvés dans une situation intenable. Ils l'ont compris, et je crois que l'attitude jusqu'ici objective du Gouvernement britannique est due en grande partie à nos relations confiantes.

Lichnowsky.

N° 302

L'Ambassadeur à Vienne
au Chancelier de l'Empire (1).

Vienne, le 27 juillet 1914. (2).

Hier soir ont eu lieu devant l'ambassade d'Italie, de vives manifestations en faveur de l'Italie. Lors des manifestations de la foule qui ont eu lieu à une heure avancée de la nuit devant l'Hôtel de Ville, on a chanté outre des chansons patriotiques autrichiennes et allemandes, l'*Hymne italien*, la *Marche royale*. Ainsi que le comte Sturgkh me l'a dit à titre confidentiel, c'est lui qui a provoqué ces manifestations en faveur de l'Italie.

A cette occasion, j'ai demandé au Président du Conseil des Ministres, s'il avait envisagé l'idée de faire un geste amical à l'égard de l'Italie dans la politique intérieure autrichienne.

---

(1) D'après le déchiffrement.

(2) Timbre d'enregistrement à l'entrée du Ministère des Affaires Etrangères 28 juillet après-midi. Communiqué à l'ambassadeur à Rome le 31 juillet, après quelques modifications de détail.

Le comte Sturgkh m'a dit qu'il examinait de quelle façon on
pourrait le plus tôt possible organiser l'université italienne.

von Tschirschky.

N° 303

**Le Ministre de Prusse à Karlsruhe
au Ministère des Affaires Etrangères
(Chancelier de l'Empire) (1).**

Karlsruhe, le 27 juillet 1914 (2).

Vu la situation politique menaçante, je me suis permis de
vous annoncer télégraphiquement que je renonçais provisoirement à mon congé à Cowes.

Si Votre Excellence considérait ma présence en Angleterre
comme désirable, parce que je pourrais peut-être m'y rendre
utile grâce à beaucoup d'amis influents, je serais toujours prêt
à partir.

C'est de l'attitude de l'Angleterre que dépend sans aucun
doute actuellement la question de savoir si la guerre restera
localisée. Si de Londres un avertissement décisif est adressé
à Pétersbourg et à Paris, on ne se précipitera pas dans l'aven-
ture d'une grande guerre.

Nous expions amèrement le fait que *notre politique dans
le passé n'a pas su conserver* de bonnes relations avec
l'Empire britannique, et que, depuis la paix de Simonoseki,
elle a souvent provoqué la méfiance anglaise. C'était à éviter
absolument, et nos anciens hommes d'Etat responsables encou-
rent une lourde responsabilité sous ce rapport. A mon sens,
il dépendait de nous d'éviter l'entente avec les puissances de
la Duplice, et de *maintenir à la Triple Alliance l'amitié* ou
tout au moins la neutralité bienveillante de la Grande-Bretagne.

Jusqu'ici il ne s'est pas produit dans la rue de démonstra-

---

(1) D'après l'expédition.

(2) Timbre d'enregistrement à l'entrée du Ministère des Affaires Etrangères :
28 juillet après-midi.

tions d'une nature provocatrice. Des individus bruyants ont chanté devant quelques rédactions de journaux et devant quelques cafés la « Wacht am Rhein » et le « Deutschland über alles », mais le Ministre de l'Intérieur n'a aucune connaissance d'une manifestation hostile devant le consulat russe à Mannheim qu'annoncent certains bruits. Le Gouvernement Grand ducal s'opposera énergiquement à de pareilles manifestations provocatrices.

Toute la presse et l'opinion publique sont d'avis que, le cas échéant, nous sommes tenus de prêter assistance à l'Autriche, mais d'après mes constatations, il n'existe aucun enthousiasme en faveur d'une guerre ayant pour objet de protéger une alliée à moitié slave.

Personne ici ne compte sur l'appui réel de l'Italie.

v. EISENDECHER.

N° 304

L'Ambassadeur d'Angleterre au Secrétaire d'Etat des Affaires Étrangères (1)

Berlin, le 27 juillet 1914 (2).

AIDE-MÉMOIRE

Sir Edward Goschen has been instructed by Sir Edward Grey to ask His Excellency Herr von Jagow whether he would be disposed to instruct the German Representative in London to join with the Representatives of Italy and France and Sir Edward Grey in a Conference to be held in London at once in order to endeavour to find an issue to the present complications. With this view, the Representatives at Vienna, St-Petersburgh and Belgrade should, in Sir Edward Grey's opinion, be authorised, in informing the Government to which they are accredited of the above suggestion, to request that, pending the results of the Conference, all active military operations should be suspended.

---

(1) D'après l'expédition.
(2) Timbre d'enregistrement à l'entrée du Ministère des Affaires Etrangères: 28 juillet après-midi.

Traduction

AIDE-MÉMOIRE

Sir Edward Goschen a été chargé par Sir Edward Grey de demander à Son Excellence M. de Jagow s'il serait disposé à inviter le Représentant allemand à Londres à se joindre aux Représentants de l'Italie et de la France et à Sir E. Grey dans une Conférence qui serait tenue immédiatement à Londres en vue de trouver une solution aux complications actuelles. A cet effet, les Représentants à Vienne, à St-Pétersbourg et Belgrade devraient, de l'avis de Sir E. Grey, être autorisés à informer le Gouvernement auprès duquel ils sont accrédités de la proposition ci-dessus, et à le prier de suspendre toutes opérations militaires actives en attendant les résultats de la Conférence.

N° 305

**L'Ambassade d'Autriche-Hongrie
au Ministère des Affaires Etrangères (1).**

Berlin, le 28 juillet 1914 (2).

Le comte Berchtold a reçu du Gouvernement bulgare les assurances les plus formelles que la Bulgarie observerait une attitude de neutralité absolue. Bien que le comte Berchtold en ait informé Sa Majesté le Roi Carol et le Gouvernement roumain, Sa Majesté ainsi que M. Bratiano rappellent toujours au comte Czernin que, d'après les nouvelles qui leur parviennent, la Bulgarie fait preuve de tendances agressives, ce qui est absolument impossible.

Comme le comte Berchtold est convaincu que le Ministre allemand à Sofia est également en mesure d'annoncer à son Gouvernement que le Gouvernement bulgare observera une attitude calme, le comte Berchtold me prie de demander à M. le Secrétaire d'Etat s'il ne pourrait pas agir pour dissiper les appréhensions de Sa Majesté le Roi Carol et de M. Bratiano (3).

---

(1) D'après l'expédition. Non signé.
(2) Timbre d'enregistrement à l'entrée du Ministère des Affaires Etrangères : 28 juillet après-midi.
(3) Voir N° 316.

N° 306

L'Ambassade d'Autriche-Hongrie au Ministère des Affaires Étrangères (1).

Berlin, le 28 juillet 1914 (2).

Le comte Berchtold a reçu de Sofia la nouvelle que le Président du Conseil des Ministres bulgare aurait dit à notre ministre que le ministre de Bulgarie à Belgrade télégraphiait que le représentant monténégrin lui aurait déclaré que le Monténégro coopérerait avec la Serbie.

Conformément à ses instructions, l'ambassade impériale et royale a l'honneur de prier le Gouvernement impérial allemand de peser autant que possible sur le Roi Nicolas et le Gouvernement monténégrin pour leur faire observer la neutralité.

Il serait utile que le représentant de l'Allemagne signalât à cette occasion que nous sommes disposés à faire bon accueil aux désirs du Roi relatifs à la consolidation de sa dynastie et à la prospérité de son pays (3).

---

(1) D'après l'expédition. Non signé.

(2) Remis le 28 juillet par le baron Haymerlé au Ministère des Affaires Étrangères. Timbre d'enregistrement à l'entrée du Ministère : 28 juillet après-midi.

(3) Voir n° 322.

N° 307

Le Chancelier de l'Empire aux Ministres prussiens accrédités auprès des Gouvernements des Etats confédérés allemands (1).

Confidentiel.   Berlin, le 28 juillet 1914 (2).

Je prie Votre Excellence de vouloir bien faire au Gouver-

---

(1) D'après la minute dactylographiée avec des modifications manuscrites de Jagow. Voir Livre Blanc allemand de mai 1915, p. 25 n° 2.

(2) Transmis le 28 juillet par des voies diverses aux légations à Darms-

nement auprès duquel vous êtes accrédité la communication
suivante :

Les faits que le Gouvernement austro-hongrois a rendus
publics dans sa note au Gouvernement serbe sont de nature à
faire disparaître les derniers doutes. L'attentat dont le successeur au trône austro-hongrois et son épouse ont été victimes
a été préparé en Serbie, tout au moins avec la connivence de
membres du Gouvernement serbe et de l'armée serbe. C'est
le résultat des menées panserbes, qui, depuis une série d'années, sont devenues une source de perturbations pour la
Monarchie austro-hongroise et pour toute l'Europe.

Le chauvinisme panserbe a fait son apparition sous une
forme particulièrement caractérisée au cours de la crise bosniaque. Ce n'est que grâce à l'empire sur lui-même et à la
modération du Gouvernement austro-hongrois et à l'énergique intervention des grandes puissances qu'il y a lieu
d'attribuer le fait que les provocations auxquelles l'Autriche-
Hongrie était exposée à cette époque de la part de la Serbie
n'ont pas abouti à un conflit. Le Gouvernement serbe n'a pas
tenu les assurances de bonne conduite pour l'avenir qu'il
avait données alors. Sous les yeux, ou tout au moins avec la
tolérance tacite de la Serbie officielle, la propagande panserbe s'est continuée, et a pris de l'extension et de l'intensité.
Il ne répondrait ni à la dignité, ni au droit de conservation
du Gouvernement austro-hongrois de continuer à assister passivement aux menées de l'autre côté de la frontière qui menacent d'une façon constante sa sécurité et l'intégrité de son
territoire. Dans ces conditions, l'intervention ainsi que les
exigences du Gouvernement austro-hongrois doivent être
considérées comme justifiées.

La réponse du Gouvernement serbe aux demandes que lui
a fait poser le 23 de ce mois le Gouvernement austro-hongrois par l'intermédiaire de son représentant à Belgrade

---

tadt, Karlsruhe, Munich, Stuttgart, Dresde, Weimar, Oldenbourg et Ham-
bourg. Communiqué également le 3o juillet aux missions à l'étranger, à
l'exception de Paris, Londres et Pétersbourg, pour inspirer leur langage, en
omettant la première et la dernière phrase.

permet de constater que les facteurs dirigeants en Serbie ne sont pas résolus à abandonner leur politique antérieure et leurs menées agitatrices. Il ne reste au Gouvernement austro-hongrois, s'il ne veut pas renoncer définitivement à sa situation de grande puissance, qu'à assurer l'exécution de ses exigences par une forte pression, et, le cas échéant, en recourant à des mesures militaires.

Certains organes russes considèrent comme un droit naturel et comme la tâche de la Russie d'intervenir activement dans le conflit entre l'Autriche-Hongrie et la Serbie en faveur de la Serbie. La « Nowoje Wremja » croit même devoir rendre l'Allemagne responsable de la conflagration européenne résultant d'une pareille démarche de la Russie, si elle ne déterminait pas l'Autriche-Hongrie à céder. La presse russe renverse ainsi les rôles. Ce n'est pas l'Autriche-Hongrie qui a provoqué le conflit avec la Serbie, mais c'est la Serbie qui, en favorisant sans scrupule les aspirations panserbes, même dans des parties de la Monarchie austro-hongroise, l'a menacée dans son existence même et a créé une situation qui finalement a abouti à l'attentat criminel de Sarajevo. Si la Russie croit devoir intervenir dans ce conflit en faveur de la Serbie, c'est certainement son droit. Mais elle doit être nettement consciente qu'elle s'associe ainsi aux menées serbes minant les conditions d'existence de la Monarchie austro-hongroise, et que, si le différend austro-hongrois, que toutes les puissances désirent localiser, aboutit à une guerre européenne, elle en portera seule la responsabilité. Cette responsabilité de la Russie est claire, et pèse d'autant plus lourdement sur elle que le comte Berchtold a déclaré officiellement à la Russie qu'il ne projetait aucune acquisition territoriale en Serbie, et qu'il ne se proposait pas de porter atteinte à l'intégrité du Royaume de Serbie, mais seulement de mettre fin aux menées serbes compromettant l'existence de l'Autriche-Hongrie.

L'attitude du Gouvernement impérial dans cette question est clairement tracée. L'agitation poursuivie par les panslavistes contre l'Autriche-Hongrie vise comme but final, au moyen du démembrement de la Monarchie du Danube, la

rupture ou l'affaiblissement de la Triple Alliance, et par voie
de conséquence un complet isolement de l'Empire allemand.
Nos intérêts propres nous appellent en conséquence aux
côtés de l'Autriche-Hongrie. Le devoir de préserver, si possible, l'Europe d'une guerre générale nous commande en même
temps d'appuyer les efforts qui visent à la localisation du
conflit, en restant fidèles aux principes directeurs de la politique que nous avons poursuivie avec succès depuis près de
44 ans dans l'intérêt du maintien de la paix européenne. Si,
contre toute espérance, une intervention de la Russie étendait
le foyer d'incendie, nous devrions, conformément à nos obligations d'alliance, soutenir la Monarchie voisine de toutes
les forces de l'Empire. Nous ne tirerons l'épée que si nous y
sommes contraints, mais avec la ferme conviction que nous
ne sommes pas responsables du fléau que déchaînerait une
guerre sur les peuples de l'Europe.

v. Bethmann-Hollweg.

N° 308

Le Chancelier de l'Empire à l'Empereur (1).

Berlin, le 28 juillet 1914 (2).
J'informe respectueusement Votre Majesté que j'ai dû faire à Vienne par télégramme la démarche (3) prescrite, vu qu'il
n'y a plus de services réguliers de trains
avec Vienne.

J'estime que cette démarche serait uti-
lement accompagnée par un télégramme
à Sa Majesté le Tsar, si Votre Majesté
voulait bien le lui adresser. Un pareil
télégramme, si l'on devait en venir à la

---

(1) D'après l'expédition de la main du Chancelier de l'Empire.
(2) En haut en marge observation de l'Empereur en date du même jour :
« *Entendu, 10 h. 15 soir, 28. VII. 1914 G.* »
(3) Voir n° 293 et n° 323 qui évidemment ont été rédigés *avant* le n° 308.

guerre, mettrait en pleine lumière les torts de la Russie. Je me permets respectueusement d'annexer ci-joint un projet de télégramme (4). Le comte Pourtalès est chargé de dire à M. Sasonow que Votre Majesté s'efforce de déterminer Vienne à s'expliquer franchement à Pétersbourg, sur l'objet et la portée de l'intervention autrichienne en Serbie d'une façon explicite qui, nous l'espérons, satisfera la Russie. La déclaration de guerre qui vient d'intervenir ne change rien à cela (5).

bien

Votre fidèle sujet,

BETHMANN-HOLLWEG.

(4) Voir n° 335.
(5) Voir n° 3i5.

N° 309

**Le Chancelier de l'Empire
à l'Ambassadeur à Vienne (1).**

Télégramme 172.

Berlin, le 28 juillet 1914 (2).

J'ai chargé le comte Pourtalès d'attirer l'attention de M. Sasonow sur les conséquences inéluctables de mesures russes hostiles contre nous, et de lui signaler d'autre part que la déclaration de désintéressement territorial remise par le comte Berchtold au chargé d'affaires russe devait suffire à la Russie, et la déterminer à s'abstenir de toute intervention. Nous croyons qu'on a trouvé ainsi la base d'une entente, et nous espérons en rappelant nos rapports traditionnels que la guerre nous sera épargnée. Là-dessus Pourtalès télégraphie :

(1) D'après la minute. Projet de la main de Jagow.
(2) 4 h. 10 après-midi à l'Office central télégraphique, parvenu à l'ambassade à Vienne 7 h. 15 soir.

« Je viens de donner connaissance à Sasonow du contenu des télégrammes. Le Ministre... conciliant comme hier. » (3).

v. BETHMANN-HOLLWEG.

(3) Ici est reproduit le télégramme de Pourtalès du 27 juillet (282) en supprimant la phrase : « En ce qui concerne la première partie du télégramme n° 128... avec le Ministre de la Guerre. »

N° 310

**L'Ambassadeur à Paris
au Ministère des Affaires Étrangères (1).**

Télégramme 227.

Paris, le 28 juillet 1914 (2).

J'ai fait connaître hier au Sous-Secrétaire d'Etat Ferry que nous ne pourrions être médiateurs qu'entre Vienne et Pétersbourg. Ferry émit l'idée de la médiation des quatre puissances non directement intéressées. J'exprimai à titre d'opinion purement personnelle qu'il fallait éviter toute espèce de pression sur Vienne ainsi qu'une conférence formelle.

J'ai eu aujourd'hui un entretien avec le Ministre par intérim, qui m'a dit que la France avait adhéré à la proposition de Sir Edward Grey. Votre Excellence l'aurait acceptée en principe, mais, en ce qui concerne la forme, fait des réserves de même nature que celles que j'ai faites personnellement hier. Le Ministre pense qu'il sera facile de résoudre ces questions de forme. La question essentielle sera la bonne volonté, qui se manifeste heureusement de tous côtés, et une action prompte. Ici l'on pense, comme première étape de la médiation, à conseiller à l'Autriche-Hongrie la modération dans les opérations militaires et à offrir la garantie des puissances pour l'expiation et la bonne attitude de la Serbie. J'ai

(1) D'après le déchiffrement.

(2) Remis à Paris 2 h. 4 après-midi, parvenu au Ministère des Affaires Étrangères 4 h. 30 après midi. Timbre d'enregistrement à l'entrée : 28 juillet après-midi. Communiqué télégraphiquement le 29 juillet par Zimmermann aux ambassadeurs à Londres, Pétersbourg, Vienne et Rome, télégrammes (187, 138, 182, 140) 8 h 35 soir à l'Office central télégraphique, parvenu à l'ambassade à Vienne 29 juillet 6 h. matin.

de nouveau recommandé personnellement de tenir un juste compte des besoins et des susceptibilités justifiées de l'Autriche-Hongrie.

SCHOEN.

N° 311

L'Ambassadeur à Vienne
au Ministère des Affaires Etrangères (1).

Télégramme 118.

Vienne, le 28 juillet 1914 (2).

La déclaration de guerre est partie aujourd'hui à 11 heures par télégramme adressé au Ministère serbe des Affaires Etrangères.

TSCHIRSCHKY.

---

(1) D'après le déchiffrement.

(2) Remis à Vienne 4 h. 10 après-midi, parvenu au Ministère des Affaires Etrangères 0 h. 39 après-midi. Timbre d'enregistrement à l'entrée : 28 juillet après-midi. Un exemplaire du déchiffrement a été envoyé à l'Empereur le 28 juillet.

N° 312

L'Ambassadeur à Vienne
au Ministère des Affaires Etrangères (1).

Télégramme 119.

Vienne, le 28 juillet 1914 (2).

Le comte Berchtold me prie, en se référant à la phrase finale de votre télégramme 167 (3), d'assurer encore une fois expressément Votre Excellence que l'Autriche-Hongrie n'a pas l'intention d'occuper le Lovcen, si le Monténégro ne viole pas la neutralité vis-à-vis de la Monarchie.

TSCHIRSCHKY.

---

(1) D'après le déchiffrement.

(2) Remis à Vienne 4 h. 55 après-midi, parvenu au Ministère des Affaires Etrangères 7 h. 10 soir. Timbre d'enregistrement à l'entrée : 28 juillet après-midi.

(3) Voir n° 269.

N° 313

L'Ambassadeur à Vienne
au Ministère des Affaires Etrangères (1).

Télégramme 120.

Secret.   Vienne, le 28 juillet 1914 (2-3).

Le comte Berchtold remercie sincèrement Votre Excellence de la communication de la proposition de médiation anglaise, et fera parvenir prochainement sa réponse au Gouvernement impérial. Le Ministre fait observer dès maintenant qu'après l'ouverture des hostilités de la part de la Serbie et la déclaration de guerre effectuée dans l'intervalle, il considère la démarche de l'Angleterre comme trop tardive.

TSCHIRSCHKY.

---

(1) D'après la minute. Comparer Livre Blanc allemand de mai 1915, p. 31, n° 18.

(2) Remis à Vienne 4 h. 55 après-midi, parvenu au Ministère des Affaires Etrangères 7 h. 25 soir. Timbre d'enregistrement à l'entrée : 28 juillet soir. Le télégramme a été soumis à l'Empereur et rendu par lui le 29 juillet. La communication à l'ambassadeur à Londres ordonnée par une décision marginale de l'Empereur n'a pas été faite.

(3) Voir n° 277.

N° 314

Le Chancelier de l'Empire
à l'Ambassadeur à Londres (1).

Télégramme 185.

Berlin, le 28 juillet 1914 (2).

Si le Gouvernement britannique estime que son intérêt le plus important est le maintien de la paix européenne sur la base de l'équilibre des groupes, il ne peut pas supposer que dans notre rôle de médiation, nous allions jusqu'à forcer (3)

---

(1) D'après la minute. Projet de Zimmermann avec une modification de Jagow.

(2) 8 h. 40 soir à l'Office central télégraphique.

(3) « forcer » modification de Jagow du mot primitif de Zimmermann : « déterminer ».

directement l'Autriche-Hongrie à céder vis-à-vis de la Serbie.
Nous contribuerions ainsi à l'enterrement de la situation de
grande puissance de l'Autriche-Hongrie et à la modification
de l'équilibre européen au détriment de la Triple Alliance.
Nous sommes cependant bien éloignés d'envisager le conflit
austro-serbe comme une question de prépondérance entre
les deux groupes européens. Nous considérons l'intervention
austro-hongroise exclusivement comme un moyen de mettre
fin définitivement aux intolérables provocations serbes, qui
dans l'espace de cinq ans compromettent sérieusement pour
la troisième fois la paix européenne. A notre avis l'Europe y
est également intéressée (4).

Nous continuons d'ailleurs énergiquement nos efforts de
médiation à Pétersbourg, et nous espérons un résultat favorable. J'ai confiance en Votre Excellence pour faire comprendre notre point de vue à Sir Edward Grey.

Bethmann-Hollweg.

---

(4) Après « intéressée » les mots suivants écrits tout d'abord par Zimmermann : « Du reste l'Autriche-Hongrie ne se propose pas du tout d'abattre la
Serbie, elle ne veut pas porter atteinte à son intégrité, mais lui donner une
leçon bien méritée et s'assurer des garanties de tranquillité pour l'avenir »,
ont été rayés de sa propre main par la suite.

N° 315

Le Chancelier de l'Empire
à l'Ambassadeur à Pétersbourg (1).

Télégramme 131.

Berlin, le 28 juillet 1914 (2).

Nous continuons à nous efforcer de déterminer Vienne à
s'expliquer franchement avec Pétersbourg et à lui exposer

---

(1) D'après la minute de la main du Chancelier de l'Empire. Cf. Livre
Blanc allemand de mai 1915, p. 31, n° 16. Voir n°s 343, 345 et 357.

(2) 9 h. soir à l'Office central télégraphique. Dans des télégrammes
envoyés en même temps, le Chancelier communique aux ambassadeurs à
Vienne (176), Londres (186) et Paris (171) le texte de son télégramme à
Pourtalès. Parveau à l'ambassade à Vienne 29 juillet 6 h. matin.

le but et la portée de l'intervention autrichienne en Serbie d'une façon incontestable et, nous l'espérons, satisfaisante pour la Russie. La déclaration de guerre intervenue dans l'intervalle ne change rien à la situation (3).

BETHMANN-HOLLWEG.

(3) La phrase ajoutée ensuite ici par le Chancelier : « L'abstention par la Russie d'une mobilisation faciliterait essentiellement nos efforts » a été rayée ensuite par lui.

N° 316

Le Secrétaire d'État des Affaires Étrangères au Chargé d'affaires à Bucarest (1).

Télégramme 45.

Berlin, le 28 juillet 1914 (2).

M. Beldiman a exprimé ici la préoccupation du Gouvernement roumain de voir la Roumanie empêchée d'accomplir ses obligations d'alliance par une attitude agressive de la Bulgarie.

Je vous prie d'informer le Roi Carol et M. Bratiano que le Gouvernement bulgare a donné au comte Berchtold l'assurance la plus formelle (3) qu'il observerait une attitude de neutralité absolue. Dailleurs d'après les rapports du ministre de l'Empire à Sofia, il n'existe en Bulgarie aucunes tendances hostiles à la Roumanie. Il n'y a donc pas lieu sous ce rapport à des appréhensions de cette nature.

JAGOW.

(1) D'après la minute. Projet de la main de Bergen.
(2) 9 h. soir à l'Office central télégraphique.
(3) Voir n° 305.

N° 317
Le Secrétaire d'Etat des Affaires Etrangères
au Chargé d'affaires à Bucarest (1).

Télégramme 44.

Berlin, le 28 juillet 1914 (2).

Je vous prie de m'informer télégraphiquement de l'attitude de la presse de ce pays vis-à-vis du conflit entre l'Autriche-Hongrie et la Serbie, et d'observer particulièrement si l'on constate que l'on se détache de la Russie.

JAGOW.

---

(1) D'après la minute. Projet de la main de Bergen.
(2) 9 h. soir à l'Office central télégraphique.

N° 318
Le Ministre à Sofia
au Ministère des Affaires Étrangères (1).

Télégramme 39.

Sofia, le 28 juillet 1914 (2).

Le Gouvernement d'ici n'a pas fait de déclaration de neutralité écrite. Le Président du Conseil des Ministres a déclaré verbalement à mon collègue de Serbie, aussi bien qu'à moi, que la Bulgarie resterait neutre.

Hier, le ministre de Russie a proposé au Président du Conseil des Ministres la conclusion par tous les Etats balkaniques

---

(1) D'après le déchiffrement.
(2) Remis à Sofia 5 h. après-midi, parvenu au Ministère des Affaires Etrangères 9 h. 15 soir. Timbre d'enregistrement à l'entrée : 28 juillet soir. Le déchiffrement a été soumis à l'Empereur, qui, par une décision marginale, en a ordonné la communication aux missions diplomatiques à Vienne, Athènes et Constantinople. L'exemplaire du déchiffrement soumis à l'Empereur a été retourné au Ministère le 29 juillet. Le 28 juillet, le rapport de Michahelles a été communiqué télégraphiquement aux représentants à Vienne, Constantinople et Bucarest (télégrammes 178, 276, 47), 11 h. 40 soir à l'Office central télégraphique ; il a été également communiqué le 29 juillet à l'ambassadeur à Rome (139) ; 8 h. soir à l'Office central télégraphique.

d'une nouvelle ligue balkanique pour soutenir la Serbie. Le Président du Conseil des Ministres a *rejeté catégoriquement cette proposition*, et a fait observer *que la Bulgarie ne* lèverait *pas le petit doigt pour soutenir la Serbie.*

bien

Mon collègue de Grèce a déclaré au Président du Conseil des Ministres que son pays avait besoin de tranquillité, et par suite ne pouvait *pas assister la Serbie*, et ne s'y considérait pas comme obligé en dépit de son traité d'alliance.

bien

MICHAHELLES.

N° 319

Le Secrétaire d'Etat des Affaires Etrangéres au Ministre à Stockholm (1).

Télégramme 18.

Secret.　　　　　　　Berlin, le 28 juillet 1914 (2).

Une déclaration de neutralité de la Suède rendrait probablement plus difficile plus tard une modification de l'attitude de ce pays.

JAGOW.

(1) D'après la minute de la main de Jagow.
(2) 9 h. 15 soir à l'Office central télégraphique.

N° 320

Le Chancelier de l'Empire à l'Ambassadeur à Constantinople (1).

Télégramme 275.

Secret.　　　　　　　Berlin, le 28 juillet 1914 (2).

Sa Majesté accepte la proposition du Grand-Vizir. Le traité serait conclu sur les bases suivantes :

(1) D'après la minute. Projet de la main de Zimmermann.
(2) 9 h. 30 soir à l'Office central télégraphique.

1. Les deux Puissances s'engagent à observer une stricte neutralité dans le conflit actuel entre l'Autriche-Hongrie et la Serbie.

2. Si la Russie intervenait militairement dans la guerre, et si le casus foederis se posait ainsi pour l'Allemagne vis-à-vis de l'Autriche-Hongrie, le casus foederis surgirait également pour la Turquie.

3. L'Allemagne maintiendra la mission militaire en Turquie en cas de guerre. La Turquie garantit l'exercice *de fait* par la mission militaire du commandement supérieur (3).

4. L'Allemagne garantit à la Turquie vis-à-vis de la Russie son intégrité territoriale.

5. Le traité est en vigueur pour le conflit austro-hongrois serbe actuel et les complications internationales qui pourraient en résulter éventuellement. Il cessera d'être en vigueur si ce conflit n'entraîne pas une guerre entre l'Allemagne et la Russie.

J'autorise Votre Excellence à engager avec le Grand-Vizir les négociations nécessaires. Le marquis Pallavicini a adressé à Vienne des rapports détaillés sur vos entretiens précédents avec le Grand-Vizir. Pour assurer à l'avenir la plus stricte discrétion, je vous prie, même vis-à-vis de votre collègue austro hongrois, de ne laisser provisoirement rien transpirer de vos négociations avec le Grand-Vizir (4).

Bethmann-Hollweg.

---

(3) Dans le projet d'un rapport immédiat (du Chancelier à l'Empereur), non expédié, rapport écrit de la main de Zimmermann, qui reproduit les articles du projet de traité avec la Turquie dans l'ensemble comme ci-dessus, l'article 3 était ainsi conçu : « Pour la durée de la guerre la mission militaire allemande prend le commandement de l'armée turque. » En marge de ce projet, observation du Chancelier de l'Empire du 28 juillet : « Sa Majesté accepte le projet ainsi rédigé. — Je doute en ce qui me concerne que le n° 3 dans sa rédaction impérative soit acceptable pour la Turquie. Peut-être une formule assurant l'exercice de fait par la mission militaire du commandement supérieur serait-elle suffisante. » Zimmermann a modifié en conséquence le projet de la dépêche à Wangenheim en reproduisant l'article comme il se trouve ci-dessus.

(4) Voir n° 411 et 508.

N° 321

Le Secrétaire d'Etat des Affaires Etrangeres au Chargé d'Affaires à Bucarest (1).

Télégramme 46.

Berlin, le 28 juillet 1914 (2).

Pour usage.

M. Buldiman m'a *communiqué la nouvelle parvenue à M. Bratiano, d'après laquelle la Bulgarie convoquerait des réservistes et concentrerait des troupes sur la frontière roumaine.*

Là-dessus M. Michahelles télégraphie :

« Toutes les informations... fausses et tendancieuses. » (3).

L'ambassadeur *impérial à Vienne nous adresse un rapport dans le même sens.*

JAGOW.

(1) D'après la minute. Projet de la main de Bergen.
(2) 9 h. 3o soir, à l'Office central télégraphique.
(3) Ici le second paragraphe du télégramme de Michahelles du 27 juillet (n° 261) a été inséré jusqu'au mot : « fausses » et ajoutant après « fausses » les mots « et tendancieuses ».

N° 322

Le Secrétaire d'Etat des Affaires Etrangères au Chargé d'affaires à Cettigné (1).

Télégramme 15.

Berlin, le 28 juillet 1914 (2).

D'après des déclarations du représentant du Monténégro à Belgrade, le Monténégro projetterait une coopération avec la Serbie (3).

Je vous prie, en tenant secrète la provenance de cette nouvelle, et en la rattachant à certains bruits qui auraient couru, de recommander instamment au Roi et au Gouvernement

(1) D'après la minute. Projet de la main de Bergen.
(2) 9 h. 3o soir à l'Office central télégraphique.
(3) Voir n° 3o6.

d'appuyer nos efforts dirigés en vue de la localisation du conflit, et d'observer la neutralité. Vous voudrez bien ajouter que l'Autriche-Hongrie est prête à se montrer favorable aux désirs du Roi visant à la consolidation de sa dynastie et à la prospérité de son pays.

L'Autriche-Hongrie a déclaré aux Puissances qu'elle ne visait aucune annexion territoriale en Serbie (4).

JAGOW.

(4) Voir n** 198, 199, 200 et 470.

N° 323
Le Chancelier de l'Empire
à l'Ambassadeur à Vienne (1).

Télégramme 174.

Urgent.   Berlin, le 28 juillet 1914 (2-3).

Le Gouvernement austro-hongrois a nettement déclaré à la Russie qu'il ne songeait pas à des annexions territoriales en Serbie (4). Ceci concorde absolument avec l'information de Votre Excellence, d'après laquelle ni les hommes d'État autrichiens ni les hommes d'État hongrois ne considèrent comme désirable pour la Monarchie l'augmentation des éléments slaves. A part cela, le Gouvernement austro-hongrois, en dépit de questions répétées, nous a laissés dans l'incertitude sur ses intentions. La réponse du Gouvernement serbe à l'ultimatum autrichien, que nous possédons, révèle que la Serbie a donné satisfaction aux exigences autrichiennes dans une mesure tellement étendue qu'une attitude absolument intransigeante du Gouvernement autrichien permettrait de

(1) D'après la minute. Projet dicté par Stumm avec ses corrections manuscrites.

(2) 10 h. 15 soir à l'Office central télégraphique, parvenu à l'ambassade à Vienne, 29 juillet, 4 h. 30 matin.

(3) Voir n** 293 et 308.

(4) Voir n** 198 et 200.

compter que l'opinion publique de toute l'Europe lui deviendrait de plus en plus hostile.

D'après les renseignements de l'Etat Major général autrichien une intervention militaire active contre la Serbie ne sera possible que le 12 août. Le Gouvernement Impérial se trouve en conséquence placé dans une situation extraordinairement difficile ; il reste exposé dans l'intervalle aux propositions de médiation et de conférence des autres Cabinets. S'il continue à rejeter de pareilles propositions, il recueillera l'odieux de la responsabilité d'une guerre européenne, finalement même aux yeux du peuple allemand. Sur une pareille base on ne peut engager et mener une guerre avec succès sur trois fronts. Il faut absolument que si le conflit s'étend aux puissances qui n'y sont pas directement intéressées, ce soit la Russie qui en porte la responsabilité. Dans le dernier entretien de Sasonow avec le comte Pourtalès, le Ministre a admis que la Serbie devait recevoir une leçon bien méritée (5). Le Ministre n'était plus, comme auparavant, absolument opposé au point de vue autrichien. On pourrait en tirer la conclusion que le Gouvernement russe serait amené à reconnaître qu'après que la mobilisation de l'armée austro-hongroise a commencé, l'honneur des armes réclame une entrée en Serbie. Mais il pourra d'autant plus facilement accepter cette idée que le Cabinet de Vienne renouvellera à Pétersbourg la déclaration formelle qu'elle (6) n'a aucune intention d'annexion territoriale en Serbie, que les mesures militaires n'ont pour objet qu'une occupation passagère de Belgrade et d'autres points déterminés du territoire serbe, pour contraindre le Gouvernement serbe à l'exécution entière de ses exigences, et pour créer des garanties de bonne attitude pour l'avenir, auxquelles l'Autriche-Hongrie a incontestablement droit après les expériences qu'elle a faites avec la Serbie. L'occupation aurait le même caractère que l'occupation allemande en France,

---

(5) Voir n° 282.
(6) *Sic* dans la minute pour « il ».

après la paix de Francfort, pour assurer le paiement des indemnités de guerre. Aussitôt que les conditions autrichiennes seraient remplies, l'évacuation s'effectuerait. Si le Gouvernement russe ne reconnaît pas le caractère justifié de ce point de vue, il aura contre lui l'opinion publique de toute l'Europe qui est en train de se détacher de l'Autriche. A l'avenir l'opinion diplomatique générale et probablement aussi la situation militaire se déplacerait essentiellement en faveur de l'Autriche-Hongrie et de ses alliés.

Je vous prie de faire des déclarations expresses dans ce sens au comte Berchtold, et de provoquer une démarche correspondante à Pétersbourg. Vous devrez éviter soigneusement de créer l'impression que nous désirons retenir l'Autriche. Il s'agit uniquement de trouver une modalité rendant possible la réalisation du but poursuivi par l'Autriche, de couper le nerf vital de la propagande serbe, sans déchaîner en même temps une guerre européenne et, finalement, si cette guerre ne peut être évitée, d'améliorer le plus possible pour nous les conditions dans lesquelles elle devra être soutenue.

Prière de répondre télégraphiquement (7).

BETHMANN-HOLLWEG.

---

(7) Voir n°s 377 et 388.

N° 324

**L'Ambassadeur à Vienne
au Ministère des Affaires Etrangères (1).**

Télégramme 121.

Vienne, le 28 juillet 1914 (2).
Le comte Berchtold me prie de porter
à la connaissance de Votre Excellence ce
qui suit :

---

(1) D'après le déchiffrement.

(2) Parti de Vienne 6 h. 45 soir, parvenu au Ministère des Affaires Etrangères 28 juillet 10 h. 30 soir. Timbre d'enregistrement à l'entrée : 29 juillet matin. Le déchiffrement a été soumis à l'Empereur et rendu par lui au Ministère le 29. Le Sous-Secrétaire d'Etat des Affaires Etrangères

« Après que, conformément au désir exprimé par Sa Majesté Notre auguste Souverain, le comte Szögyény a été maintenu à son poste à Berlin jusqu'au 18 août, et que le comte Szögyény a demandé lui-même un congé à partir du 19 août, son successeur le prince Hohenlohe arrivera le 20 août à Berlin pour occuper son poste. Le Ministre prie de vouloir bien communiquer respectueusement cette information à Sa Majesté l'Empereur et Roi, et de lui demander si ces dispositions sont à sa convenance. »

TSCHIRSCHKY.

télégraphie le 30 juillet à Vienne : « Réponse au télégramme n° 121. Ces dispositions ont l'agréement de Sa Majesté. Zimmermann. » (Télégramme Berlin 199).

N° 325

Le Secrétaire d'Etat des Affaires Etrangères à l'Ambassadeur à Rome (1).

Télégramme 137.

Berlin, le 28 juillet 1914 (2).

L'ambassadeur impérial télégraphie :

« Le comte Berchtold me prie... vis-à-vis de la Monarchie » (3).

Nous cherchons à déterminer le Monténégro à observer la neutralité, et Vienne nous en a prié instamment.

JAGOW.

(1) D'après la minute de la main de Jagow.
(2) 11 h. 35 soir à l'Office central télégraphique.
(3) Ici est inséré le télégramme de Tschirschky du 28 juillet (n° 312).

N° 326

L'Ambassadeur à Vienne au Secrétaire d'Etat des Affaires Etrangères (Lettre personnelle) (1).

Secret.   Vienne, le 26 juillet 1914 (2).

Cher Monsieur de Jagow,

Mes meilleurs remerciements pour votre aimable lettre d'hier relative à la question des compensations italiennes. Je puis vous assurer que personne plus que moi n'est convaincu de la nécessité absolue de maintenir l'Italie dans la Triple Alliance, et que je fais tout mon possible pour déterminer les gens ici à renoncer à leur différend inutile avec l'Italie sur l'interprétation de l'article VII et à aboutir à des résolutions pratiques. Mais les Autrichiens resteront toujours des Autrichiens. Un alliage de vanité et de légèreté n'est ni facile, ni prompt à surmonter! Je les connais bien. Vous avez reçu mon télégramme (3) d'aujourd'hui d'après lequel Avarna a déclaré ici que le Gouvernement italien, en cas de conflit armé entre la Monarchie et la Serbie, observerait une attitude amicale et conforme (4) à ses obligations d'allié. Avarna me l'a confirmé aujourd'hui, et m'a assuré que l'Italie ne songeait pas à se détacher de la Triple Alliance. J'ai discuté ce sujet — même en ce qui concerne les compensations — à plusieurs reprises et d'une façon approfondie et confidentielle avec mon bon ami Avarna, qui est tenu par San Giuliano au courant de toutes ses conversations avec Flotow. Je ne puis me défendre de l'impression — et j'ai lieu de supposer qu'Avarna a la même impression — que San Giuliano, par le langage qu'il tient à Flotow et à Berlin, essaie par le chemin de Berlin de tirer le plus grand profit possible de son attitude neutre dans le conflit austro-serbe. Les communications qu'Avarna reçoit de Rome sont toujours beaucoup plus calmes que ce qu'on

---

(1) D'après l'expédition de la main de Tschirschky.

(2) La date de l'arrivée à Berlin n'est pas connue, elle n'est parvenue au Bureau Central du Ministère des Affaires Etrangères que le 9 février 1915.

(3) Voir n° 212.

(4) En marge : point d'interrogation de Jagow.

nous dit et la dernière déclaration du Cabinet de Rome que je
viens de mentionner plus haut en est une nouvelle preuve.
*C'est ainsi qu'on s'explique que l'on soit surpris à Berlin de
l'attitude favorable* (5) *de l'Italie.*

Cela n'empêche nullement qu'on doive s'efforcer par tous
les moyens, et particulièrement dans notre intérêt, d'aboutir
enfin dans la question *des compensations à une solution pratique.* Sur la base du télégramme n° 136 (6) j'ai travaillé hier
le baron Macchio pour influer par lui sur le comte Berchtold.
Je lui ai dit qu'on ne saurait reprocher à San Giuliano de ne
pas se contenter de la déclaration autrichienne d'après
laquelle elle ne se proposait aucune annexion de territoires,
vu que cette déclaration ne constituait pas une obligation.
L'Autriche devait renoncer enfin à sa contestation théorique
sur l'interprétation de l'article VII. Du reste je lui fis entendre
que l'Allemagne ne partageait pas la conception qui régnait
ici. Il fallait aboutir à des résolutions pratiques, car on ne
pouvait douter ici que le cas échéant l'Italie présenterait des
demandes de compensations, même si ici on contestait en
théorie leur bien-fondé. Le baron Macchio en était arrivé au
point de reconnaître que des discussions sur l'interprétation
de l'article VII n'aboutiraient à rien. Il se rendait parfaitement
compte que l'Autriche devrait donner des compensations à
l'Italie si elle agrandissait elle-même son territoire. « Toutefois les Italiens ne peuvent pas réclamer que nous taillions
les compensations dans *notre propre chair »* ajouta-t-il. Le
vieil Empereur — et les militaires — ne céderont jamais le
Trentin. Je ne pourrais en concevoir la *possibilité,* qu'après
une grande guerre victorieuse, au cas où l'Autriche recevrait
entièrement *carte blanche dans les Balkans. Si les Italiens*
croient qu'ils pourront échanger le Trentin contre une petite
extension de territoire de l'Autriche dans les Balkans, et si
possible recevoir encore Valona, — dort je crois volontiers
qu'ils ne se soucient guère — ils se trompent, et nous devrions, me semble-t-il, détruire ces illusions à Rome. Stolberg,

---

(5) De même.
(6) Voir n° 150.

que, pour la question des compensations, j'ai envoyé auprès
de Hoyos, qui a en ce moment la plus grande influence sur
Berchtold, a eu tout à fait la même impression d'après ses
conversations.

Ainsi que vous l'avez appris par mon télégramme (7) de ce
jour, j'ai discuté aujourd'hui cette question avec Berchtold et
le général de Conrad, et ma déclaration très nette que dans
la question de l'interprétation, on n'avait pas l'Allemagne de
son côté, a fait, particulièrement sur Conrad, une très sérieuse
impression. Ce qu'il y a de fâcheux, c'est que l'interprétation
d'ici relativement à l'article VII émane du soi-disant « grand »
Aerenthal, qui a fait rédiger des volumes entiers de consul-
tations juridiques (8), pour établir son bien-fondé, et Berchtold redoute d'abandonner ce « legs » de son célèbre prédé-
cesseur. Conrad, qui n'a pas de pareils scrupules, vit bien
qu'il fallait donner quelque chose aux Italiens, et fit remarquer tout à fait confidentiellement qu'il ne s'opposerait nullement à ce qu'on invitât les Italiens à occuper le Monténégro.
Je n'ai pas consigné cette observation dans mon télégramme
officiel, parce qu'elle lui a échappé au cours de la conversation, et qu'il ne désirerait pas y être rivé.

J'ai fait, à titre purement personnel, à Macchio comme à
Berchtold et à Conrad la proposition de déclarer à l'Italie — et
sans se référer à l'article VII pour ne pas avoir à abandonner
le point de vue théorique — que l'Autriche reconnaitrait le
droit de l'Italie à des compensations dans le cas où la Monarchie étendrait son territoire dans les Balkans. Avarna a également trouvé cet expédient très bon. L'Italie ne peut pas en
demander davantage, car dans le traité de la Triple Alliance
il n'y a, à ma connaissance, aucune stipulation indiquant où
doivent se trouver ces compensations, ou quelle doit être
leur étendue. Cela ne peut résulter que de négociations.
D'ailleurs Avarna a maintenant reçu des instructions lui
prescrivant d'aborder directement avec Berchtold la question des compensations. Je crois qu'il serait très utile que

---

(7) Voir n° 212.
(8) En marge : point d'exclamation de Jagow.

l'Autriche fît d'abord la déclaration ci-dessus, car à Rome on recule devant les négociations directes parce qu'on considère une entente sur la question de l'interprétation de l'article VII comme impossible, et qu'on n'en attend qu'une accentuation des points de friction.

28 juillet. J'ai eu hier de nouveau un entretien d'une heure et demie sur la question avec le comte Berchtold et le comte Forgach où j'ai parlé d'une façon aussi énergique que possible. En terminant le comte Berchtold s'écria : « Je vois clairement la situation ; je suis Shylock qui insiste sur son titre de créance, mais qui n'obtient rien ». Je crois avoir obtenu dans cet entretien qu'on prendra ici l'initiative de discuter avec l'Italie.

Quand je revins chez moi, Avarna me rendit visite. Celui-ci, en invoquant notre amitié personnelle, et en me *priant instamment de ne pas le trahir*, me fit la communication suivante. Il avait reçu pour instructions d'aborder la question des compensations, mais il avait reçu aujourd'hui avis de ne pas le faire, parce qu'on craignait à Rome de créer des frictions que l'on voulait éviter. En même temps il a eu par San Giuliano connaissance d'un télégramme adressé à Bollati, par lequel ce dernier est chargé d'insister à Berlin pour que la question des compensations à Vienne soit traitée par nous. — J'ai dit à Avarna que, sur l'ordre de mon Gouvernement, je poursuivais par tous les moyens possibles la solution de la question dans un sens favorable à l'Italie.

Aujourd'hui le comte Berchtold et le comte Forgach ont déjeûné chez moi. Celui-ci m'a dit qu'après mon entretien d'hier avec le comte Berchtold et lui, il avait été décidé de tenir compte de nos représentations (9). Dans l'intervalle aurait eu lieu un entretien entre Votre Excellence et le comte Szögyény, dans lequel Votre Excellence aurait fait une proposition de déclaration à effectuer ici, identique à celle que j'ai faite récemment (10). On a maintenant accepté cette proposition. Cet après-midi, le comte Forgach m'a lu la dépêche

---

(9) Voir n° 328.
(10) Ici annotation marginale de Jagow : « Sottise ! »

qu'il adressait à ce sujet au comte Szögyény et qui décrit en détails tout le processus des négociations. Le comte Szögyény vous lira cette dépêche. J'espère que cette déclaration suffira aux Italiens ! Ainsi que le comte Forgach me l'a dit, M. de Mérey a protesté jusqu'au dernier moment contre toute prise en considération (11) des demandes italiennes qu'il qualifie de chantage (12). Le point principal est que grâce à notre intervention l'affaire se termine par un replâtrage de la fissure entre Vienne et Rome, et que la Triple Alliance reste intacte.

Pardonnez-moi la longueur de cette lettre. Je n'avais pas l'intention qu'elle prît de telles proportions ; mais elle s'est traînée « historiquement » en longueur.

Avec mon salut cordial,

Votre tout dévoué,

VON TSCHIRSCHKY.

Le comte Berchtold est dans de très bonnes dispositions et fier du grand nombre de télégrammes de félicitations qui lui parviennent de toutes les parties de l'*Allemagne* !

---

(11) En marge de Jagow : « oui vraiment ! »

(12) « chantage », en français dans le texte. (Note du Traducteur).

N° 327

**L'Ambassadeur à Vienne
au Ministère des Affaires Etrangères (1).**

Télégramme 123.

Vienne, le 28 juillet 1914 (2).

Le consulat général autrichien à Odessa annonce : l'ordre

---

(1) D'après le déchiffrement.

(2) Remis à Vienne le 28 juillet 9 h. 45 soir, parvenu au Ministère des Affaires Etrangères 29 juillet 12 h. 2 matin. Timbre d'enregistrement à l'entrée : 29 juillet matin. Communiqué le 29 juillet en vertu d'une décision marginale de Zimmermann, à l'Etat-Major général, à l'Etat-Major de la Marine, au Ministère de la Marine et au Ministère de la Guerre, transmis par messager 10 h. 15 matin.

de mobilisation pour les districts militaires d'Odessa, de Kiew, de Varsovie a été donné, mais n'a pas encore été publié.

TSCHIRSCHKY.

N° 328

L'Ambassadeur à Vienne
au Ministère des Affaires Etrangères (1).

Télégramme 122.

Vienne, le 28 juillet 1914 (2).

J'ai immédiatement porté à la connaissance du comte Berchtold les instructions de Sa Majesté (3).

A la suite des représentations instantes que j'ai faites dans un entretien très sérieux d'une heure et demie avec le comte Berchtold et le comte Forgach, ces Messieurs ont reconnu la nécessité de tenir compte de ces représentations. Le comte Szögyény reçoit aujourd'hui une dépêche explicite dans laquelle les instructions suivantes, adressées au baron de Mérey, sont portées à la connaissance de Votre Excellence.

« Ainsi que nous l'avons déjà déclaré au duc d'Avarna, des annexions territoriales

---

(1) D'après le déchiffrement.

(2) Remis à Vienne 28 juillet 9 h. 10 soir, parvenu au Ministère des Affaires Etrangères 29 juillet 12 h. 2 matin. Timbre d'enregistrement à l'entrée : 29 juillet matin. Le déchiffrement a été soumis le 29 juillet à l'Empereur, a été renvoyé par lui le même jour au Ministère. Annotation du Chancelier de l'Empire du 30 juillet après avoir pris connaissance des annotations marginales de l'empereur : « Pris connaissance de l'annotation très intéressante de Sa Majesté-v. B. H. » Le passage « A la suite des... la perspective » du télégramme de Tschirschky a été télégraphié par Jagow le 29 juillet à l'ambassadeur à Rome après quelques modifications légères. Remis 11 h. matin à l'Office central télégraphique.

(3) Voir n° 207.

no rentrent nullement dans nos intentions.

Si, toutefois, contre notre attente, nous étions forcés de procéder à une occupation non à envisager comme passagère du territoire serbe, nous serions prêts, *dans ce cas*, à procéder avec l'Italie à un *échange de vues*.

D'autre part nous attendons de l'Italie que le Royaume n'entrave pas son allié dans l'action nécessaire pour atteindre ses buts et observe vis-à-vis de nous l'attitude amicale d'allié dont il nous a fait entrevoir la perspective ».

Le comte Forgach m'a lu toute la dépêche que le comte Szögyeny portera également in extenso à la connaissance de Votre Excellence.

Tschirschky.

L'amiral Haus, — commandant supérieur de la flotte autrichienne — a déclaré, tout à fait confidentiellement à mon | attaché naval qu'on lui aurait fait connaître de Vienne qu'on s'était entendu avec l'Italie pour assurer la liberté d'action de l'Autriche en Serbie et, laisser par contre à l'Italie liberté d'action en Albanie.

G.

N° 329

**L'Ambassadeur à Vienne
au Ministère des Affaires Etrangères** (1).

Télégramme 125.

Vienne, le 28 juillet 1914 (2).

Le comte Szécsen rapporte que l'ambassadeur d'Angleterre, sir Francis Bertie, lui a dit :

---

(1) D'après le déchiffrement.

(2) Remis à Vienne 28 juillet 10 h. 45 soir, parvenu au Ministère des Affaires Etrangères le 29 juillet 12 h. 50 matin. Timbre d'enregistrement à l'entrée : 29 juillet matin. Un exemplaire du déchiffrement a été envoyé à l'Empereur le 29 juillet.

Une intervention active de la Russie aurait pour conséquence l'entrée en ligne de l'Allemagne et de la France.

L'Angleterre resterait spectatrice, mais si la France était
menacée *d'anéantissement*, elle serait obligée d'intervenir.

TSCHIRSCHKY.

N° 330
L'Ambassadeur à Vienne
au Ministère des Affaires Etrangères (1).

Télégramme 124.

Vienne, le 28 juillet 1914 (2).

Le consulat général d'Autriche-Hongrie à Kiew annonce,
en date du 27 : Sur les lignes du sud-est, on a annoncé l'état
de protection renforcée et on a prévu pour demain, mais non
encore ordonné, l'arrêt du transport des marchandises. Le
camp militaire de Kiew est complètement évacué. Les troupes sont en partie cantonnées dans leurs quartiers d'hiver,
en partie campées dans les gares.

TSCHIRSCHKY.

---

(1) D'après le déchiffrement.
(2) Remis à Vienne 28 juillet 9 h. 45 matin, parvenu au Ministère des
Affaires Etrangères 29 juillet 12 h. 50 matin. Timbre d'enregistrement à
l'entrée: 29 juillet matin. Communiqué le 29 juillet, conformément à une
décision marginale de Zimmermann, à l'Etat-Major général, à l'Etat-Major
de la Marine, au Ministère de la Marine et au Ministère de la Guerre, transmis par messager 10 h. 15 matin.

N° 331
L'Ambassadeur à Vienne
au Ministère des Affaires Etrangères (1).

Télégramme 126.

Vienne, le 28 juillet 1914 (2).

L'attaché militaire austro-hongrois à Pétersbourg annonce

---

(1) D'après le déchiffrement.
(2) Remis à Vienne 28 juillet 10 h. 45 soir ; parvenu au Ministère des

le 27 : des mesures préparatoires à la mobilisation sont prises dans la Russie d'Europe, ainsi que l'a dit hier à mon
collègue le Ministre de la Guerre, sans exception spéciale
en ce qui concerne la frontière allemande.

TSCHIRSCHKY.

Affaires Etrangères 29 juillet 12 h. 5o matin. Timbre d'enregistrement à
l'entrée : 29 juillet matin. Communiqué le 29 juillet, en vertu d'une décision
marginale de Zimmermann, à l'Etat-Major général, à l'Etat-Major de la
Marine, au Ministère de la Marine et au Ministère de la Guerre, transmis par
messager 10 h. 15 matin.

Nᵒ 332
Le Tsar à l'Empereur (1).

Télégramme (sans numéro).

Palais de Peterhof, 29 juillet 1914 (2).
Sa Majesté l'Empereur,
Nouveau Palais.

Am glad you are back. In
this most serious moment
I appeal to you to help me.
An *ignoble* (3) war has been
declared to a *weak* country.
The *indignation* in Russia
shared fully by me is *enormous* (4). I foresee that very
soon I shall be *overwhelmed*
by the *pressure* brought upon
me and be *forced* to take
extreme measures which

(1) D'après la copie de l'Office télégraphique. S'est croisé avec le nᵒ 335.
(2) Remis à Péterhof, au Palais 29 juillet 1 h. matin, reçu à l'Office télégraphique du Nouveau Palais 29 juillet 1 h. 10 matin. Sur le télégramme
figure l'annotation de l'Empereur : « N. Pal. 29. VII. 1914, 7 h. 3o matin ».
(3) « ignoble » souligné deux fois par l'Empereur, et, après, point d'exclamation de l'Empereur.
(4) « enormous » souligné deux fois par l'Empereur.

will *lead to war.* To try and
avoid such a calamity as a
European war I beg you in
the name of our old friendship to do what you can to
stop your *allies* (5) from
going too far.

NICKY (6).

en quoi consiste cela?

ally!

Un aveu de sa propre faiblesse et un effort pour rejeter sur moi la responsabilité.

Le télégramme contient une menace cachée! et une sommation analogue à un ordre d'arrêter le bras de mon allié. Au cas où Votre Excellence aurait transmis mon télégramme hier soir, il doit s'être croisé avec celui-ci.

Nous verrons l'effet que produira le mien.

L'expression « ignoble war » ne peut pas faire conclure à un sentiment de solidarité monarchique chez le Tsar mais à une conception panslaviste, c'est-à-dire la crainte d'une capitis diminutio dans les Balkans au cas de succès autrichiens. Il n'y a qu'à les attendre tranquillement ainsi que leur effet d'ensemble. Il sera toujours temps, plus tard, de négocier et éventuellement, de mobiliser, opération pour laquelle il n'y a, actuellement, aucune raison pour la Russie. Au lieu de nous sommer d'arrêter notre allié, Sa Majesté devrait se tourner vers l'Empereur François-Joseph et négocier avec lui, pour chercher à connaître les intentions de Sa Majesté

Ne devrions-nous pas envoyer copie des deux télégrammes à Sa Majesté le Roi à Londres, pour information? Les socialistes se livrent à des agitations anti-militaristes dans les rues; cela ne peut être toléré, actuellement, dans aucun cas; au cas où le fait se reproduirait, je proclamerais l'état de siège et je ferais enfermer les meneurs et tutti quanti.

Donner des instructions dans ce sens à Loebell et Jagow. Nous ne pouvons plus tolérer actuellement aucune propagande socialiste!

GUILLAUME.

Traduction

Je suis heureux que Tu sois revenu. Dans ce moment si grave, je fais appel à Ton aide. Une guerre *ignoble* a été déclarée à un pays *faible.* L'in-dignation en Russie, indignation *que je partage* entièrement, est énorme. Je prévois que bientôt je serai *entraîné* par la *pression* qui s'exerce sur moi

---

(5) « allies » souligné trois fois par l'Empereur.

(6) Cf. Livre Blanc allemand de mai 1915, p. 34, n° 22 II. Voir Réponse n° 359.

en quoi consiste cela ?

et que je serai *forcé* de prendre des mesures extrêmes qui *conduiront à la guerre.* Pour tâcher d'éviter une calamité telle qu'une guerre européenne, je
Te prie, au nom de notre vieille amitié, de faire ce
que Tu peux pour empêcher Tes *alliés d'aller trop
loin*

Allié / G.

N° 333

Le Gérant du Consulat de Moscou
au Ministère des Affaires Etrangères (1).

Télégramme 5.

Pétersbourg, le 28 juillet 1914 (2).

Cet après-midi la mobilisation continue.

De plusieurs côtés on annonce des convocations. De deux
sources on annonce des transports de troupes sur le Volga,
spécialement à Kazan. La navigation sur le Volga s'en occupe
activement. D'après certains bruits, on transporte des
troupes du Caucase à l'ouest. Le transport des marchandises
de Moscou à l'ouest est réduit officiellement de moitié. Le
régiment de Jaroslaw (3) a été transféré ici. Les aviateurs
sont mobilisés ici. On attend ces jours-ci 1.500 hommes et
352 chevaux (artillerie). L'ambassade a été prévenue. Je
désirerais recevoir un accusé de réception (4).

HAUSCHILD.

---

(1) D'après le déchiffrement.

(2) Remis à Pétersbourg le 28 juillet, 7 h. 10 soir, parvenu au Ministère
des Affaires Etrangères, 29 juillet 1 h. 15 matin. Timbre d'enregistrement
à l'entrée : 29 juillet matin. Communiqué sur l'ordre de Bergen du 29 au
30 juillet à l'Etat-Major général, à l'Etat-Major de la Marine, au Ministère
de la Marine et au Ministère de la Guerre. Transmis par messager 8 h. matin.

(3) Dans le déchiffrement il est écrit par erreur « Jaroslow ».

(4) Accusé réception télégraphique au consulat général de Moscou, le
29 juillet 8 h. matin à l'Office central télégraphique.

N° 334

Le Chancelier de l'Empire
à l'Ambassadeur à St-Pétersbourg (1).

Télégramme 132.

Berlin, le 28 juillet 1914 (2).

Je vous prie de transmettre par la voie la plus rapide à son adresse le télégramme suivant de Sa Majesté l'Empereur au Tsar.

BETHMANN-HOLLWEG.
Suit l'annexe (3).

---

(1) D'après la minute de la main du Chancelier de l'Empire.

(2) 29 juillet 1 h. 45 matin à l'Office Central télégraphique.

(3) Voir n° 335.

N° 335

L'Empereur au Tsar (1).

Télégramme sans numéro.

Berlin, le 28 juillet 1914 (2).

It is with the gravest concern that I hear of the impression which the action (3) of Austria against Servia is creating (4) in your country. The unscrupulous agitation that has been going on in Servia for years has resulted in the outrageous crime, to which archduke (5) Franz Ferdinand fell a victim.

---

(1) D'après la minute. Projet de la main de Stumm ; sur le projet l'annotation suivante du Chancelier de l'Empire : « Prière de m'en adresser immédiatement copie (pour S. M.) v. B. H. 28 ». Cette copie du projet de Stumm, qui se trouve également aux Archives, a reçu de nombreuses modifications de la main de l'Empereur. En marge en haut l'annotation de l'Empereur : « 28. VII, 10 h. 45 m. soir ». S'est croisé avec le n° 332. Cf. Livre Blanc allemand de mai 1915, p. 33 n° 22 I. Cf., en outre, n° 233.

(2) A l'Office central télégraphique le 29 juillet 1 h. 45 matin, voir n° 334, note 2.

(3) « action » substitué par l'Empereur au mot « proceedings » du projet de Stumm.

(4) L'Empereur « is creating » au lieu des mots de Stumm « are producing ».

(5) « archduke » ajouté par l'Empereur.

The spirit that led Servians to murder (6) their own king and his wife still dominates (7) the country. You will doubtless agree with me that we both, you and me, have a common interest as well as all Sovereigns to insist that all the persons morally responsible for the dastardly murder should receive their deserved punishment. In this case politics play no part at all.

On the other hand I fully understand how difficult it is for you and your Government to face the drift of your public opinion. Therefore, with regard to the hearty and tender friendship which binds us both from long ago with firm ties, I am exerting my utmost influence to 'induce the Austrians to deal straightly to arrive to a satisfactory understanding with you (8). I confidently hope you will help me in my efforts to smoothe (9) over difficulties that may still arise.

Your very sincere and devoted friend and cousin.

WILLY (10).

Traduction.

C'est avec l'inquiétude la plus grave que j'apprends l'impression que l'action de l'Autriche contre la Serbie crée dans Ton pays. L'agitation sans scrupules qui s'est poursuivie en Serbie pendant des années a abouti à un attentat odieux dont l'Archiduc François Ferdinand a été victime. L'esprit qui a conduit la Serbie à assassiner son propre roi et sa femme domine encore dans le pays. Tu seras sans doute d'accord avec moi que tous deux, Toi et moi, avons intérêt, ainsi que tous les Souverains, à insister pour que toutes les personnes moralement responsables de cet abominable assassinat

---

(6) « that... murder » substitué par l'Empereur aux mots de Stumm « of the people that murdered »

(7) L'Empereur : « dominates » au lieu du mot de Stumm « rules ».

(8) « You will doubtless... understanding with you » substitué par l'Empereur à la rédaction suivante de Stumm : « I have no doubt you will agree with me that it is a common interest of you and me and, in fact, of all monarchs, that all that are morally responsible for the outrage should receive the deserved punishment. Politics ought to be left out entirely in this case. But I quite understand the difficulty of your position and your Government in the face of your public opinion, and considering the ties of heartiest and tenderest friendship that bind us together, I am doing my utmost to get Austria to come to a straight and plain understanding with you ».

(9) L'Empereur : « to smoothe » au lieu des mots de Stumm : « by smoothing ».

(10) « Willy » ajouté par l'Empereur.

reçoivent le châtiment qu'elles ont bien mérité. Dans ce cas la politique ne joue aucun rôle.

D'un autre côté, je comprends parfaitement combien il est difficile pour *Toi et Ton Gouvernement d'affronter la poussée de l'opinion publique. C'est* pourquoi, tenant compte de la cordiale et tendre amitié qui nous unit tous deux par de solides liens depuis longtemps, j'exerce toute mon influence pour amener les Autrichiens à négocier franchement, à l'effet d'arriver avec Toi à une entente satisfaisante. J'espère avec confiance que Tu m'aideras dans mes efforts pour aplanir les difficultés qui pourraient encore surgir.

Ton sincèrement dévoué ami et cousin,

WILLY.

N° 335 *a*

Le Consul Général a Varsovie
au Ministère des Affaires Etrangères (1).

Télégramme 14.

Varsovie, le 28 juillet 1914 (2).

La Banque de l'Empire enlève l'encaisse or et n'accepte les traites sur des places polonaises que sous réserve. Les voies ferrées sont sous la direction militaire. Les transports de troupes continuent. L'intendance enlève les approvisionnements.

BRUECK.

-----

(1) D'après le déchiffrement.

(2) Remis à Varsovie 6 h. 30 après-midi, parvenu au Ministère des Affaires Etrangères 29 juillet 2 h. matin. Communiqué le 29 juillet 1 h. 45 après-midi à l'Etat-Major général, à l'Etat-Major de la Marine, au Ministère de la Marine et au Ministère de la Guerre.

N° 336

Le Chargé d'affaires à Athènes
au Ministère des Affaires Etrangères (1).

Télégramme 220.

Athènes, le 28 juillet 1914 (2).

J'apprends que le ministre de Bulgarie a déclaré à

-----

(1) D'après le déchiffrement.

(2) Remis à Athènes 29 juillet 9 h. soir, parvenu au Ministère des Affaires Etrangères 28 juillet 2 h. 45 matin. Timbre d'enregistrement à l'entrée :

Doc. II.

5

M. Streit qu'au cas d'un conflit austro-serbe la Bulgarie resterait neutre (3).

BASSEWITZ.

---

29 juillet matin. Communiqué télégraphiquement le 29 juillet par Jagow au chargé d'affaires à Bucarest, 10 h. 40 matin à l'Office central télégraphique.

(3) Voir n° 381.

N° 337

**L'Attaché militaire à la Cour de Russie
au Ministère des Affaires Etrangères (1).**

Télégramme 174.

Saint-Pétersbourg, le 28 juillet 1914 (4).
Pour Sa Majesté.

Le prince Troubetzkoï, de l'entourage de l'Empereur, m'a fait aujourd'hui les déclarations suivantes : Maintenant que la réponse de la Serbie a été publiée, on doit *il fallait s'y attendre* reconnaître la *bonne volonté de la Serbie* de se conformer entièrement et pleinement aux désirs de l'Autriche, autrement la Serbie n'aurait pas répondu sur un ton aussi conciliant à la note d'une dureté inouïe de l'Autriche, mais elle aurait simplement... (3). La Serbie ne pouvait pas accepter cepen-

---

(1) D'après un exemplaire du déchiffrement établi pour l'Empereur et renvoyé par lui le 29 juillet au Ministère des Affaires Étrangères.

(2) Remis à Pétersbourg 28 juillet, parvenu au Ministère des Affaires Étrangères 29 juillet 3 h. 42 matin.

(3) Groupe de chiffres incompréhensible.

l'Autriche ne peut admettre cela.

dant les deux points litigieux sans danger d'une révolution, et elle veut les soumettre à un *arbitrage* (4). Cette conduite est absolument loyale, et l'*Autriche* assumerait une *lourde responsabilité, en ne reconnaissant pas* cette *attitude de la Serbie*, et en provoquant un conflit européen. Je répondis que la responsabilité retombait sur la Russie (5) qui se trouvait hors du conflit. Le prince Troubetzkoï me dit : Nous n'aimons pas les Serbes mais ils sont nos congénères de race *slave* (6) et nous ne pouvons laisser *nos frères* (7) dans l'embarras quand cela va mal pour eux. L'Autriche peut *les anéantir* et nous ne pouvons pas l'admettre. Je répondis que l'Autriche ne voulait conquérir aucune portion de territoire, mais seulement rétablir la tranquillité. Il me répliqua : la guerre est la guerre, et la supériorité de l'Autriche peut anéantir la Serbie. Qu'adviendra-t-il ensuite ?

c'est le souci que j'ai éprouvé après avoir parcouru la réponse serbe.

des régicides et des assassins de princes.

elle ne le veut pas

exact

---

(4) En marge : ? et ! de l'Empereur.

(5) Le mot « exact » se trouve dans l'original, en marge en droite.

(6) « slave », souligné trois fois par l'Empereur.

(7) « frères » souligné deux fois par l'Empereur.

On ne saurait le prévoir.
Nous espérons certainement
qu'on n'en arrivera pas automatiquement à un terrible
conflit des grandes puis-
sances où des océans de
sang seront versés, mais
nous croyons que *l'Empe-
reur d'Allemagne donnera
à l'Autriche, son alliée, le
conseil bien intentionné de
ne pas trop tirer sur la
corde,* de reconnaître la
bonne volonté de la Serbie
et les promesses qu'elle a
faites, et de laisser les puissances ou *la Cour d'arbitrage de La Haye* (8) décider
des points litigieux. La direction politique en Autriche
a besoin de conseils, car
l'Empereur est trop vieux
pour apprécier clairement
la situation, le successeur
au trône est trop inexpéri-
menté, et on a suffisamment
appris à connaître à Saint-
Pétersbourg la faiblesse du
comte Berchtold. Il ajouta
encore : Il est évident que
le plus grand service qu'on
puisse rendre à un ami est
souvent de lui donner le
bon conseil de ne pas faire
une chose. Le retour de

ce sont des phrases pour rejeter sur moi une responsabilité que je décline !

folie !

---

(8) « arbitrage de La Haye » souligné deux fois par l'Empereur.

Votre Empereur nous a tous beaucoup tranquillisés, car nous avons confiance dans Sa Majesté et nous ne voulons pas de guerre, et l'Empereur Nicolas ne la veut pas. Il serait bon que les deux monarques *s'entendissent par télégrammes.*

cela a été fait ! Il est douteux pour moi qu'une entente se produise !

C'est l'opinion d'un des hommes les plus influents du quartier général et probablement l'opinion de tout l'entourage du Souverain.

CHELIUS.

N° 338
L'Ambassadeur à Saint-Pétersbourg
au Ministère des Affaires Etrangères (1).

Télégramme 177.

Saint-Pétersbourg, le 28 juillet 1914 (2).

Sasonow chercha aujourd'hui à me convaincre que la réponse de la Serbie contenait, en fait, tout ce que l'Autriche pouvait exiger de la Serbie. Si l'Autriche déclarait la note non satisfaisante, elle prouverait qu'elle voulait la guerre à tout prix. Je déclinai courtoisement mais fermement toute discussion sur la note, en rappelant le point de vue allemand bien connu, d'après lequel la question serait exclusivement austro-serbe. Le Ministre fit de nouveau appel à ma collaboration pour amener le Gouvernement impérial à participer à une action médiatrice. Je répondis que j'avais déjà fait connaître à Votre Excellence tous les éléments qui pouvaient influer sur les décisions éventuelles de mon Gouver-

---

(1) D'après le déchiffrement.

(2) Remis à Pétersbourg 28 juillet 8 h. 12 soir ; arrivé au Ministère des Affaires Etrangères 29 juillet 6 h. 15 matin. Timbre d'enregistrement à l'entrée : 29 juillet matin.

nement dans ce sens, et que j'avais notamment fait part du désir de M. Sasonow de trouver un moyen de donner satisfaction aux exigences justifiées de l'Autriche, tout en respectant, autant que possible les droits de souveraineté de la Serbie. Je ne pouvais faire davantage. Je ne savais si mon Gouvernement accepterait la proposition de Sir Edward Grey d'une conversation à quatre, mais il était certain que le plus mauvais moyen de déterminer l'Allemagne à participer à la médiation était la voie dans laquelle entrait la presse d'ici qui cherchait à diviser l'Allemagne et l'Autriche. Ces manœuvres grossières pour provoquer la méfiance entre nous et l'Autriche étaient d'avance condamnées à l'insuccès, et ne pouvaient que nuire à la cause de la paix. Le Ministre ferait bien, en conséquence, de lutter contre de pareilles tendances. J'ai ensuite signalé au Ministre que, d'après des nouvelles dignes de foi, qui nous étaient parvenues, il ne restait aucun doute que des préparatifs militaires étaient en cours, qui dépassaient ce que le Ministre de la Guerre avait dit à notre attaché militaire. Je ne pouvais m'expliquer cela que par le fait que les chefs des districts militaires, dans les mesures qu'ils ordonnaient, dépassaient peut-être les intentions du Gouvernement. En tout cas, je me voyais obligé de signaler avec la plus grande énergie le danger qui, dans le moment critique actuel, pourrait résulter de préparatifs militaires importants. A ma demande, mes collègues anglais et italien se sont déclarés prêts à faire entrevoir également ce danger à Sasonow.

POURTALÈS.

N° 339

L'Ambassadeur à Saint-Pétersbourg au Ministère des Affaires Étrangères (1).

Saint-Pétersbourg, 27 juillet 1914 (2).

Sur le désir pressant de l'attaché mili-

---

(1) D'après le déchiffrement.
(2) Parti le 27 juillet. Timbre d'enregistrement du Ministère des Affaires

taire, le commandant d'Eggeling, qui voulait faire parvenir le plus tôt possible à Berlin des informations détaillées sur la situation militaire, j'envoie ce soir le courrier de cabinet à la frontière, en l'invitant à revenir immédiatement ici.

Comme jusqu'au moment où je l'expédierai il ne me reste que peu de temps, je dois me borner à renseigner brièvement Votre Excellence, sur la situation et l'état de l'opinion ici.

Depuis hier l'attitude de M. Sasonow a subi une modification profonde qui a été également constatée par mes collègues. La déclaration que l'Autriche-Hongrie ne projetait aucune annexion territoriale et notre démenti catégorique de l'insinuation d'après laquelle, dans le désir de provoquer un conflit, nous aurions été les instigateurs de l'Autriche, ont déterminé ici une *détente manifeste*.

alors il faut arrêter la mobilisation

De même on respire avec soulagement en se rendant compte que près de quarante-huit heures se sont écoulées depuis la réponse non satisfaisante de la Serbie à l'Autriche-Hongrie, sans qu'on ait entendu parler d'une invasion de l'Autriche en Serbie. On avait manifestement compté ici qu'un refus de la Serbie de satisfaire aux exigences de l'Autriche aurait pour conséquence le déclenchement immédiat des hostilités.

M. Sasonow s'efforce visiblement de

Etrangères 29 juillet Envoyé le 30 juillet à l'Empereur qui, par décision marginale, en a ordonné la communication à Vienne, Londres et Paris, communication qui toutefois n'a pas eu lieu; retourné par l'Empereur le 31 juillet au Ministère des Affaires Etrangères.

trouver une issue. Il reconnaît même en ces derniers temps le *caractère justifié en principe* de l'action autrichienne contre la Serbie, mais il n'abandonne pas l'espoir que l'Autriche-Hongrie pourra être disposée à *atténuer un peu* ses exigences dans la forme. J'ai dit au Ministre que je ne pouvais à cet égard lui *ouvrir la moindre perspective*, que je ne pouvais que lui conseiller, au cas où ses conversations avec le comte Szapary lui donneraient quelque espoir, *de s'adresser directement à Vienne.*

Non !

oui

Depuis l'entretien d'hier du Ministre avec mon collègue austro-hongrois, le Gouvernement d'ici s'efforce visiblement de représenter la situation comme améliorée et d'agir en vue de l'apaisement. La presse a visiblement reçu le mot d'ordre d'envisager comme un *symptôme d'apaisement, notre déclaration d'après laquelle nous n'aurions pas joué le rôle d'instigateurs à l'égard de l'Autriche-Hongrie.*

cela allait de soi enfantin !

Dans les milieux financiers, j'apprends que l'amélioration très nette de l'opinion à la Bourse aujourd'hui, doit être attribuée à l'action du Gouvernement. La Banque d'Empire et le Ministère des Finances *sont intervenus* à cet effet à la Bourse.

L'entretien auquel le Ministre de la Guerre a invité hier soir l'attaché militaire, le commandant d'Eggeling, doit également servir la cause de l'apaisement.

En général, on ne peut guère *remarquer ici* d'enthousiasme pour la guerre,

et il serait *difficile* (3) en ce *moment pour
le Gouvernement de prétendre* qu'il a été
débordé (4) *par l'opinion publique.*

Le passage dans les rues des troupes
rappelées du camp de Krasnoie-Selo, est
ainsi que je m'en suis personnellement
convaincu, *considéré* par le public *avec la
plus grande indifférence,* sans que personne songe à faire *des ovations à l'armée.*

Tard dans la nuit, il semble bien qu'il
y ait eu quelques manifestations natio-
listes sur la perspective Newski, mais en
général on a l'impression que l'*opinion
est déprimée.*

Ce soir il semble qu'il y ait eu de nouveau des *conflits avec la population ou-
vrière* ; il est difficile d'apprendre quelque chose de certain à ce sujet, car on ne
publie plus aucune nouvelle relative à ces
incidents, mais on pouvait parfaitement
entendre *des détonations prolongées dans
un quartier* assez éloigné du centre de la
ville.

F. Pourtalès.

très caractéristique et exact !

bon

------

(3) « difficile », souligné deux fois par l'Empereur.
(4) « débordé », souligné deux fois par l'Empereur.

N° 340

Le Chancelier de l'Empire
au Secrétaire d'Etat des Affaires Etrangères (1).

Berlin, le 29 juillet 1914.

Ne serait-il pas nécessaire d'envoyer encore un télégramme
à Vienne, dans lequel nous déclarerions nettement que nous

------

(1) Minute de la main du Chancelier se trouvant aux Archives.

considérons comme absolument insuffisante, la manière dont Vienne discute la question des compensations avec Rome, et où nous rejetterions sur Vienne la responsabilité qui pourrait en résulter pour l'attitude de l'Italie dans une guerre éventuelle? Si, à la veille d'une conflagration européenne possible, Vienne menace de cette manière de faire sauter la Triple Alliance, toute l'alliance sera ébranlée. La déclaration de Vienne, qu'au cas d'une occupation durable de districts du territoire serbe, on s'entendra avec l'Italie, est en contradiction avec les assurances qu'elle a données à Pétersbourg, en ce qui concerne son désintéressement territorial. Les déclarations faites à Rome sont certainement connues à Saint-Pétersbourg. Nous ne pouvons pas, comme alliés, appuyer une politique de duplicité.

Je considère cela comme nécessaire. Autrement, nous ne pourrons pas continuer à servir de médiateurs à Saint-Pétersbourg, et nous nous mettrons complètement à la remorque de Vienne. Je ne le veux pas, même au risque d'être taxé de faiblesse.

Au cas où vous n'y verriez pas d'objections, je vous prie de me soumettre le plus tôt possible possible un télégramme dans ce sens (2).

v. Bethmann Hollweg.

------

(2) Voir n° 361.

N° 341

**Le Chancelier de l'Empire
à l'Ambassadeur à Paris (1).**

Télégramme 172.
Urgent.   Berlin, le 29 juillet 1914 (2).

Les nouvelles de préparatifs de guerre français se multi-

------

(1) D'après la minute. Projet de la main de Jagow. Cf. Livre Blanc allemand de mai 1915, page 32, n° 19.
(2) 12 h. 50 après-midi à l'Office central télégraphique.
(3) Parmi les rapports de situation que le Grand État-Major général a établis d'une façon journalière, du 27 juillet au 1er août 1914, les rapports

plient. Je vous prie d'en parler au Gouvernement français et
de lui rappeler que de pareilles mesures nous contraindraient
à prendre des mesures de protection. Nous serions obligés
de proclamer le « danger de guerre », ce qui ne signifierait
pas encore la mobilisation, et des convocations de réservistes, mais accroîtrait l'état de tension. Nous persistons à
espérer le maintien de la paix.

BETHMANN HOLLWEG.

des 27 et 28 juillet ne sont pas aux Archives du Ministère des Affaires
Etrangères. Cf. Livre Blanc allemand de juin 1919, annexe 2, petite édition, pages 73 et 74, grande édition, page 52; rapport de situation du
29 juillet. Voir n° 372. En outre le 27 juillet est parvenue de Berne une
information télégraphique au ministre à Berne (partie de Berne le
27 juillet 1 h. 40 après-midi, parvenue au Ministère des Affaires Etrangères 3 h. 27 après-midi), « que le 14° corps français avait interrompu ses
manœuvres et était rentré dans ses garnisons. Romberg ». Cf. Livre
Blanc allemand de mai 1915, page 28, n° 9.

N° 342

**Le Chancelier de l'Empire
à l'Ambassadeur à St-Pétersbourg (1).**

Télégramme 134.

Berlin, le 29 juillet 1914 (2).

Je vous prie d'attirer très sérieusement l'attention de
M. Sasonow sur le fait que la continuation des mesures de
mobilisation russe nous forcerait à la mobilisation, et que
dans ces conditions il serait presqu'impossible d'empêcher
la guerre européenne (3).

BETHMANN HOLLWEG.

(1) D'après la minute. Projet de la main de Stumm.
(2) 12 h. 50 après-midi à l'Office central télégraphique.
(3) Voir n°° 378 et 401.

N° 343
L'Ambassadeur à Pétersbourg
au Ministère des Affaires Etrangères (1).

Télégramme 183.

Urgent.   St-Pétersbourg, le 29 juillet 1914 (2).

J'ai fait connaître à M. Sasonow le contenu des télégrammes 130 et 131 (3). Ils ont fait manifestement bonne impression. Le Ministre a toutefois fait observer que malheureusement il n'y avait jusqu'ici aucun signe que Vienne parût disposé à entrer dans la voie d'un échange direct de vues avec St-Pétersbourg (4). M. Schebeko, qui avait reçu des instructions dans ce sens, n'annonçait encore aucun entretien avec des personnalités dirigeantes, et le comte Szapary déclarait également n'avoir pas reçu d'instructions. Il fallait, par suite, douter de la bonne volonté de l'Autriche.

En outre l'Autriche avait mobilisé huit corps d'armée, et cette mesure devait être considérée comme dirigée en partie contre la Russie. Par suite la Russie se voyait également obligée de mobiliser les districts militaires à la frontière autrichienne. L'ordre à ce sujet serait donné aujourd'hui. Comme j'élevais les objections les plus sérieuses contre ces mesures, le Ministre chercha à me convaincre qu'en Russie la mobilisation ne signifiait nullement la guerre comme dans les Etats de l'ouest de l'Europe, que l'armée russe resterait éventuellement des semaines entières l'arme au pied sans franchir la frontière. La Russie voulait, autant que possible, éviter la guerre. Je répondis que ces déclarations ne me rassuraient pas. Le danger de toute mesure militaire consistait dans les

---

(1) D'après le déchiffrement.

(2) Remis à Pétersbourg 29 juillet, 1 h. 58 après-midi ; parvenu au Ministère des Affaires Etrangères 29 juillet, 2 h. 52 après-midi. Timbre d'enregistrement à l'entrée : 29 juillet après-midi. En ce qui concerne la communication à l'Empereur, voir n° 399. Le télégramme Pourtalès est daté par erreur du 28 juillet dans la « Norddeutsche Allgemeine Zeitung » du 26 février 1916.

(3) Voir nos 300 et 315.

(4) Voir pour ce télégramme et le télégramme suivant n° 385.

contre-mesures prises de l'autre côté. On ne pouvait s'empêcher de penser que *les Etats-Majors généraux des adversaires éventuels de la Russie ne voudraient pas renoncer à l'atout de leur avance considérable sur la Russie en matière de mobilisation et pousseraient à des contre-mesures.* Je le priai instamment de songer à ce danger. M. Sasonow protesta encore solennellement qu'on ne faisait rien contre nous. Je lui répondis, tout en faisant ressortir que je n'avais aucune intention de proférer une menace, que nos obligations d'alliance vis-à-vis de l'Autriche lui étaient connues.

POURTALÈS.

N° 344

**L'Attaché Militaire à la Cour de Russie
au Ministère des Affaires Etrangères** (1).

Télégramme 184.

St-Pétersbourg, le 29 juillet 1914 (2).
Pour Sa Majesté.

Dans l'entourage de l'Empereur on était hier encore plein d'espoir dans une solution pacifique ; mais aujourd'hui, après la déclaration de guerre, on considère la guerre *générale* comme presqu' *inévitable.* Alors qu'avant la publication de la note de réponse de la Serbie on estimait que l'Autriche était en droit d'exiger des satisfactions de la Serbie, on

------

(1) D'après le déchiffrement.

(2) Remis à Pétersbourg 2 h. 3o après-midi ; parvenu au Ministère des Affaires Etrangères 3 h. 15 après midi. Timbre d'enregistrement à l'entrée : 29 juillet après-midi Le déchiffrement a été soumis à l'Empereur et rendu par lui au Ministère le 3o juillet.

est maintenant convaincu, après le *rejet* de la *réponse très conciliante*, d'après l'opinion d'ici, *de la Serbie*, que l'Autriche *a agi de mauvaise foi*, qu'elle *cherche la guerre* et qu'elle la veut.

cette interprétation était à craindre.

Cela a *beaucoup* remonté l'opinion *en faveur de la Serbie*, opinion d'après laquelle la Russie *considère comme son devoir* de *protéger* la Serbie *contre l'attitude dure et injuste* de l'Autriche, quelle que puisse être la gravité des conséquences qui pourraient intervenir. *On ne veut pas de guerre* (3), on voudrait encore l'éviter et on regrette qu'*aucune puissance* n'ait réussi à *détourner* l'Autriche de cette démarche dangereuse.

si, nous ! (5)

comment est-ce possible quand on est résolu à protéger la Serbie contre l'Autriche!! (4).

CHELIUS.

(3) « On ne veut pas de guerre », souligné deux fois par l'Empereur.
(4) A l'original sur la page gauche.
(5) « si, nous ! » souligné deux fois par l'Empereur.

N° 345
**L'Ambassadeur à Paris
au Ministère des Affaires Etrangères (1).**

Télégramme 228.

Paris, le 29 juillet 1914 (2).

Le Ministre intérimaire des Affaires Etrangères, à qui j'ai

(1) D'après le déchiffrement.
(2) Remis à Paris 1 h. 10 après-midi ; parvenu au Ministère des Affaires

donné connaissance, à titre confidentiel, de nos efforts pour obtenir à Vienne des déclarations qui pourraient servir à l'apaisement à St-Pétersbourg (3) y voit une preuve heureuse de notre bonne volonté en vue d'éviter l'extension du conflit. Il pense qu'il serait bon, pour éviter des répercussions sur l'opinion en Russie, d'éviter l'effusion de sang en Serbie. La Russie, à cet effet, venait de conseiller à la Serbie d'évacuer Belgrade. Je répondis que nous ne pouvions pas arrêter le bras de l'Autriche. A la demande du Ministre, si, ultérieurement, on pourrait revenir à l'idée de Sir E. Grey, j'ai répondu évasivement.

Le Ministre nous serait reconnaissant de le tenir au courant des résultats de nos efforts pour pouvoir participer, éventuellement à l'apaisement à St-Pétersbourg.

Schoen.

Etrangères 3 h. 33 après-midi. Timbre d'enregistrement à l'entrée : 29 juillet après-midi.

(3) Voir nº 315, note 2.

Nº 346

**L'Ambassadeur à Vienne
au Ministère des Affaires Etrangères (1).**

Télégramme 127.

Vienne, le 29 juillet 1914 (2).

Le comte Berchtold a eu aujourd'hui un long et très amical entretien avec M. de Bunsen. Ce dernier a fait ressortir que l'Angleterre avait exclusivement intérêt au maintien de la paix européenne, et naturellement faisait tout ce qu'elle pouvait pour la maintenir. L'Angleterre ne portait aucun intérêt à la Serbie, et n'avait aucunes sympathies pour les Serbes.

----

(1) D'après le déchiffrement.

(2) Remis à Vienne 1 h. 20 après-midi; parvenu au Ministère des Affaires Etrangères 3 h. 36 après-midi. Timbre d'enregistrement à l'entrée : 29 juillet après-midi.

Le comte Berchtold a exposé en détail à l'ambassadeur
britannique que c'était précisément la Serbie qui, par sa politique brouillonne, compromettait la paix durable de l'Europe,
et qu'il était de l'intérêt essentiel de l'Europe que la Serbie,
perturbatrice de la paix, fût radicalement rappelée à l'ordre.
L'ambassadeur n'était pas accrédité ici depuis longtemps,
mais il aurait sans doute un aperçu suffisant de la situation
de ce pays pour pouvoir se rendre compte que la Monarchie
se trouvait en état de légitime défense contre les menées
serbes et que les motifs déterminants de l'action autrichienne
étaient beaucoup plus profonds que pouvait l'indiquer telle
ou telle exigence de la note. Aussi, le Ministre le priait de
l'exposer le plus clairement possible à son Gouvernement.

M. de Bunsen n'a pas fait de propositions nettes. L'entretien s'est tenu dans des généralités et l'ambassadeur a écouté
en semblant le comprendre l'exposé du Ministre.

TSCHIRSCHKY.

N° 347

**L'Ambassadeur à Vienne
au Chancelier de l'Empire (1).**

Vienne, le 28 juillet 1914 (2).

En me référant aux précédents, j'ai l'honneur de soumettre
à Votre Excellence, ci-annexé, le texte de la réponse serbe
ainsi que les commentaires.

VON TSCHIRSCHKY.

---

(1) D'après le déchiffrement.

(2) Timbre d'enregistrement à l'entrée du Ministère des Affaires Etrangères : 29 juillet après-midi.

(3) La traduction de la note avec les commentaires du Gouvernement de
Vienne est déposée aux Archives ; elle a été publiée à diverses reprises dans
la « Norddeutsche Allgemeine Zeitung » du 29 juillet 1914, les Livres
Blancs allemands d'août 1914 et de mai 1915 p. 14-21. Texte français sans
commentaires, voir n° 271.

N° 348
Le Consul général d'Autriche-Hongrie à Varsovie au Ministère des Affaires Etrangères de Vienne (1).

Télégramme.

Szczakowa, le 27 juillet 1914 (2).

Vu le fonctionnement peu sûr du service télégraphique, je vous envoie un duplicata de mon télégramme du matin N° 6 par une personne sûre.

Au cours de la journée d'hier, la dislocation des manœuvres s'est accomplie. Toutes les troupes ont été rassemblées dans la ville. Une grande conférence militaire a eu lieu, à laquelle ont pris part tous les généraux. Le soir un gros détachement d'artillerie, de l'effectif d'une brigade, a été embarqué à la gare de Vienne. A la même gare sont partis sept trains, surtout de sapeurs, pour garder les ponts, etc... Jusqu'ici, ainsi que j'ai pu le constater par des indices sûrs, les convocations de réservistes n'ont pas encore eu lieu, ce qui, du reste, dans la guerre russo-japonaise, ne se produisit que plus tard.

Cette nuit a eu lieu l'explosion d'un ou de plusieurs magasins de poudre à la citadelle. L'incendie a duré plus de cinq heures ; plusieurs victimes. Dommages très importants. Toutefois d'après l'étendue des dévastations dans les environs, l'explosion de toutes les poudrières qu'on avait annoncée d'abord semble invraisemblable. Officiellement, la foudre est désignée comme la cause de la catastrophe.

A l'instant, je reçois la nouvelle qu'à la poste centrale il y a eu une explosion de bombes. Plusieurs blessés ; les auteurs sont inconnus.

A l'instant j'apprends que ce matin le régiment lithuanien et wolhynien s'embarque à la gare de Vienne.

Baron Andrian.

---

(1) D'après le déchiffrement.

(2) Mis par le Gouvernement autrichien à la disposition de l'ambassadeur d'Allemagne à Vienne et transmis par lui le 28 juillet par la valise. Timbre d'enregistrement à l'entrée du Ministère des Affaires Etrangères : 29 juillet après-midi. Le télégramme est parti de Szczakowa le 27 juillet 10 h. 50 soir, et est parvenu à Vienne le 28 juillet 9 h. matin.

N° 349

Le Grand Etat-Major général
au Chancelier de l'Empire (1).

Berlin, le 29 juillet 1914 (2).

Appréciation de la situation politique.

Il n'y a pas de doute qu'aucun Etat européen n'assisterait au conflit entre l'Autriche et la Serbie avec d'autres intérêts que des intérêts humanitaires s'il n'y voyait pas le danger d'être engagé dans des complications générales qui menacent dès maintenant de déchaîner une guerre mondiale. Depuis plus de cinq ans, la Serbie est la cause d'une tension européenne qui pèse d'un poids intolérable sur la vie politique et économique des peuples. Avec une longanimité allant jusqu'à la faiblesse, l'Autriche a supporté jusqu'ici les provocations constantes et les menées politiques tendant à sa désagrégation, d'un peuple qui a passé du régicide dans son pays à l'assassinat des princes dans le pays voisin. Ce n'est qu'après ce dernier et horrible attentat qu'elle a recouru à des moyens extrêmes et qu'avec un fer rouge elle a cherché à cautériser l'abcès qui menaçait continuellement d'empoisonner le corps de l'Europe. On aurait pu croire que toute l'Europe lui en aurait été reconnaissante. Toute l'Europe aurait été soulagée si un agent perturbateur de la paix avait été châtié de la façon convenable, et si l'ordre et la tranquillité avaient été rétablis dans les Balkans. Mais la Russie s'est placée du côté du pays criminel. C'est alors que l'affaire austro-serbe est devenue le nuage menaçant qui peut crever à tout instant sur l'Europe.

L'Autriche a déclaré aux Cabinets européens qu'elle ne cherchait pas des annexions territoriales aux dépens de la Serbie, et qu'elle ne voulait pas porter atteinte à l'intégrité territoriale de cet Etat, qu'elle ne voulait que forcer ce voi-

---

(1) Observation marginale du Chancelier : « Remis par l'Etat-Major général v. B. H. 29 »

(2) Timbre d'enregistrement à l'entrée du Ministère des Affaires Etrangères : 29 juillet.

sin turbulent à accepter les conditions qu'elle considérait comme *nécessaires pour des rapports ultérieurs de voisinage*, et que la Serbie, ainsi que l'a montré l'expérience, en dépit de ses promesses solennelles, ne les tiendrait jamais si elle n'y était contrainte. Le conflit austro-serbe est un *différend de nature purement privée où*, comme nous l'avons dit, aucun Etat de l'Europe n'aurait un intérêt profond, et qui ne menacerait en aucune façon la paix de l'Europe, mais au contraire la fortifierait, si la Russie ne s'y était pas *immiscée. C'est cette immixtion qui a donné à l'affaire un caractère menaçant*.

L'Autriche n'a mobilisé contre la Serbie qu'une partie de ses forces : huit corps d'armée, exactement ce qu'il faut pour exécuter son expédition punitive. Par *contre, la Russie fait tous les préparatifs nécessaires pour pouvoir mobiliser dans le plus bref délai possible les corps d'armée des districts militaires de Kiew, Moscou et Odessa*, en tout douze corps d'armée, et arrête des mesures préparatoires analogues dans le nord, en face de la frontière allemande et de la Baltique. Elle déclare vouloir mobiliser si l'Autriche envahit la Serbie, parce qu'elle ne peut pas admettre le démembrement de la Serbie par l'Autriche, bien que l'Autriche ait déclaré qu'elle n'y songerait pas.

Quelles seront et quelles devront en être les conséquences? L'Autriche, si elle envahit la Serbie, se trouvera en présence non seulement de l'armée serbe, mais de forces russes très supérieures. Elle ne pourra donc pas faire la guerre à la Serbie sans s'assurer contre une intervention russe. Cela veut dire qu'elle sera contrainte à mobiliser aussi l'autre moitié de son armée, car il lui est impossible de se mettre à la merci d'une Russie prête à la guerre. Mais dès l'instant où l'Autriche mobilise toute son armée, un choc entre elle et la Russie deviendra inévitable. C'est là pour l'Allemagne le *casus foederis*. Si l'Allemagne ne veut pas manquer à sa parole et abandonner son alliée à l'anéantissement par la prépondérance russe, elle doit, de son côté, mobiliser. Ce fait aura pour conséquence la mobilisation des autres districts militaires de la Russie. Mais alors la Russie poura dire : je suis attaquée par l'Allemagne et, par suite, elle s'assurera l'appui de la

France qui est obligée, par traité, à participer à la guerre si son alliée, la Russie, est attaquée. La convention franco-russe, qu'on qualifie souvent d'alliance purement défensive, n'ayant pas d'autre objet que de pouvoir parer à des plans d'agression de l'Allemagne, entrera en vigueur, et les Etats européens commenceront à s'entre-déchirer.

On ne saurait nier que l'affaire ait été adroitement machinée de la part de la Russie. Avec des assurances continuelles qu'elle ne mobilisait pas, mais qu'elle prenait des précautions, pour tous les cas qui pouvaient surgir, que, jusqu'ici, elle n'avait pas convoqué un réserviste, elle se met, autant que possible, sur un pied de guerre tel que, si elle proclame la mobilisation, elle pourra être prête en peu de jours. Par là, elle met l'Autriche dans une situation désespérée et rejette sur elle la responsabilité, tout en forçant l'Autriche à s'assurer contre une surprise russe. Elle dira : « Toi, Autriche, tu mobilises contre nous, tu veux donc nous faire la guerre ! » La Russie assure qu'elle ne veut rien entreprendre contre l'Allemagne, mais elle sait parfaitement que l'Allemagne ne pourra contempler inactive un choc militaire entre son alliée et la Russie. L'Allemagne sera également contrainte de mobiliser, et de nouveau la Russie dira au monde : « Je n'ai pas voulu la guerre, mais c'est l'Allemagne qui l'a provoquée. » C'est ainsi que les choses peuvent et doivent évoluer, s'il n'arrive pas, pourrait-on dire, un miracle, pour arrêter à la dernière heure une guerre qui anéantira pour un siècle la civilisation de presque toute l'Europe.

L'Allemagne ne veut pas provoquer cette terrible guerre. Mais le Gouvernement allemand sait qu'il blesserait gravement le sentiment de fidélité à l'alliance, profondément enraciné et qui constitue un des plus beaux traits de la nation allemande, et qu'il se mettrait en contradiction avec tous les sentiments de son peuple, s'il ne venait pas au secours de son alliée dans un moment qui doit décider de son existence.

D'après les nouvelles que nous possédons, la France semble aussi procéder aux mesures préparatoires d'une mobilisation éventuelle. Il est visible que dans les mesures qu'elles prennent la Russie et la France marchent la main dans la main.

L'Allemagne devra donc, si le choc entre l'Autriche et la Russie est inévitable, mobiliser et être prête à accepter la lutte sur deux fronts.

Pour les mesures militaires que nous pourrions nous proposer à l'occasion, il est de la plus grande importance d'être clairement fixés le plus tôt possible sur le point de savoir si la Russie et la France sont décidées à aller jusqu'à une guerre avec l'Allemagne. Plus les préparatifs de nos voisins s'avancent, plus rapidement ils pourront terminer leur mobilisation. La situation militaire devient donc pour nous tous les jours plus défavorable et, si nos adversaires peuvent continuer à se préparer en toute tranquillité, pourra aboutir pour nous à des résultats graves.

N° 350

**L'Ambassadeur à Paris
au Chancelier de l'Empire (1).**

Paris, le 28 juillet 1914 (2).

Au cours d'un entretien avec le Ministre intérimaire des Affaires Etrangères, j'ai insinué combien était étrange l'idée que nous agissions dans la coulisse derrière l'Autriche et que nous serions, en conséquence, les responsables, si le conflit austro-serbe devenait un conflit général, idée qui non seulement était exprimée dans la presse française, mais semblait hanter le cerveau de hautes personnalités qui devraient être mieux informées et de la part desquelles de pareilles insinuations auraient des effets funestes. Je ne voulus pas m'expliquer plus clairement, mais je crois que M. Bienvenu-Martin m'a compris. Il déclara que la presse ne nous accusait pas d'exciter directement l'Autriche, mais de ne pas retenir notre alliée. Il était difficile d'admettre que l'Autriche-Hongrie eût

---

(1) D'après l'expédition.

(2) Timbre d'enregistrement à l'entrée du Ministère des Affaires Etrangères 29 juillet après-midi.

procédé ainsi qu'elle l'avait fait, si elle n'avait pas été assurée de notre appui. Naturellement, il ne voulait pas dire par là qu'il n'ajoutait pas confiance entière à notre assurance d'après laquelle nous n'aurions pas eu connaissance préalable du texte de la note autrichienne, mais c'était un fait que nous avions déclaré d'avance que nous approuvions l'attitude et les exigences de l'Autriche-Hongrie et que nous ne paraissions pas disposés à retenir notre alliée dans la voie où elle s'était engagée, voie qui pourrait conduire à de graves complications. Une attitude mesurée de l'Autriche-Hongrie était la condition préliminaire du succès d'une action médiatrice. Le meilleur moyen d'éviter une guerre générale était d'éviter une guerre locale. Il estimait, en conséquence, que la médiation devrait se proposer tout d'abord ce but et chercher à apaiser l'Autriche-Hongrie en lui assurant des garanties de l'expiation et de la bonne attitude future de la Serbie.

Je répondis au Ministre qu'après tout ce que la Serbie avait entrepris contre la double Monarchie depuis ses promesses de 1909, sans être retenue par la puissance qui affirmait le principe du contrôle européen, nous ne pouvions que comprendre que l'Autriche-Hongrie exigeât par la force le droit et la tranquillité qui ne lui avaient pas été donnés. Nous ne nous étions pas immiscés dans son différend avec la Serbie; nous n'avions exercé aucune influence sur ses résolutions et nous ne pouvions pas le faire actuellement. Les conséquences ultérieures dangereuses du conflit seraient évitées si toutes les puissances consentaient à se décider à la même attitude que celle que nous observions. Nous avions déclaré d'avance que la localisation du conflit devrait faire l'objet des efforts sérieux des puissances. En conséquence, nous participerions aux efforts en vue d'empêcher une conflagration générale, à condition qu'ils n'auraient pas pour but d'empêcher l'Autriche-Hongrie, contre sa volonté, de poursuivre l'exécution de ses exigences qui n'étaient que trop justifiées.

v. Schoen.

N° 351
Le Conseiller référendaire
au Ministère des Affaires Etrangères von Bergen
au Secrétaire d'Etat des Affaires Etrangères (1).

Berlin, le 29 juillet 1914 (2).

M. Beldiman que je tiens le plus possible au courant m'a prié aujourd'hui de renouveler à Votre Excellence la demande instante d'informer à temps son Gouvernement si les événements poussaient à la guerre. Son Gouvernement à besoin de quelques jours pour préparer les chefs de partis et l'opinion publique à une action contre la Russie.

v. B[ERGEN].

----

(1) Note dactylographiée paraphée par Bergen.

(2) Timbre d'enregistrement à l'entrée du Ministère des Affaires Etrangères : 29 juillet après-midi. Jagow en a eu connaissance ce même jour 29 juillet.

N° 352
L'Ambassade d'Autriche-Hongrie
au Ministère des Affaires Etrangères (1).

Berlin, le 29 juillet 1914 (2).

Bien que M. Sasonow ainsi que le Ministre de la Guerre russe aient déclaré sur l'honneur que la mobilisation n'avait pas encore été ordonné en Russie, la Russie n'en procède pas moins, d'après des nouvelles concordantes de St-Pétersbourg, de Kiew, de Varsovie, de Moscou et d'Odessa, à des préparatifs militaires importants. Le Ministre de la Guerre russe a d'ailleurs fait observer à l'attaché militaire impérial allemand que les districts militaires situés à la frontière de l'Autriche-Hongrie (Kiew, Moscou, Odessa et Kazan), seraient

----

(1) D'après l'expédition. Sans signature.

(2) Timbre d'enregistrement à l'entrée du Ministère des Affaires Etrangères : 29 juillet après-midi. En marge Jagow note que le Chancelier de l'Empire en a reçu connaissance.

mobilisés dans le cas où les troupes franchiraient la frontière serbe.

Le *chef de l'Etat-Major général impérial et royal* considère comme *absolument nécessaire* d'être fixé sans délai sur le point de savoir si nous pouvons marcher avec des forces considérables contre la Serbie, ou si nous aurons à employer contre la Russie nos forces principales. La réponse à cette question domine toute l'organisation de la campagne contre la Serbie. Si la Russie mobilise en fait les districts militaires précités, il sera indispensable, (en tenant compte de la grande importance du gain de temps pour la Russie) que l'Autriche-Hongrie, ainsi que, d'après la situation d'ensemble, l'Allemagne, recourent à des contre-mesures *immédiates* et très étendues.

L'opinion du baron Conrad paraît au comte Berchtold *hautement digne d'être prise en considération*, et il croit devoir prier instamment le Cabinet de Berlin d'examiner la question de savoir s'il ne conviendrait pas d'attirer d'une façon amicale l'attention de la Russie sur le fait que la mobilisation des districts précités équivaut à une menace, et qu'au cas où elle se réaliserait, elle entraînerait nécessairement, tant de la part de la Monarchie que de celle de l'Empire allemand, les contre-mesures militaires les plus étendues.

Le comte Berchtold est d'avis qu'une pareille démarche, pour faciliter à la Russie une évolution éventuelle, devrait être entreprise tout d'abord par l'Allemagne seule, mais nous serions naturellement disposés à faire la démarche à deux.

Un langage net paraissait en ce moment au comte Berchtold le moyen le plus efficace de rendre la Russie consciente de toute la portée d'une attitude menaçante.

Comme d'après des *nouvelles parvenues de Bucarest* au Cabinet de Berlin des dispositions favorables régnaient en Roumanie, il faudrait peut-être les utiliser pour faire exercer également par la Roumanie une pression sur la Russie.

A cet effet, le Gouvernement impérial et royal estime que les ministres austro-hongrois et impérial allemand à Bucarest devraient recevoir immédiatement des *instructions leur prescrivant de prier le Roi Carol de déclarer ouvertement,*

soit par une démarche exécutée par la Roumanie à St-Péters-
bourg (éventuellement aussi par un télégramme secret du Roi
Carol à l'Empereur Nicolas) soit par la publication officielle
de l'alliance, qu'au cas d'une conflagration européenne la
Roumanie combattrait contre la Russie, aux côtés de la
Triple-Alliance.

Pour atteindre le but poursuivi, la lumière devrait être
faite au plus tard avant le 1er août.

Le Gouvernement impérial et royal croit pouvoir être
assuré que les facteurs dirigeants de l'Empire allemand, en
raison de l'attitude menaçante de la Russie pour les deux
Empires, ne refuseront pas leur assentiment à ces propositions.

Nº 353

L'Ambassadeur d'Angleterre
au Chancelier de l'Empire (1).

Sir Edward Goschen has been instructed by Sir Edward
Grey to express to the Imperial Chancellor his thanks for the
confidence which His Excellency has shown, a confidence
which Sir Edward Grey much appreciates and will respect in
accordance with the Chancellor 's wishes. If the Imperial
Chancellor can succeed in inducing the Austro-Hungarian
Government to give the Russian Government assurances
which will satisfy the latter and to abstain from going so
far as to come into collision with Russia « we shall all join
together in gratitude that the peace of Europe has been
preserved ». The Chancellor may rely upon His Majesty's
Government continuing to omit no opportunity of working
for peace.

---

(1) D'après l'expédition. Sans date, mais manifestement l'exécution des
instructions reproduites dans le Livre Bleu anglais nº 77 du 29 juillet. Le
Chancelier de l'Empire en a eu connaissance le 29 juillet. Le 30 juillet la
communication fut renvoyée par Zimmermann au Bureau Central après
avoir été lue par Jagow. Timbre d'enregistrement à l'entrée du Ministère
des Affaires Étrangères 30 juillet après-midi.

Traduction.

Sir Edward Goschen a été chargé par Sir Edward Grey d'exprimer au
Chancelier de l'Empire ses remerciements pour la confiance que lui a témoi-
gnée Son Excellence, confiance que Sir Edward Grey apprécie hautement et
respectera conformément au désir du Chancelier Si le Chancelier de l'Empire réussit à amener le Gouvernement austro-hongrois à donner au Gouvernement russe des assurances qui satisfassent ce dernier et à s'abstenir
d'aller jusqu'à entrer en conflit avec la Russie, nous serons tous unis par
un sentiment de reconnaissance déterminé par la sauvegarde de la paix
européenne. Le Chancelier peut être assuré que le Gouvernement de Sa
Majesté continuera à ne négliger aucune occasion de travailler pour la paix.

N° 354
Le Secrétaire d'État des Affaires Étrangères
à l'Ambassadeur à Constantinople (1).

Berlin, le 29 juillet 1914 (2).

Le rapport télégraphique de Votre Excellence relatif aux
armements grecs contre la Turquie a été, sur l'ordre de Sa
Majesté, en en tenant la source secrète, porté partiellement à
la connaissance de Sa Majesté le Roi de Grèce. Celui-ci a
alors adressé à Sa Majesté l'Empereur le télégramme suivant
que je communique à Votre Excellence pour son information
personnelle :

« Je remercie Votre Majesté du télégramme... si cette dernière a des intentions honnêtes » (3).

von Jagow.

(1) D'après la minute.
(2) Parti le 29 juillet.
(3) Ici est inséré « Je remercie Votre Majesté du télégramme... si les intentions de cette dernière sont honnêtes » du télégramme du Roi Constantin
(n° 243) après quelques légères modifications et en supprimant la phrase :
« Je prie à nouveau Votre Majesté de nous appuyer dans cette affaire. »

N° 355
L'Ambassadeur à Londres
au Ministère des Affaires Étrangères (1).

Télégramme 176.

Londres, le 29 juillet 1914 (2).

Dans ma visite d'aujourd'hui au Foreign Office, j'ai eu un

(1) D'après le déchiffrement.
(2) Remis à Londres 2 h. 10 après-midi ; parvenu au Ministère des Affai-

court entretien avec Sir W. Tyrrell qui, après Sir E. Grey, et vu le rôle peu important de Sir A. Nicolson, est actuellement, sans aucun doute, la personnalité la plus influente et la mieux informée du Ministère. Il me donna de nouveau à entendre que d'après ses informations la Triple Alliance ne soutiendrait pas l'épreuve d'une guerre mondiale. Il savait que l'Italie ne participerait pas à une guerre qui éclaterait à cause de la Serbie, et estimait que nous ne devrions pas nous laisser tromper par des nouvelles officielles qui diraient le contraire. Je présume que cette opinion repose sur des informations données par Sir Renel Rodds, et je n'ai pas l'impression que Sir W. Tyrrell les ait inventées pour nous intimider.

Lichnowsky.

---

res Etrangères 4 h. 34 après-midi. Timbre d'enregistrement à l'entrée : 29 juillet après-midi. Communiqué télégraphiquement par Jagow le 29 juillet à l'ambassadeur à Rome (141) après quelques petits changements de rédaction et en supprimant les mots « et vu le rôle peu important de Sir A. Nicolson ». A l'Office central télégraphique 9 h. 30 soir.

N° 356
L'Ambassadeur à Vienne
au Ministère des Affaires Etrangères (1).

Télégramme 128.

Vienne, le 29 juillet 1914 (2).

Au sujet de son entretien d'aujourd'hui avec Schebeko, le comte Berchtold m'informa que l'ambassadeur de Russie avait été très conciliant dans la forme mais paraissait, au fond, visiblement ému, car il était d'une pâleur mortelle. L'ambassadeur de Russie avait tenu à peu près le même langage que celui de M. Sasonow au comte Szapary. Il avait dit qu'on trouverait bien un moyen de satisfaire les deux

---

(1) D'après le déchiffrement.

(2) Remis à Vienne 2 h. après-midi, parvenu au Ministère des Affaires Etrangères 5 h. 7 après-midi. Timbre d'enregistrement à l'entrée : 29 juillet après-midi. Le projet de Bergen du 29 juillet était prêt à être communiqué à l'ambassadeur à Pétersbourg, mais la communication n'a pas été faite.

parties, l'Autriche et la Serbie. Le Ministre lui a répondu amicalement que lui, l'ambassadeur, devait bien avoir observé dans ces derniers jours l'opinion de la population à Vienne et dans la Monarchie et qu'il avait pu se rendre compte que de plus amples négociations avec la Serbie étaient devenues absolument impossibles à tout Gouvernement austro-hongrois, que s'il le tentait, il serait simplement balayé. Schebeko a continué à faire observer, mais avec peu de conviction intime, qu'il comprenait l'opinion d'ici, mais qu'il fallait essayer de continuer des pourparlers avec la Serbie, sans formuler toutefois des propositions ou des désirs nets. L'entretien a eu lieu sur un ton amical.

TSCHIRSCHKY.

N° 357

L'Ambassadeur à Londres
au Ministère des Affaires Etrangères (1).

Télégramme 174.

Londres, le 29 juillet 1914 (2).

Je viens de parler à Sir Edward Grey qui considère la situation comme très grave. Un télégramme d'hier de Sir Maurice de Bunsen, d'après lequel le comte Berchtold aurait rejeté la proposition de M. Sasonow de donner au comte Szapary les pouvoirs nécessaires pour discuter avec lui le différend austro-serbe, a produit sur lui l'impression la plus désagréable. Le Ministre considère un échange direct de vues entre Vienne et Saint-Pétersbourg comme la voie la plus pratique. Mais il me demanda ce qui arriverait si, comme il est vraisemblable, d'après le télégramme de Vienne, les conversations s'arrêtaient brusquement. Serions-nous alors en mesure de faire une proposition quelconque ? Il avait proposé la conférence des ambassadeurs ici qui ne nous paraissait

---

(1) D'après le déchiffrement.

(2) Remis à Londres 2 h. 8 après-midi ; parvenu au Ministère des Affaires Etrangères 5 h. 7 après-midi. Timbre d'enregistrement à l'entrée : 29 juillet après-midi. Au sujet de la communication du télégramme de Lichnowsky à l'ambassadeur à Vienne, voir n° 384.

pas pratique, mais nous avons accepté la médiation à quatre
et il serait heureux que nous fussions en mesure de faire
une proposition quelconque. Je lui dis que nous considérions
le différend austro-serbe comme une affaire dans laquelle
nous ne voulions pas nous immiscer et que nous ne pouvions
pas admettre une humiliation de l'Autriche. L'Autriche ne
faisait que ce qu'elle devait faire pour rétablir sur sa frontière l'ordre et la tranquillité. C'était d'ailleurs aussi dans
l'intérêt de la paix européenne. L'Autriche ne se proposait
aucune annexion territoriale, mais simplement l'établissement
d'une situation tolérable.

Il me répondit qu'il comprenait parfaitement que l'Autriche ne devait pas être humiliée, qu'il ne pouvait pas en être
question. Il espérait qu'on trouverait un expédient rendant
possible à l'Autriche d'obtenir entière satisfaction, sans
cependant imposer à la Russie une attitude passive jusqu'à
ce que l'Autriche eût abouti au résultat extrême de son entreprise guerrière. Cela équivaudrait à une humiliation de la
Russie que celle-ci ne pourrait accepter.

Je répondis que les affaires de Serbie ne concernaient pas
directement la Russie et que la Russie avait d'autant moins
de raisons de s'immiscer dans cette querelle entre voisins que
l'Autriche n'avait pas l'intention d'annexer la Serbie.

Il répondit que, même sans annexion, il y avait une forme
qui convertirait la Serbie en un Etat vassal de l'Autriche. La
Russie ne pouvait l'admettre et ne l'admettrait jamais. La
situation de la Russie dans la chrétienté orthodoxe était
en jeu. Il émit l'idée qu'il serait peut être possible de provoquer une entente au sujet de l'extension des opérations militaires de l'Autriche et des exigences de la Monarchie?

Les déclarations d'aujourd'hui du Ministre me permirent
de constater de nouveau qu'on est ici fermement convaincu, ainsi que j'ai eu l'honneur d'en informer Votre Excellence à diverses reprises, que si l'Autriche n'est pas disposée
à se prêter à une discussion de la question serbe, la guerre
mondiale sera inévitable.

Sir E. Grey, sur un ton moitié plaisant, fit remarquer
qu'on ne pouvait pas savoir quelle maison resterait intacte

dans un incendie pareil, et que même la petite Hollande armait dès maintenant.

Le Ministre était visiblement heureux de ma communication d'après laquelle Votre Excellence s'était efforcée jusqu'ici avec de bons résultats d'agir comme médiateur entre Vienne et St-Pétersbourg (3) et s'est déclaré prêt à toute participation offrant des chances de succès.

J'ai prié de nouveau le Ministre de détourner Saint-Pétersbourg de décisions précipitées et d'empêcher notamment une mobilisation générale qui menacerait aussi notre frontière. Les conséquences seraient impossibles à prévoir. Le Ministre m'a promis de nouveau d'agir dans ce sens, et de veiller à ce que les têtes restassent de sang-froid.

En terminant, le Ministre m'informa que le chargé d'affaires serbe à Rome avait déclaré au marquis de San Giuliano que, sous réserve de certaines explications, touchant la nature de la participation des agents autrichiens, la Serbie serait disposée à accepter les articles 5 et 6 de la note autrichienne et, par conséquent, à avaler toutes ses exigences. Comme il n'était pas à supposer que l'Autriche se prêterait à des négociations directes avec la Serbie, l'affaire pourrait être réglée par l'intervention des grandes puissances sous forme de conseils à la Serbie. Le marquis de San Giuliano pense que sur cette base on pourrait aboutir à une entente. Mais avant tout le Ministre désire qu'on commence immédiatement les discussions. Sir Edward Grey a renvoyé le marquis de San Giuliano aux Cabinets de Vienne et de Berlin car, sans leur assentiment, il n'était pas en mesure d'accueillir une discussion.

En terminant le Ministre m'a fait part d'un télégramme de Sir George Buchanan d'après lequel le Ministère russe des Affaires Etrangères aurait déclaré aux représentants de la presse étrangère que, comme les négociations entre Vienne et Saint-Pétersbourg n'avaient abouti à aucun résultat, la Russie se voyait obligée de considérer l'invasion du territoire serbe par les troupes autrichiennes comme un casus belli.

Lichnowsky.

------

(3) Voir n° 314 ; Cf. aussi n° 323.

N° 358
Le Chargé d'affaires à Cettigné
au Ministère des Affaires Etrangères (1).

Télégramme 19.

Cattaro, le 28 juillet 1914 (2).

J'apprends de source sûre que le Conseil des Ministres
d'hier a pris les résolutions suivantes : l'expulsion des Monténégrins de Cattaro, le séquestre des biens monténégrins
ainsi que l'arrêt du fonctionnement des lignes télégraphiques
par les Autrichiens sont des mesures contre lesquelles le
Monténégro, tant que la guerre n'est pas déclarée, se voit
dans l'obligation de protester. Si l'Autriche déclarait la guerre
à la Serbie en dépit de la réponse de cette dernière qu'on
considère ici comme suffisante, on remettrait au ministre
d'Autriche ses passeports. Dans ce cas le Montenegro se
mettrait sur la défensive et éventuellement viendrait en aide
à l'armée serbe. La garnison du Lovcen est renforcée (3).

ZECH.

(1) D'après le déchiffrement.
(2) Remis à Cattaro 28 juillet, parvenu au Ministère des Affaires Etrangères 29 juillet 5 h. 57 après-midi. Timbre d'enregistrement à l'entrée :
29 juillet après-midi. Communiqué télégraphiquement par Jagow à l'ambassadeur à Vienne après quelques petites modifications de rédaction : 10 h. 45
matin à l'Office central télégraphique. Expédié 11 h. 40 matin, parvenu
3 h. après-midi à l'ambassade à Vienne.
(3) Voir n° 394.

N° 359
L'Empereur au Tsar (1).

Télégramme (sans numéro).

Berlin, le 29 juillet 1914 (2).

I received your telegram (3) and share your wish that
peace should be maintained. But as I told you in my first
telegram (4), I cannot consider Austria's (5) action against
Servia an « ignoble » war (6). Austria knows by experience
that Servian promises on paper are wholly unreliable. I

understand its action must be judged as trending to get full
guarantee that the Sorvian promises shall become real facts.
This my reasoning is borne out (7) by the statement of the
Austrian cabinet that Austria does not want to make any
territorial conquests at the expense of Servia. I therefore
suggest that (8) it would be quite (9) possible for Russia (10)
to remain a spectator of (11) the austro-servian conflict
without involving (12) Europe in (13) the most horrible war
she ever witnessed. I think a direct understanding between
your Government (14) and Vienna possible and desirable and

---

(1) Le projet allemand de la main de Jagow, qui a été soumis ensuite à
l'Empereur en traduction anglaise, était ainsi conçu : « J'ai reçu Ton télégramme et je partage Ton désir de paix. Mais comme je Te l'ai déjà déclaré
dans mon premier télégramme, je ne puis voir dans l'action de l'Autriche
contre la Serbie une « ignoble war », mais une juste expédition punitive.
Elle n'est rien de plus, et c'est ce que prouve l'assurance donnée à Ton Gouvernement par le Cabinet de Vienne que l'Autriche ne se propose aucune
annexion territoriale en Serbie. Je crois, en conséquence, qu'en raison de
cette garantie, il Te sera possible d'assister au conflit austro-serbe sans
précipiter le monde dans la plus terrible des guerres. Je considère une
entente entre Toi et Vienne comme possible et désirable, et je l'appuierai
volontiers. Mais des mesures de mobilisation de la Russie contre l'Autriche
pourraient set the house in flame et me placeraient dans la situation la
plus difficile. » L'Empereur a modifié et complété notablement le projet anglais.

(2) Sur le projet anglais modifié par l'Empereur se trouve en haut l'annotation marginale suivante de la main de l'Empereur : « N. Pal. 29. vii. 14,
6 h. 30 soir. » Le télégramme a été ensuite expédié en clair de Potsdam.

(3) Voir nº 332.

(4) Voir nº 335.

(5) L'Empereur a substitué « Austria's » à « the Austria » du projet.

(6) Les mots suivants « Austria knows... real facts » ont été ajoutés par
l'Empereur. Les mots qu'il avait tout d'abord écrits après « facts » ont été
rayés par lui ainsi que les mots « It is an expedition to punish Servia » qui
suivaient dans le projet les mots « ignoble war. »

(7) « This .. out » est une modification par l'Empereur du texte primitif
du projet « That it is not more is clearly proved. »

(8) « I therefore suggest that » est une modification par l'Empereur du
texte primitif du projet « I think that given this guarantee. »

(9) « quite » inséré par l'Empereur.

(10) « Russia » modification par l'Empereur du mot « you » du projet.

(11) « of » substitué par l'Empereur au mot « in » du projet.

(12) « involving » remplaçant « driving » du projet.

(13) « in » substitué par l'Empereur au mot « into » du projet.

(14) « your Government » substitué par l'Empereur à « you » du projet.

as I already telegraphed to you, my Government is continuing its exertions to promote it. Of course military measures on the part of Russia which would be looked upon by
Austria as threatening would precipitate a calamity we both
wish to avoid and jeopardize my position as mediator which
I readily accepted on your appeal to my friendship and my
help (15).

WILLY (16).

Traduction.

J'ai reçu Ton télégramme et je partage Ton désir du maintien de la
paix, mais, comme je Te l'ai dit dans mon premier télégramme, je ne
peux pas considérer l'action de l'Autriche contre la Serbie comme une
guerre « ignoble ». L'Autriche sait par expérience qu'on ne peut absolument
pas se fier aux promesses serbes sur le papier. Je considère que son action
doit être jugée comme tendant à obtenir de sérieuses garanties que les promesses serbes deviendront des réalités. Mon raisonnement est confirmé par
la déclaration du Cabinet autrichien que l'Autriche ne veut pas faire de
conquêtes territoriales aux dépens de la Serbie. J'estime, en conséquence,
qu'il serait parfaitement possible pour la Russie de rester spectatrice du
conflit austro-serbe, sans engager l'Europe dans la plus horrible guerre
dont elle ait jamais été témoin. Je crois possible et désirable une entente
directe entre Ton Gouvernement et Vienne et, ainsi que je Te l'ai déjà télégraphié, mon Gouvernement continue ses efforts en vue de la provoquer.
Évidemment, des mesures militaires de la part de la Russie, qui seraient
considérées comme menaçantes par l'Autriche, précipiteraient une calamité
que tous deux nous désirons éviter et compromettraient mon rôle de médiateur que j'ai volontiers accepté sur Ton appel à mon amitié et à mon assistance.

WILLY.

---

(15) « and as I already... my help » est une modification par l'Empereur
du texte original du projet « and am quite ready to promote it. But mobilisation of your army against Austria could set the house on fire and would
bring myself into the most difficult position. »

(16) Cf. Livre Blanc allemand de mai 1915, p. 34, n° 22, III. — Voir aussi
n° 300.

N° 360

Le Chargé d'Affaires à Athènes
au Ministère des Affaires Etrangères (1).

Télégramme 221.

Strictement confidentiel.   Athènes, le 29 juillet 1914 (2).

Le Ministre Streit a des nouvelles, émanant probablement

de source française, d'après lesquelles l'Autriche serait engagée dans des négociations avec la Bulgarie et la Turquie (3). Il doute, toutefois, de leur exactitude vu que cela serait opposé à la politique allemande et que l'Autriche a encore remis avant-hier à la Grèce une déclaration l'assurant de ses sympathies.

BASSEWITZ.

(1) D'après le déchiffrement.
(2) Remis à Athènes 2 h. 3o après-midi ; parvenu au Ministère des Affaires Etrangères 6 h. 4o après-midi. Timbre d'enregistrement à l'entrée : 29 juillet après-midi. La première phrase du télégramme a été communiquée confidentiellement par Jagow à l'ambassadeur à Constantinople le 3o juillet, 9 h. 55 matin à l'Office central télégraphique.
(3) Voir no 512.

N° 361
Le Chancelier de l'Empire
à l'Ambassadeur à Vienne (1).

Télégramme 181.

Berlin, le 29 juillet 1914 (2).

Le prince Lichnowsky télégraphie :

« Les membres... serait injustifié. » (3)

Ces déclarations des diplomates autrichiens révèlent de nouveaux désirs et de nouvelles aspirations. Je considère l'attitude du Gouvernement de Vienne et le caractère différent de ses démarches auprès des différents Gouvernements avec une inquiétude croissante. A Pétersbourg, il fait une déclaration de désintéressement territorial, mais il nous laisse absolument dans l'obscurité sur son programme ; il repaît Rome de propos insignifiants sur la question des compensa-

(1) D'après la minute. Projet de la main de Bergen avec modifications de la main de Stumm et de Jagow. Voir no 34o.
(2) Remis à 8 h. soir à l'Office central télégraphique.
(3) Ici est inséré le télégramme de Lichnowsky du 28 juillet (no 3o1) avec de petites modifications et en supprimant les phrases : « Lorsque la nouvelle... atterrés » et « qu'il ne s'agit pas seulement... repose sur des relations ».

tions (4); à **Londres**, le comte Mensdorff attribue des parties du territoire de la Serbie à la Bulgarie et à l'Albanie et se met en contradiction formelle avec les déclarations solennelles de Vienne à Pétersbourg (5). De ces contradictions je dois conclure que le désaveu du comte Hoyos qu'on m'a communiqué par le télégramme 83 (6) était destiné à la galerie, et que le Gouvernement de Vienne a des plans qu'il considère comme désirable de nous tenir cachés pour s'assurer, dans tous les cas, l'appui de l'Allemagne et ne pas s'exposer à un refus éventuel en les faisant ouvertement connaître.

Les remarques précédentes sont destinées *tout d'abord* à l'orientation personnelle de Votre Excellence. Je vous prie d'attirer seulement l'attention du comte Berchtold sur le fait qu'il serait bon de dissiper la défiance qu'inspirent ses déclarations aux puissances (8, touchant l'intégrité de la Serbie (9). Je vous prie de lui faire remarquer aussi que les instructions adressées au baron de Mercy ne peuvent guère être considérées comme satisfaisantes par l'Italie (10).

Bethmann Hollweg.

(4) Le passage « A Pétersbourg... question des compensations » était ainsi conçu sur le projet de Bergen : « A Saint-Pétersbourg on souffle dans le chalumeau de la paix, mais le Gouvernement autrichien croit devoir se montrer réservé vis-à-vis de ses alliés ; il nous refuse toute indication sur son programme, et à Rome toute réponse à la question légitime sur l'interprétation de l'article 7 du traité de la Triple Alliance » Avec les modifications de Stumm, le texte avait une rédaction plus brève : « A Saint-Pétersbourg il souffle dans le chalumeau de la paix, mais il nous laisse toutefois dans l'incertitude sur son programme. Il repaît Rome de propos insignifiants sur la question des compensations. » A cela a été substitué le projet définitif de Jagow

(5. « à Pétersbourg », ajouté par Jagow. Les mots « voulait conserver l'intégrité de la Serbie » qui suivaient « de Vienne » ont été rayés du projet de Bergen par Jagow.

(6) Voir n° 18.

(7) « tout d'abord » a été substitué par Stumm au mot « exclusivement » figurant dans le projet original de Bergen. Le mot était souligné par le Chancelier de l'Empire ; il manque dans le déchiffrement de l'ambassade de Vienne Par contre les mots « pour l'orientation personnelle de Votre Excellence » ont été soulignés.

(8) « la défiance contre ses » a été substitué par Jagow à l'original « une méprise sur l'interprétation de » figurant dans le texte de Bergen.

(9) « aux puissances » ajouté par Jagow.

(10) « Je vous prie... satisfaisantes par l'Italie » ajouté par Jagow.

N° 362
L'Ambassadeur à Londres
au Ministère des Affaires Etrangères (1).

Télégramme 179.

Londres, le 29 juillet 1914 (2).

Dans les milieux de presse j'entends dire qu'on a abouti à une entente entre l'Angleterre et l'Italie en vertu de laquelle l'Italie a promis, dans le cas d'une guerre européene, de ne rien entreprendre contre l'Angleterre et réciproquement (3).

LICHNOWSKY.

----

(1) D'après le déchiffrement.
(2) Remis à Londres 5 heures après-midi. Parvenu au Ministère des Affaires Etrangères 8 h. 15 soir. Timbre d'enregistrement à l'entrée : 29 juillet après-midi. Communiqué télégraphiquement par Jagow le 29 juillet à l'ambassadeur à Rome, 30 juillet 3 h. 20 matin à l'Office central télégraphique.
(3) Voir n° 458.

N° 363
L'Ambassadeur à Rome
au Ministère des Affaires Etrangères (1).

Télégramme 149.

Rome, le 29 juillet 1914 (2).

A la suite de nouvelles représentations, le marquis de San Giuliano m'a dit aujourd'hui assez sérieusement que l'attitude de l'Autriche était contraire aux intérêts italiens (3) tant que l'Autriche ne reconnaîtrait pas l'article sept du traité de la Triple-Alliance comme étant toujours en vigueur et que l'Autriche n'accorderait pas des compensations dans

----

(1) D'après le déchiffrement.
(2) Remis à Rome 6 h. 20 après-midi, parvenu au Ministère des Affaires Etrangères à 8 h. 15 soir. Timbre d'enregistrement 29 juillet après-midi. Les deux premiers paragraphes « A la suite... pour l'occuper » ; et les trois dernières phrases « Entre le baron de Mérey... influencer le comte Berchtold dans ce sens » ont été communiquées par Jagow le 29 juillet à l'ambassadeur à Vienne après quelques légères modifications, le 30 juillet 9 h. 45 matin à l'Office central télégraphique.
(3) Voir n°° 150, 156, 168, 212, 326.

le cas d'une prise de possession de territoire en Serbie. Tant qu'il en serait ainsi l'Italie ne pourrait accorder à l'Autriche son entier (4) appui diplomatique. En ce qui concernait les compensations, il persistait fermement à croire que des négociations *directes* avec Vienne aboutiraient à une rupture. Il était par conséquent nécessaire que Berlin prît tout au moins l'initiative de ces négociations. En tout cas il se refusait à négocier à ce sujet avec le baron de Merey. Ce serait la rupture certaine. Sur mes représentations instantes, il avait évité jusqu'ici toute protestation directe contre l'attitude de l'Autriche foulant aux pieds (5) les intérêts italiens, mais le temps pressait, car le moment approchait où l'on devrait décider ici si l'on interviendrait diplomatiquement pour ou contre l'Autriche.

En ce qui concernait le Lovcen, il voyait la question en noir. Le parti militariste autrichien voulait absolument avoir cette montagne, et profiterait de tout incident comme d'un prétexte pour l'occuper.

Conformément au télégramme 25 (6) j'ai répondu que nous soutenions déjà les désirs de l'Italie à Vienne et j'ai encore averti très nettement le Ministre de s'abstenir (7) en ce moment d'une désunion entre les puissances de la Triple Alliance qui pourrait provoquer l'intervention de la Russie. Le Ministre pense que l'attitude de la Russie ne sera pas déterminée par l'Italie, mais par une action éventuelle contre la Serbie qui irait trop loin. J'ai jusqu'ici retenu de toutes mes forces et sans recevoir aucun appui de l'Autriche la presse de ce pays, mais je crois également que des explications claires entre l'Autriche et l'Italie sont à la longue impossibles à éviter. Je suis aussi disposé à croire que nous pourrions rendre à cet effet certains services. Entre le baron de Mérey et le marquis de San Giuliano les rapports sont très mauvais. Tous deux sont malades et irritables.

---

(4) « entier » rayé dans le télégramme de Jagow à l'ambassadeur à Vienne.
(5) *sic* dans le déchiffrement.
(6) Voir n° 287.
(7) *sic* dans le déchiffrement.

L'ambassadeur d'Autriche se prononce très violemment contre des compensations à l'Italie et cherche à influencer le comte Berchtold dans ce sens.

FLOTOW.

N° 364

**L'Ambassadeur à Constantinople
au Ministère des Affaires Etrangères (1).**

Télégramme 379.

Thérapia, le 29 juillet 1914 (2).

L'ambassadeur de Turquie à Rome annonce :

L'Italie pour des motifs de politique intérieure, reste provisoirement indécise. L'Allemagne désire absolument la guerre.

WANGENHEIM.

---

(1) D'après le déchiffrement.

(2) Remis à Thérapia 1 h. 18 matin ; parvenu au Ministère des Affaires Etrangères 8 h. 25 soir. Timbre d'enregistrement à l'entrée : 29 juillet après-midi. Communiqué télégraphiquement par Jagow à l'ambassade à Rome, 3o juillet 10 h. 3o matin à l'Office central télégraphique.

N° 365

**L'Ambassadeur à Saint-Pétersbourg
au Ministère des Affaires Etrangères (1).**

Télégramme 185.

Saint-Pétersbourg, le 29 juillet 1914 (2).

Sasonow, qui vient de me prier de passer chez lui, m'a informé que le Cabinet de Vienne avait répondu par un refus catégorique au désir qu'il avait exprimé d'entrer en conver-

---

(1) D'après le déchiffrement.

(2) Remis à Pétersbourg 6 h. 10 après-midi ; parvenu au Ministère des Affaires Etrangères 8 h 29 soir. Timbre d'enregistrement à l'entrée : 29 juillet. Au sujet de la communication du télégramme de Pourtalès à Vienne voir n° 396.

sation directe (3). Il ne lui restait en conséquence qu'à revenir sur la proposition de Grey d'une conversation à quatre. Le Ministre affirma spontanément qu'il était très éloigné de songer à réclamer que l'Autriche se soumit à une sorte de tribunal européen, mais qu'il ne cherchait que des moyens de sortir des difficultés actuelles, et qu'il se raccrochait au moindre fétu de paille. Je lui ai déclaré de nouveau que l'attitude prise par mon Gouvernement à l'égard de la proposition de Grey ne m'était pas connue, mais que je ne pouvais m'empêcher de considérer un ordre de mobilisation russe, au cas où il serait véritablement imminent, comme une faute lourde, aussi longtemps qu'on déclarerait ici qu'on avait véritablement et sérieusement le désir de trouver une solution pacifique. Sasonow ne contesta pas le caractère imminent d'une mobilisation, mais déclara que la Russie était contrainte à cette mesure par l'Autriche, et que la mobilisation était très loin de signifier la guerre.

POURTALÈS.

(3) Voir n° 397.

N° 365 a

**L'Ambassadeur à Constantinople
au Ministère des Affaires Etrangères (1).**

Therapia, le 29 juillet 1914 (2).

Télégramme 380.

De la mission militaire :

L'attaché militaire turc à St-Pétersbourg annonce la mobilisation russe.

District de Varsovie : 6°, 14°, 15°, 19°, 23° corps.

Moscou : Corps des grenadiers, 5°, 13°, 17°, 25° corps.

Kiew : 9°, 10°, 11°, 12°, 21° corps.

Odessa : 7° et 8° corps.

(1) D'après le déchiffrement.

(2) Remis à Thérapia 1 h. 10 après-midi ; parvenu au Ministère des Affaires Etrangères 8 h. 29 soir ; communiqué le 29 juillet 10 h. soir à l'Etat-Major Général, à l'Etat-Major de la Marine, au Ministère de la Marine et au Ministère de la Guerre.

Pour ces quatre districts la mobilisation est accompagnée de la convocation des réservistes. Pour les districts militaires de Vilna, et Pétersbourg, la mobilisation a lieu sans appel de réservistes.

Le consul de Turquie à Batoum télégraphie : Ici l'état de siège. Le gouverneur a déclaré au chef musulman que la guerre était possible. L'ordre de mobilisation pour les corps du Caucase n'avait pas encore été envoyé.

L'attaché militaire turc à Paris et le consul de Turquie à Rostow annoncent de façon concordante que les corps du Caucase, en cas de guerre, seraient employés à la frontière occidentale de la Russie. Dans l'Azerbeidjan se trouvent en ce moment 10.000 hommes de troupes russes qui, en cas de guerre, attaqueraient la Turquie au sud d'Urmia.

WANGENHEIM.

N° 366

Le Tsar à l'Empereur (1).

Télégramme (sans numéro).

Peterhof-Palais, le 29 juillet 1914 (2).

Thanks for your telegram conciliatory and friendly. Whereas official message presented to day by your ambassador to my minister was conveyed in a very different tone (3). Bog *you to explain this divergency*. It would be right   *Nana !* to give over the Austro-servian problem to the *Hague conference* (4). Trust in your wisdom and friendship.

Your loving Nicky (5).
Merci également.

---

(1) D'après la copie de l'Office télégraphique. Voir n° 359.

(2) Remis au palais de Péterhof 8 h. 20 soir, parvenu au Nouveau Palais 8 h. 42 soir.

(3) Voir Nos 342 et 378.

(4) En marge à droite : ! de l'Empereur.

(5) Cf. Livre Blanc allemand de mai 1915, p. 35, n° 22, IV. Voir également le télégramme n° 390.

Traduction.

Merci de Ton télégramme conciliant et amical ; toutefois
le message officiel présenté aujourd'hui par Ton Ambassadeur à mon Ministre était conçu sur un ton très différent.
Je Te prie de vouloir bien m'expliquer cette divergence.   *Nunu !*
Il serait juste de soumettre le problème austro-serbe à
la *Conférence de La Haye.* J'ai confiance dans Ta sagesse
et Ton amitié.

> Ton affectionné Nicky.
> *Merci également.*

N° 367
L'Ambassadeur à Paris
au Ministère des Affaires Etrangères (1).

Télégramme 229.

Paris, le 29 juillet 1914 (2).

M. Viviani ne conteste pas les *mesures de précaution* militaires (3) mais il
insiste sur leur *peu* d'importance et leur
exécution très *discrète.* On est très éloi-
enfantin !!   gné de la mobilisation. Il ne trouverait
rien d'inquiétant à ce que, de notre côté,
nous fissions de même. Toutefois des
mesures (4) de notre part seraient regret-
tables, vu leurs effets alarmants sur l'opinion publique. Le meilleur remède selon

---

(1) D'après le déchiffrement.

(2) Remis à Paris 6 h. 50 après-midi, parvenu au Ministère des Affaires
Etrangères 9 h. 12 soir. Timbre d'enregistrement à l'entrée : 29 juillet
après-midi. Annotation *marginale* du Chancelier de l'Empire du 30 juillet :
« Il y a lieu d'en informer le Ministre de la Guerre et l'Etat-major général.
— v. B.-H. 30. » Sur l'ordre de Jagow la communication a été faite à ces
administrations, transmise par messager 4 h. 12 après midi. Copie du déchiffrement du télégramme de Schoen a été envoyée à l'Empereur le
30 juillet et est revenue le 1er août au Ministère.

(3) En marge : ? de l'Empereur.

(4) Ici l'annotation de Jagow : « il est clair qu'il manque un mot comme
« plus étendues. » Sur l'ordre de Jagow cette annotation fut également
communiquée aux administrations précitées (note 2). Dans le télégramme
envoyé à l'Empereur les mots « plus étendues » ont été ajoutés.

s'il pouvait obtenir une réponse de Vienne lui, serait de *procéder à l'action médiatrice la plus prompte* sous n'importe quelle forme. Viviani ne veut pas renoncer à l'espoir du maintien de la paix que l'on désire ici sincèrement.

SCHOEN.

N° 368
L'Ambassadeur à Londres
au Ministère des Affaires Etrangères (1).

Télégramme 178.

Londres, le 29 juillet 1914 (2).

Sir Edward Grey vient de me faire appeler auprès de lui 3). Le Ministre était absolument calme, mais très sérieux, et me reçut en me disant que la situation devenait de plus en plus tendue. Sasonow avait déclaré qu'après la déclaration de guerre il n'était plus en mesure de négocier directement avec l'Autriche et *il avait fait* demander *ici* (5) de reprendre de nouveau (6) *la média-*

Le trait le plus fort et le plus inouï de pharisaïsme anglais que j'aie jamais vu! Avec de pareilles crapules je ne ferai jamais une convention sur la flotte!

en dépit de l'appel que m'a adressé le Tsar! (4)

alors je suis mis hors de circulation.

---

(1) D'après le déchiffrement.

(2) Remis à Londres 6 h. 39 après-midi, parvenu au Ministère des Affaires Etrangères 9 h. 12 soir. Timbre d'enregistrement à l'entrée : 29 juillet après-midi. Copie du déchiffrement a été soumise à l'Empereur qui a consigné là-dessus : « 30. VII. 14. 1 heure après-midi. » Les passages « Sir E. Grey... des hostilités » et « Ensuite Sir E. Grey me dit .. d'un entretien privé », ont été communiqués le 30 juillet à l'Etat-major général, à l'Etat-major de la Marine, au Ministère de la Guerre et au Ministère de la Marine. Voir n° 407.

(3) Voir n° 357.

(4) Figure dans l'original à gauche en marge.

(5) « ici » souligné deux fois par l'Empereur

(6) « de nouveau » souligné deux fois par l'Empereur.

tion. Le Gouvernement russe considère que la condition préalable de cette médiation serait la cessation provisoire des hostilités.

Sir E. Grey me renouvela la suggestion qu'il m'avait déjà faite d'après laquelle nous devrions participer à cette médiation à quatre, que nous avions (7) déjà acceptée en principe. En ce qui le concernait personnellement, il estimait qu'une bonne base de médiation serait que l'Autriche, après l'occupation de Belgrade ou d'autres villes, fît connaître ses intentions (8). Toutefois si Votre Excellence entreprenait la médiation, comme j'ai pu ce matin lui en ouvrir la perspective (9), cela lui conviendrait également. Mais la nécessité d'une *médiation* lui paraissait urgente si l'on ne voulait pas *en venir à une catastrophe européenne.*

Ensuite Sir E. Grey me dit qu'il avait une communication amicale et privée à me faire. Il ne voulait pas

bien

depuis déjà plusieurs jours nous avons cherché à atteindre ce but, mais en vain !

au lieu de la médiation un avertissement sérieux à Pétersbourg et à Paris portant que l'Angleterre ne les aidera pas apaiserait immédiatement la situation.

---

(7) Le passage « que nous avions déjà acceptée en principe » manque dans la copie du télégramme de Lichnowsky soumise à l'Empereur.

(8) Cf. 293, 323 et 439.

(9) Le passage « comme j'ai pu ce matin lui en ouvrir la perspective » manque dans la copie du télégramme soumise à l'Empereur.

en effet que la cordialité de nos rapports personnels et l'intimité de nos échanges de vues sur toutes les questions politiques m'induisissent en erreur, et il voulait *échapper pour l'avenir au reproche* [de] (10) *manque de sincérité.* Le Gouvernement britannique, après comme avant, désirait maintenir avec nous l'amitié qui avait régné jusqu'ici et il pouvait, tant que le conflit *se limitait à l'Autriche et à la Russie, rester à l'écart.* Mais si *nous* (11) *et la France étions entraînés dans le conflit,* la situation serait immédiatement différente et le Gouvernement britannique *pourrait se voir dans certaines circonstances acculé à de promptes résolutions.* Dans ce cas *il ne serait pas possible de rester longtemps à l'écart, et d'attendre* « if war breaks out, it will be *the greatest catastrophe* that the *world ever has seen* » (12). Il était très éloigné de vouloir exprimer des menaces, il ne voulait que

ah! ah! le vil imposteur!

cela veut dire que nous devrions abandonner l'Autriche; cela est vil et méphistophélique mais bien anglais.

elles sont déjà prises

cela veut dire qu'ils nous attaqueront.

il subsiste!

---

(10) « de » manque dans le déchiffrement du Ministère des Affaires Etrangères.

(11) « nous » souligné deux fois par l'Empereur.

(12) Traduction : « Si la guerre éclatait, ce serait la plus *grande catastrophe* que le *monde eût jamais vue.* » (Note du Traducteur).

malgré cela il a manqué de sincérité toutes ces annés-ci jusqu'à son dernier discours.

nous aussi ! nouvellement créée ! (14).

si le Gouvernement le veut il peut faire évoluer l'opinion publique et la diriger car la presse lui obéit sans réserves.

me prévenir contre des déceptions et *se garder du reproche de manque de sincérité*, et à cet effet il choisissait la forme d'un entretien privé (13).

Tout à fait mal réussi.

Sir E. Grey ajouta que le *Gouvernement* devait *compter aussi avec l'opinion publique* ; jusqu'ici cette opinion avait été en général favorable à l'Autriche, vu que l'on reconnaissait son droit à une certaine satisfaction, mais en raison de l'opiniâtreté autrichienne, elle commençait à *se retourner complètement* (15).

Sir Edward Grey a dit à mon collègue italien qui vient de me quitter, qu'il croyait qu'au cas où la médiation serait acceptée, il pourrait procurer à l'Autriche toutes les satisfactions possibles. Il ne pourrait pas être question d'un recul humiliant de l'Autriche, vu que les Serbes devraient être châtiés dans tous les cas, et qu'ils seraient obligés avec l'assentiment de la Russie de se soumettre aux désirs autrichiens.

Avec l'aide de la presse jingoïste.

(13) Voir les annotations marginales de l'Empereur aux nos 382 et 401, ainsi que la lettre impériale no 474.

(14) Annotation interlinéaire au-dessus du mot « favorable ».

(15) En marge, point d'interrogation de l'Empereur.

L'Autriche pourrait donc
sans une guerre qui mettrait
la paix européenne en question, obtenir des garanties
pour l'avenir.

LICHNOWSKY.

*L'Angleterre se découvre en ce moment où elle est d'avis que nous som-
mes traqués dans une chasse aux épouvantails et que notre sort est pour
ainsi dire réglé. La vile canaille de boutiquiers a cherché à nous tromper par des dîners et par des discours. La plus grossière tromperie consiste dans les paroles que le Roi m'a adressées par l'intermédiaire d'Henry:
« We shall remain neutral and try to keep out of this as long as possible » (16). Grey inflige un démenti au Roi et les paroles qu'il a adressées
à Lichnowsky découlent de ses remords vu qu'il a eu le sentiment de nous
avoir trompés. En même temps c'est une menace jointe à un bluff pour
nous détacher de l'Autriche, empêcher la mobilisation et rejeter sur nous
la responsabilité de la guerre. Il sait très bien que s'il disait un seul mot
sérieux, énergique à Paris et à Pétersbourg et les invitait à la neutralité, tous deux resteraient immédiatement tranquilles Mais au lieu de
cela il nous menace ! Ignoble drôle ! (17) L'Angleterre seule porte la
responsabilité de la guerre ou de la paix et ce n'est plus nous ! Il faut
l'établir publiquement !*

G.

---

(16) Traduction : « Nous resterons neutres et nous chercherons à nous
tenir en dehors de tout cela aussi longtemps que possible. » Voir n° 374.
(Note du Traducteur)

(17) Litt. Vile merde de chien. (Note du Traducteur).

N° 369

Le Gérant du Consulat général à Moscou
au Ministère des Affaires Etrangères (1).

Télégramme 6.

Moscou, le 29 juillet 1914 (2).

D'après des informations consciencieuses, la véritable mobilisation ne semble pas encore avoir eu lieu ici. Je reçois de

---

(1) D'après le déchiffrement.

(2) Remis à Moscou 5 h. 25 après-midi, parvenu au Ministère des Affaires Etrangères 9 h. 30 soir. Timbre d'enregistrement à l'entrée : 29 juillet
après-midi. Communiqué le 29 juillet 10 h. 30 soir à l'Etat Major général, à
l'Etat-Major de la Marine, au Ministère de la Marine et au Ministère de la
Guerre.

l'aide de camp Swetchin, par un intermédiaire, des nouvelles d'après lesquelles Moscou devrait être mobilisé les jours prochains. La même source m'informe d'après des renseignements du secrétaire de la section de mobilisation de la ligne Moscou-Koursk que cette section doit tenir prêts des wagons pour le transport des classes de 1905 à 1908. L'ordre de mobilisation aurait été donné hier au soir. Les bruits semblent devenir plus précis. Un autre informateur de confiance a appris qu'on avait l'intention de mobiliser les jours suivants. On parlait même de demain. Toutefois une nervosité générale se manifeste au sujet de l'attitude des ouvriers ; l'ambassade est prévenue. De bonne source on me confirme la mobilisation pour demain.

HAUSCHILD.

N° 370

**L'Ambassadeur à Pétersbourg
au Ministère des Affaires Etrangères (1).**

Télégramme 186.

Saint-Pétersbourg, le 29 juillet 1914 (2).

L'attaché militaire transmet à l'Etat-Major général l'information suivante :

Le chef de l'Etat-Major général m'a prié de venir le voir et m'a dit qu'il venait de chez Sa Majesté. Le Ministre de la Guerre l'avait chargé de me confirmer que les choses étaient restées dans le même état que celui dont le Ministre m'avait fait part deux jours auparavant. Il me donna de la façon la plus solennelle sa parole d'honneur et m'offrit de me confirmer par écrit que jusqu'à l'heure de trois heures de l'après-midi il n'y avait nulle part de mobilisation, c'est-à-dire d'appel d'un seul homme ou de réquisition d'un seul cheval. Il ne pouvait pas garantir l'avenir, mais il m'a confirmé que Sa

---

(1) D'après le déchiffrement.

(2) Remis à Pétersbourg le 29 juillet 7 h. du soir, parvenu au Ministère des Affaires Etrangères 9 h. 45 soir. Timbre d'enregistrement à l'entrée : 30 juillet matin. Communiqué le 29 juillet à l'Etat-Major général, au Ministère de la Guerre, à l'Etat-Major de la Marine et au Ministère de la Marine.

Majesté, après comme avant, ne désirait aucune mobilisation dans les secteurs avoisinant notre frontière.

Ici circulent beaucoup de nouvelles sur l'appel des réservistes dans certaines provinces de l'Empire à Varsovie et à Wilna. Dans les corps de troupes d'ici, d'après des informations dignes de confiance, on aurait réquisitionné des chevaux. Je déclarai donc au général que ses ouvertures me rendaient très perplexe. Il répondit sur sa parole d'honneur d'officier que ces informations étaient inexactes, mais que ça et là il pouvait y avoir de fausses alertes.

Le général reconnut qu'il y avait des déplacements de troupes pour la protection des frontières. Mais c'étaient des mesures qui ne dépendaient pas de lui et qui étaient prises exclusivement par mesure de précaution.

Il souligna encore une fois la grande différence entre les secteurs militaires avoisinant l'Autriche et ceux voisins de l'Allemagne et il excepta expressément des premiers le Caucase.

En insistant encore sur son amour de la paix (?), le général fit entrevoir que, même en cas de guerre, on ne songeait pas à une offensive (?).

Vu les informations nombreuses et positives reçues sur l'appel des réservistes, je dois considérer ce langage comme une tentative de nous induire en erreur sur l'étendue des mesures prises jusqu'ici. D'Odessa on nous informe le 28 après-midi : les troupes de la garnison doivent en grande partie être envoyées à la frontière autrichienne, de même trois régiments de Kischinew. La frontière roumaine est dégarnie.

De Kiew, on nous informe aujourd'hui à midi : le 8ᵉ bataillon de chemins de fer suivi du 7ᵉ avec le matériel de chemins de fer et le 166ᵉ d'infanterie sont avancés. Quant à l'artillerie, il ne serait resté qu'une batterie à effectif de guerre. On s'attend aujourd'hui à la mobilisation du district militaire de Kiew.

Le 27 au soir, le 16ᵉ hussards a été transféré de Riga à Libau.

Pourtalès.

N° 371
Le Secrétaire d'Etat des Affaires Etrangères au Ministre à Copenhague (1).

Télégramme 26.

Secret.   Berlin, le 29 juillet 1914 (2).

Pour information et pour régler votre langage au cas où la guerre éclaterait.

Dès le commencement nous avons considéré le conflit entre l'Autriche et la Serbie comme une question qui ne concernait que ces deux Etats. Nos efforts se sont poursuivis en vue de la localisation du conflit. Mais si la Russie prenait parti pour la Serbie, et attaquait l'Autriche, le casus foederis interviendrait pour nous et une conflagration générale serait inévitable. La question du maintien de la paix dépend donc uniquement de la Russie.

Dans une conflagration européenne nous n'avons aucunement l'intention de porter atteinte à l'intégrité de l'Etat danois. Mais les événements de guerre pourraient, contre notre volonté et notre désir, avoir pour conséquence des opérations dans les eaux danoises. Le Danemark doit avoir conscience du caractère sérieux de la situation et se préparer à juger de l'attitude qu'il doit prendre le cas échéant.

Jagow.

---

(1) D'après la minute rédigée par Jagow. Annotation marginale du Chancelier de l'Empire du 27 juillet : « Sa Majesté approuve les instructions ci-jointes, mais ne considère pas leur envoi comme urgent » B.-H. 27.

(2) Remis le 29 juillet 9 h. 45 soir à l'Office central télégraphique.

N° 372
Le Grand Etat-Major général
au Ministère des Affaires Etrangères (1).

Berlin, le 29 juillet 1914 (2).

3° Rapport.

NOUVELLE INFORMATION JUSQU'AU 29 JUILLET, 4 HEURES SOIR

AUTRICHE

L'Archiduc Frédéric a pris le commandement en Chef contre la Serbie. Contre la Serbie on mobilise : la 1re division de cavalerie (Temesvar) soit 36 escadrons et la 10° division de cavalerie (Budapest) soit 30 escadrons. La mobilisation s'opère presque sans trouble ; on constate toutefois un manque de voitures pour le train dans le district du 7me Corps d'Armée (Temesvar). Le 3me Corps d'Armée n'a qu'un effectif de 39 bataillons. L'ensemble des forces de l'armée se monterait au chiffre rond de 400.000 hommes. Le gué de la Save à Mitrowitza doit être tombé sans combat entre les mains des Autrichiens. Les monitors du Danube sont rassemblés à Neusalz. La flotte est concentrée à Sebenico. La landsturm est appelée dans huit corps d'armée.

SERBIE ET MONTÉNÉGRO

Autant qu'on peut se rendre compte par la presse, la situation est la suivante : Les troupes au sud de Semendria se retirent en amont de la Morawa ; sur le Danube, il ne reste que de faibles forces parmi lesquelles des formations de landsturm. Sur la basse Drina près de Lesnitza se forment de gros détachements de volontaires. De petits combats de tirailleurs se sont engagés sur les deux rivières. Les groupes principaux du front serbe de l'ouest à Valjevo et à Uschitze ont été renforcés. De Novibazar des fractions de la division

---

(1) D'après la polycopie transmise par l'Etat-Major général. Le premier et le second rapports du 27 et du 28 juillet ne se trouvent pas aux Archives du Ministère des Affaires Etrangères. Voir Note 3, au N° 341.

(2) Timbre d'enregistrement à l'entrée : 29 juillet après-midi. A été soumis à Zimmermann, à Jagow et au Chancelier, rendu par le Chancelier le 31.

Ibar nouvellement formée doivent marcher vers Lim et doivent avoir poussé des détachements avancés jusqu'à Priboj sur la frontière. Cette aile gauche serbe est en liaison avec l'aile droite des Monténégrins dont on annonce la présence à l'effectif d'une brigade avec de l'artillerie dans la région de Plevlje. Une ou deux autres brigades seraient rassemblées à Rjegos et à Grahovo. La garnison du Lovcen est renforcée. Les forces principales monténégrines paraissent concentrées à Niksitch. Le Roi et le Gouvernement se sont rendus à Podgoritza où est arrivé un officier supérieur serbe. Le Quartier Général serbe semble maintenu à Nisch. Le chef de l'Etat-Major général serbe, contrairement aux informations de la presse, n'aurait pas été mis en liberté. De Vienne on annonce de nombreuses désertions de soldats serbes qui arrivent en armes sur le territoire hongrois et se plaignent d'une alimentation insuffisante. D'après une déclaration du Ministre bulgare on manquerait également d'aliments à Nisch.

GRÈCE

On sait que le Traité d'alliance n'a pas trait à l'appui de la Serbie contre l'Autriche. La Grèce veut rester neutre. La presse et la population sont hostiles à l'Autriche.

ROUMANIE, BULGARIE

Rien de nouveau.

TURQUIE

La Turquie veut conserver la neutralité, mais craint pour le commencement d'août une attaque de la flotte grecque (??)

BELGIQUE

L'armée, par l'appel de trois classes, est portée de 55.000 à 100.000 hommes. L'appel de ces réserves est ordonné. La surveillance des frontières doit être renforcée. La Belgique veut empêcher l'invasion des Français comme des Allemands ; elle prend des mesures en conséquence : on arme les forts. On se prépare à pouvoir faire sauter éventuellement les travaux d'art.

HOLLANDE

La mobilisation est préparée, les passages les plus importants sur la Meuse et l'Yssel sont occupés militairement. Les forts sont occupés et armés, les approvisionnements paraissent abondants.

FRANCE

1. *Districts frontières.* Exercices de protection de la frontière. Activité accrue. Des automobiles seraient prêtes à Audun, Longuyon et Longwy. On assure la protection militaire des voies ferrées. On travaille aux quais d'embarquement. *Les relations téléphoniques sont aujourd'hui partiellement interrompues entre Paris et l'Allemagne. Le matériel de chemins de fer est ramené en arrière. A Toul et à Epinal on ne donne plus de wagons pour le commerce. L'armement des forts de Belfort est en train.*

2. *A l'intérieur.* Sur la section Paris-Herbesthal, les gares sont occupées militairement et on renvoie en arrière de nombreux trains vides. Dans les cours de casernes à Paris le 28 juillet on a remarqué des voitures de campagne. Il n'y a pas eu d'appel général des réservistes. Tout au plus l'appel de la plus jeune classe serait possible. Le lieutenant-colonel Dupont, chef de la deuxième division de l'Etat-Major général s'est étonné du peu d'importance des mesures de protection prises par l'Allemagne. Ce n'est qu'à Metz qu'on aurait fait des préparatifs qui sont de beaucoup surpassés par ceux des Français. Il n'y a pas dans le pays d'enthousiasme pour la guerre. La flotte reste à Toulon. La presse française se laisse aller à des invectives contre l'Allemagne. Un dérangement de la communication téléphonique avec le fort Impératrice à Metz est attribué à la malveillance.

ANGLETERRE

Les officiers et les équipages sont rappelés de congé, mesure qui a lieu pour la tension politique la plus légère. La première flotte embarquait du matériel de guerre à Portland. Une flottille de sous-marins est sortie pour une destination inconnue. La deuxième flotte dans les ports complète ses équipages. Les écoles de marins sont fermées. On a depuis longtemps envisagé l'essai de mobilisation de la 2e division à Aldershot.

ITALIE

Elle est très troublée par la grève des chemins de fer et les affaires lybienne et albanaise, mais elle espère pouvoir satisfaire les cheminots ; elle assure à l'Autriche liberté d'action en Serbie ; elle demande comme compensation liberté d'action en Albanie. L'attitude de la presse du nord de l'Italie était aujourd'hui favorable aux Serbes.

RUSSIE

Pour fortifier la garde de la frontière mobilisée partout, des troupes de différentes armes ont été amenées sur certains points par exemple Tchenstochau, Alexandrowo, Wirballen, notamment des soldats du génie, à ce qui semble munis d'explosifs. Les mesures de protection militaire des frontières et des gares paraissent exécutées dans toute la région frontière. La mobilisation dans les districts militaires de Wilna et de Varsovie n'est toujours pas confirmée. Les réservistes ne sont pas appelés en grand nombre. D'après certaines nouvelles, les passeports ne seraient plus délivrés. On aurait donné aux réservistes l'avis de se tenir prêts. On annonce sur certains points près de la frontière des réquisitions de chevaux. (Cela peut être une mesure de sûreté ou une réquisition nécessaire à la mobilisation des gardes frontières. Le matériel est partout tenu prêt. Les marchandises ne sont plus acceptées sur toute la frontière prusso-russe.

En particulier : les régiments d'infanterie 110 et 111 avec l'artillerie et avec un régiment de dragons sont stationnés à Wirballen ; la frontière de Suwalki jusqu'à Schirwindt est fortement occupée. Des troupes sont annoncées : à Ratchki (de toutes armes sans indication d'effectifs) à Schtchoutchin de la cavalerie et de l'infanterie ; d'Ostrolenka des troupes sont en marche sur la frontière (sans indication d'effectifs) ; à Mlawa (des fractions des 8e et 29e régiments d'infanterie de Varsovie) ; à Bchetz (au sud de de Wlozlawek) toutes armes, plusieurs régiments (?)

La fermeture de l'embouchure de la Dvina par des mines est confirmée. On ouvre le chenal deux fois par jour, les phares sont éteints. Les chenaux entre Helsingfors et Hangö sont fermés aux navires de commerce, les phares sont éteints, les bouées ont été enlevées. Aucun empêchement n'est apporté à la navigation pour Pétersbourg.

La presse *officieuse* considère la réponse serbe comme suffisante, croit que l'on va trouver la Roumanie aux côtés de la Triple Alliance.

v. GRIESHEIM.

Pour copie conforme

v. BARTENWERFFER, Major.

N° 373

**Le Chancelier de l'Empire
à l'Ambassadeur d'Angleterre (1).**

(oralement)

Berlin, le 29 juillet 1914 (2).

Nos efforts continuent à se poursuivre en vue du maintien de la paix. Si une attaque russe contre l'Autriche et les obligations d'alliance qui en résultent pour nous rendaient cependant à notre très grand regret une conflagration européenne inévitable, nous espérons que l'Angleterre en restera la spectatrice. Autant que nous pouvons juger, la politique anglaise, en tenant compte de l'équilibre européen, ne permettrait pas un écrasement de la France. Mais nous ne songeons nullement à un tel écrasement. Nous pouvons assurer au Cabinet anglais — à *condition* qu'il observe la *neutralité* — que, même dans le cas d'une guerre victorieuse, nous ne viserions pas à des acquisitions territoriales aux dépens de la France en Europe. Nous pouvons en outre lui assurer que nous respecterons la neutralité et l'intégrité de la Hollande

---

(1) Projet dactylographié, paraphé par Jagow avec des modifications manuscrites du Chancelier de l'Empire; Cf. Livre Bleu anglais de 1914, N° 85. Voir aussi N° 407.

(2) Annotation marginale du 31 juillet du Chancelier de l'Empire : « J'ai fait oralement le 29 la déclaration ci-dessus à l'ambassadeur Sir Edward Goschen. v. B. H. 31. 7. 14 ». La déclaration d'après le Livre Bleu anglais aurait été faite tard *dans la soirée*.

aussi longtemps que nos adversaires les respecteront. En ce qui concerne la Belgique nous ne savons pas à quelles contre-opérations pourrait nous obliger l'action de la France en cas de guerre. Mais à supposer que la Belgique ne prenne pas parti contre nous, nous serions également prêts, dans ce cas, à donner l'assurance qu'après la fin de la guerre nous ne porterions pas atteinte à l'intégrité de la Belgique.

Ces assurances éventuelles nous paraissent des bases propres à une entente ultérieure avec l'Angleterre à laquelle notre politique a travaillé jusqu'ici sans cesse. L'assurance de la neutralité anglaise dans le conflit actuel would enable me to a general neutrality agreement in the future of which it would be premature to discuss the details at the present moment (3-4).

----

(3) Dans le projet le mot « conflit » était suivi des mots : « et nous pourrons nous occuper d'envisager un traité général de neutralité pour l'avenir, ainsi que d'une entente sur la flotte ». Le Chancelier a rayé cette phrase et a écrit à la place : « Nous en viendrions à la possibilité d'envisager un traité général de neutralité pour l'avenir. Je ne puis pas préciser actuellement les détails et la base d'un pareil traité parce que l'Angleterre à cette occasion devrait se prononcer sur toute la question ». Le Chancelier l'a encore rayé et a adopté le texte anglais : « Would enable... moment. »

(4) Traduction : « me permettrait la conclusion d'un accord général de neutralité pour l'avenir, accord dont il serait prématuré de discuter les détails en ce moment ». (Note du Traducteur).

Nº 374
Le Prince Henry de Prusse à l'Empereur (1).

Mon cher Guillaume,

Kiel, le 28 Juillet 1914.

Je T'envoie ci-joint une lettre de Sophie qui m'a prié de T'adresser ses saluts cordiaux ; je l'ai rencontrée elle et Mossy dimanche dernier chez Zander Münster à Mairsfield.—

Lorsque les informations de presse sont devenues alar-

----

(1) D'après l'expédition ; n'est parvenu au Bureau des Affaires Etrangères, qu'en janvier 1919.

mantes, et que j'ai eu confirmation de Ton voyage de retour, je me suis décidé à mettre fin promptement à mon séjour en Angleterre et à revenir à ma base où, ainsi que je Te l'ai déjà télégraphié, je me tiens à Ta disposition jusqu'à ce que la situation se soit éclaircie.

Avant mon départ de Londres, dimanche matin, j'ai eu, sur ma demande, un court entretien avec Georgie qui se rendait parfaitement compte du caractère grave de la situation, et m'a assuré que lui et son Gouvernement ne négligeraient rien pour localiser la lutte entre l'Autriche et la Serbie, qu'à cet effet son Gouvernement avait fait, ainsi que Tu le sais, la proposition d'une intervention de l'Allemagne, de l'Angleterre, de la France et de l'Italie pour essayer de contenir la Russie, et qu'il espérait que l'Allemagne serait en mesure, en dépit de son alliance avec l'Autriche, d'adhérer à cette proposition pour éviter la guerre européenne dont nous étions, disait-il, plus rapprochés que jamais ; il ajouta textuellement : « we shall try all we can to keep out of this and shall remain neutral » (2). Je suis convaincu que cette déclaration répondait à une intention sérieuse, comme je le suis de la neutralité de l'Angleterre au début, mais cette neutralité pourra-t-elle persister? C'est une question que je ne suis pas à même d'apprécier, mais j'en doute beaucoup à cause des relations avec la France.

Georgie était très sérieux, faisait des déductions logiques et était animé du désir le plus sérieux et le plus sincère d'écarter la conflagration mondiale éventuelle, et il comptait fortement sur Ta coopération. J'ai communiqué à Lichnowsky la teneur de cet entretien, en le priant d'en faire part au Chancelier de l'Empire. Comme je l'apprends par Karpf, le bruit répandu à Londres, qui a réjoui beaucoup de gens, et d'après lequel Tu aurais parlé au Président de la République française à ton retour, ne s'est pas confirmé ; on paraissait disposé à considérer une pareille rencontre, comme une garantie de paix. Au surplus on ne pouvait constater aucune

---

(2) Traduction : « Nous ferons tout ce que nous pourrons pour rester en dehors de cela, et nous resterons neutres ». (Note du Traducteur.)

surexcitation dans la vie publique à Londres, ce qu'on peut
attribuer à la circonstance, que la fin de la semaine joue le
rôle important qu'elle peut avoir dans un pays dont la situation géographique est aussi favorisée que celle de l'Angleterre.

Lichnowsky avec qui je me suis rencontré dimanche m'a
assuré de nouveau des intentions loyales et sincères de Sir
Edward Grey, en ce qui concerne la crise actuelle.

A ce sujet, je ne puis transmettre aucune information,
puisque mon séjour en Angleterre n'a duré que de samedi
matin jusqu'à lundi matin.

En communion de pensées avec Toi dans ces temps inquié-
tants, je reste,

Ton frère fidèle et obéissant.

HENRY.

N° 375

Le Secrétaire d'État des Affaires Étrangères au Ministre à Bruxelles (1).

Berlin, le 29 juillet 1914 (2).

Je prie Votre Excellence, de conserver bien fermée l'annexe jointe à cette dépêche, et de ne l'ouvrir que si vous y êtes
invité par télégramme.

Je vous prie de m'accuser réception télégraphiquement de
cette dépêche et de son annexe (3).

v. JAGOW.

---

(1) D'après la minute. Projet de la main de Stumm, paraphé le 29 juillet
par Stumm et Zimmermann.

(2) Transmis le 29 juillet avec un pli fermé comme annexe. (Voir n° 376)
par un courrier de Cabinet. La lettre n° 375 est désignée comme dépêche 88,
l'annexe n° 376 comme dépêche 87.

(3) Le ministre à Bruxelles a accusé réception par un télégramme du
30 juillet au Ministère des Affaires Étrangères, reçu à l'Office central télégraphique le 30 juillet 2 h. 47 après-midi, remis au Ministère des Affaires
Étrangères 3 h. 36 après-midi.

N° 376
Le Secrétaire d'État des Affaires Étrangères au Ministre à Bruxelles (1).

Berlin, le 29 juillet 1914 (2).

Le Gouvernement impérial possède des informations certaines sur la marche projetée de forces françaises sur la section de la Meuse Givet-Namur. Elles ne laissent aucun doute sur l'intention de la France (3), de traverser le territoire belge pour attaquer l'Allemagne.

Le Gouvernement impérial ne peut se défendre de la préoccupation que la Belgique, en dépit de sa bonne volonté, ne soit pas en mesure de se défendre sans assistance contre une invasion française (4), avec une assez grande perspective de succès, pour qu'on puisse y trouver (5) une garantie suffisante pour la sécurité de l'Allemagne. C'est pour l'Allemagne un devoir de conservation, que de prévenir l'attaque ennemie. Aussi (6) le Gouvernement allemand éprouverait-il le plus grand regret, de voir la Belgique, considérer comme un

---

(1) D'après la minute. Le chef de l'Etat-Major général de Moltke a remis au Ministère des Affaires Étrangères, « le projet écrit par lui-même d'une communication au Gouvernement belge », daté du 26 juillet. (Timbre d'enregistrement à l'entrée : 29 juillet après-midi). Le projet a été modifié par Stumm et muni d'un complément ; le tout n'a pas été adressé comme communication au Gouvernement belge, mais comme dépêche au ministre à Bruxelles. La minute est paraphée par Stumm, Zimmermann et le Chancelier ; l'expédition a été signée par Jagow. — En ce qui concerne les modifications au texte effectuées par le ministre à Bruxelles sur les instructions de Jagow, voir n° 648. Voir aussi n° 375.

(2) Sur la minute, observation de la main de Stumm : « Mis au net par le comte Mirbach. Transmis le 29 au soir par un courrier de Cabinet ». Dans une copie se trouvant également aux Archives, la date a été modifiée par Stumm en celle du 2 août ; au-dessous, observation de la main de Stumm : « Publication le 8 août par le Bureau Wolff ».

(3) Après « de la France » dans le projet de l'Etat-Major général, les mots suivants entre parenthèses « après réunion avec un corps expéditionnaire anglais » ont été rayés par Stumm.

(4) « française » a été substitué par Stumm à « franco-anglaise » de l'Etat-Major général.

(5) L'Etat-Major général avait mis « l'envisager comme » au lieu de « y trouver ».

(6) « aussi » au lieu de « mais » de l'Etat-Major général.

acte d'hostilité, le fait que les mesures de ses adversaires,
pourraient contraindre l'Allemagne à pénétrer pour sa défense sur le territoire belge.

Pour éviter tout malentendu, le Gouvernement impérial
déclare ce qui suit :

1° L'Allemagne ne se propose aucun acte d'hostilité contre
la Belgique. Si la Belgique est disposée à observer dans la
guerre imminente une neutralité bienveillante à l'égard de
l'Allemagne (7), non seulement le Gouvernement allemand
s'engage à la conclusion de la paix (8), à garantir l'intégrité
et l'indépendance du Royaume dans toute son étendue, mais
encore il est prêt à accueillir de la manière la plus favorable, des demandes éventuelles de compensation territoriales (9), aux dépens de la France (10).

2° L'Allemagne s'engage dans l'hypothèse ci-dessus, à
évacuer le territoire du Royaume, dès la conclusion de la
paix.

3° En cas d'attitude amicale (11) de la Belgique, l'Allemagne est prête, d'accord avec les autorités royales belges,
à acheter et à payer comptant tout ce qui serait nécessaire
à l'entretien de ses troupes, et à réparer les dommages qui
pourraient être causés par les troupes allemandes.

Si la Belgique observait une attitude hostile à l'égard des
troupes allemandes, en particulier si elle opposait des obs-
tacles à leur marche en avant, par la résistance des forts de
la Meuse, ou par la destruction de chemins de fer, de routes,
de tunnels ou d'autres travaux d'art, l'Allemagne se verrait
à son grand regret, contrainte de considérer le Royaume
comme un ennemi. Dans ce cas, l'Allemagne ne pourrait
assumer aucune obligation envers le Royaume, mais devrait

---

(7) « observer... à l'égard de l'Allemagne » a été substitué par Stumm
aux mots primitifs : « se placer aux côtés de l'Allemagne ».

(8) Les mots à « la conclusion de la paix » ont été ajoutés par Stumm.

(9) « territoriales » a été ajouté de la main de Stumm.

(10) « aux dépens de la France » ajouté par Stumm au lieu de « en
matière territoriale » de l'État-Major général.

(11) Après « amicale » les mots qui se trouvent dans le projet entre parenthèses : « [ou d'une neutralité bienveillante] », ont été rayés plus tard.

abandonner le règlement futur des rapports des deux États
à la décision des armes.

Le Gouvernement impérial espère fermement que cette
éventualité ne se produira pas, et que le Gouvernement royal
belge prendra les mesures nécessaires pour empêcher qu'il
intervienne des événements comme ceux que nous venons
de mentionner. Dans ce cas les rapports amicaux qui unis-
sent les deux États, seraient accrus et fortifiés d'une manière
durable (12).

Je prie Votre Excellence, d'en informer à titre strictement
confidentiel, le Gouvernement royal belge, et de le prier de
donner une réponse non équivoque dans les vingt-quatre
heures (13). Vous devrez me donner immédiatement un avis
télégraphique détaillé, au sujet de l'accueil qu'auront rencontré vos ouvertures, et me faire connaître la réponse définitive du Gouvernement royal belge (14).

v. Jagow.

(12) Le passage : « Le Gouvernement impérial... d'une manière durable »
était ainsi conçu dans le projet de l'Etat-Major général : « Le Gouvernement allemand veut espérer que le Gouvernement royal belge saura éviter
dans son propre intérêt tous les événements que nous venons de citer. La
crise actuelle ne ferait alors que contribuer à fortifier d'une manière durable
les vieilles relations amicales et éprouvées des deux Etats voisins. »

(13) L'Etat-Major général avait sous ce projet ajouté l'observation :
« Une réponse non ambiguë à cette communication, doit avoir lieu dans le
délai de vingt-quatre heures après sa remise, autrement les hostilités
seraient immédiatement ouvertes. »

(14) Le passage : « Vous devrez me donner... Gouvernement royal belge »
a été ajouté ensuite dans la minute, au crayon, de la main de Stumm.

N° 376 a

**L'Ambassadeur à Pétersbourg
au Ministère des Affaires Etrangères (1).**

Télégramme 180.

Saint-Pétersbourg, le 29 juillet 1914 (2).

Le télégramme suivant qui ne peut-être déchiffré ici et

(1) D'après le déchiffrement.
(2) Remis à Pétersbourg 7 h. 23 matin, parvenu au Ministère des Affaires

dont on vous demande le déchiffrement et la communication,
est parvenue *ici de Varsovie* :

Toutes les troupes ont été rappelées des manœuvres et ont
été dirigées en partie sur la frontière autrichienne.

POURTALÈS.

Etrangères 10 h. 14 soir. Retourné par le Bureau du Chiffre à Pétersbourg.
Communiqué le 30 juillet 8 h. matin à l'Etat-Major général, au Ministère
de la Guerre, à l'Etat Major de la Marine et au Ministère de la Marine.

N° 377

Le Chancelier de l'Empire
à l'Ambassadeur à Vienne (1).

Télégramme 189.

Berlin, le 29 juillet 1914 (2).

J'attends l'exécution immédiate des instructions de la
dépêche n° 174 (3).

BETHMANN HOLLWEG.

---

(1) D'après la minute de la main du Chancelier de l'Empire.

(2) 10 h. 30 soir à l'Office central télégraphique, expédié 11 h. 50 soir,
parvenu à l'ambassade à Vienne le 30 juillet 6 h. matin.

(3) Voir N° 323. Déjà le 29 juillet, à 10 h. 18 soir, on avait télégraphié
en clair à l'ambassade à Vienne (180). « Télégraphiez immédiatement si le
télégramme d'hier n° 174 vous est parvenu. Ministère des Affaires Etrangères. » Ce télégramme ne se trouve que dans les Archives de l'ambassade
à Vienne. Voir en outre n° 388.

N° 378

L'Ambassadeur à Pétersbourg
au Ministère des Affaires Etrangères (1).

Télégramme 187.

Pétersbourg, le 29 juillet 1914 (2).

Je viens de faire (3) à M. Sasonow la communication

---

(1) D'après le déchiffrement.

(2) Remis à Pétersbourg 8 h. soir, parvenu au Ministère des Affaires
Etrangères 10 h. 55 soir. Timbre d'enregistrement à l'entrée : 29 juillet
après-midi.

(3) Voir n° 342.

qui m'était prescrite, et j'ai insisté sur le fait qu'il ne s'agissait pas d'une menace, mais d'une déclaration amicale. Le Ministre, qui reçut cette communication avec beaucoup d'émotion, répondit qu'il en rendrait compte à Sa Majesté l'Empereur Nicolas.

M. Sasonow a avoué au comte Szapary, que la mobilisation était imminente, et il a ajouté qu'avec l'ordre de mobilisation on publierait une « note explicative » (4) indiquant que la mobilisation ne devrait pas être interprétée comme une intention du Gouvernement russe de faire la guerre, mais qu'elle ne devait provoquer que l'état de neutralité armée.

Pourtalès.

---

(4) En français dans le texte. (Note du Traducteur).

N° 379
Le Chargé d'affaires à Bucarest
au Ministère des Affaires Etrangères (1).

Télégramme 49.

Secret. Sinaïa, le 29 juillet 1914 (2).

S. M. le Roi m'a reçu ce matin, immédiatement après ma demande d'audience. Il m'a renouvelé les communications qu'il m'avait faites hier et il a ajouté qu'il était bien possible que le Gouvernement actuel de la Bulgarie restât calme, mais au moment d'un conflit, il serait balayé par la Russie, et la Bulgarie passerait immédiatement dans le camp de la Russie. Le Roi me rappela encore que la Bulgarie était bien armée et que l'opinion publique en Roumanie, rendrait très difficile de soutenir l'Autriche. Jusqu'à quel point peut-on avoir confiance dans la Bulgarie? C'est une question qui, naturellement, échappe à ma connaissance. J'ai déclaré à Sa

---

(1) D'après le déchiffrement.
(2) Remis à Sinaïa, 29 juillet 7 h. 45 soir, parvenu au Ministère des Affaires Etrangères 11 h. soir. Timbre d'enregistrement à l'entrée : 3o juillet matin.

Majesté que l'on pouvait toutefois agir, à l'effet d'influencer l'opinion publique dans un sens favorable à l'Autriche. La position du Roi sera, le cas échéant, très difficile, aussi désire-t-il que l'Autriche termine rapidement la guerre et soit modérée. Il croit que l'Allemagne peut agir dans ce sens sur l'Autriche, comme elle l'a déjà fait. Dans un télégramme que le Roi a envoyé aujourd'hui à l'Empereur François-Joseph, qui lui avait fait part de la déclaration de guerre, il est dit : « Je forme le souhait que l'équilibre dans la péninsule des Balkans, obtenu par mon pays au prix de tant de sacrifices, puisse demeurer intact! »

L'Empereur de Russie a envoyé aujourd'hui au Roi, un télégramme, en réponse à son télégramme remerciant le Tsar de l'accueil amical fait à la députation du régiment roumain. Ce télégramme contient le passage suivant (3) : « Je ne doute pas que notre amitié personnelle facilitera notre collaboration, pour saufgarder (4) si possible la paix à cette heure grave. » Le Roi m'a donné, à titre confidentiel, connaissance de ces deux télégrammes.

WALDBURG.

---

(3) Ce passage est en français dans le texte. (Note du Traducteur.)
(4) *Sic* dans le déchiffrement, pour « sauvegarder. »

N° 380

**Le Chancelier de l'Empire
à l'Ambassadeur à Saint-Pétersbourg (1).**

Télégramme 139.
Urgent.   Berlin, le 29 juillet 1914 (2).

La mobilisation russe à la frontière autrichienne aura, à ce que je suppose, pour conséquence des contre-mesures autrichiennes. Jusqu'à quand pourra-t-on enrayer le mouvement. Cela est difficile à dire et je crains que les inten-

---

(1) D'après la minute, projet de la main de Rosenberg avec modifications de la main de Jagow. Voir n° 343.
(2) 11 h. 5 soir à l'Office central télégraphique.

tions pacifiques de M. Sasonow, ne puissent plus être réalisées (3). Pour détourner encore, si possible, la catastrophe (4)
imminente, nous agissons sur Vienne afin que le Gouvernement austro-hongrois confirme ses assurances antérieures et
déclare une fois de plus formellement à la Russie (5), qu'il
n'a aucunement l'intention d'opérer des annexions territoriales en Serbie, et que ses mesures militaires ne visent
qu'une occupation passagère, pour forcer la Serbie (6) à
donner des garanties de bonne conduite à l'avenir.

Si l'Autriche fait une déclaration semblable, la Russie a
obtenu tout ce qu'elle veut. Car M. Sasonow a concédé lui-
même à Votre Excellence, que la Serbie devait recevoir une
leçon bien méritée.

Nous comptons, en conséquence, que la Russie, au cas où
nos démarches à Vienne seraient couronnées de succès,
n'entreprendra aucune action guerrière contre l'Autriche (7).

Je prie Votre Excellence, de vouloir bien faire à M. Sasonow, une communication dans ce sens.

Réponse télégraphique (8).

Bethmann Hollweg.

---

(3) « La mobilisation russe... ne puissent plus être réalisées », substitué
par Jagow au texte original suivant de Rosenberg : « L'ambassadeur de
Russie a déclaré ici aujourd'hui que la Russie mobiliserait demain contre
l'Autriche : ainsi que le savent Votre Excellence et le Cabinet de là-bas, une
pareille démarche russe devrait appeler immédiatement des contre-mesures
de mobilisation. »

(4) Texte de Jagow substitué à celui de Rosenberg : « Pour pouvoir
détourner si possible à la dernière heure une catastrophe inévitable »

(5) Jagow : « ses assurances antérieures » au lieu de Rosenberg « les
assurances déjà faites non seulement à nous mais encore... »

(6 Les mots suivants « pour accomplir les exigences autrichiennes »
rayés par Jagow.

(7) « Nous comptons que la Russie... n'entreprendra aucune action guerrière » substitué par Jagow au texte original de Rosenberg « renoncera à la
mobilisation projetée. » Rosenberg avait fait suivre le mot « projetée »
de la phrase suivante : « La responsabilité des suites d'une mobilisation
qu'elle entreprendrait néanmoins, retomberait exclusivement sur la Russie »,
qui a été rayée par Jagow.

(8) Voir n° 421.

N° 381
Le Chargé d'affaires à Athènes
au Ministère des Affaires Etrangères (1).

Télégramme 222.
Confidentiel.   Athènes, le 29 juillet 1914 (2).

La déclaration (3) du ministre de Bulgarie que j'ai annoncée n'a pas eu lieu à titre officiel, mais cependant **M. Streit** en a pris acte.

Le Gouvernement grec prétend avoir été informé d'un rapport de l'Etat-Major général bulgare au Gouvernement bulgare qui établit que la Bulgarie est assez puissante pour pouvoir combattre avec son armée contre la Roumanie et pour organiser la lutte contre les bandes serbes et grecques.

BASSEWITZ.

---

(1) D'après le déchiffrement.

(2) *Remis à Athènes 29 juillet 8 h. soir, parvenu au Ministère des Affaires Etrangères 11 h. 55 soir. Timbre d'enregistrement à l'entrée : 3o juillet matin.*

(3) Voir *n° 336.*

N° 382
Deux articles du « Daily Chronicle »
du 29 juillet 1914 avec annotations marginales
de l'Empereur (1).

WHAT WAR WILL MEAN
THE REAL DANGER FOR
GT. BRITAIN.

By Sir Harry Johnston, G. C. M. G.

At the time these lines are being written the fate of all Europe, of the British

Reprodaire et faire dans notre presse des comple-rendus trèsélogieuxde ces deux articles.

---

(1) Coupure de journal envoyée par le Ministère des Affaires Etrangères à l'Empereur, timbre d'enregistrement à l'entrée du Ministère : 29 juillet ; renvoyée par l'Empereur au Ministère le 31 juillet.

Empire, of Asia, and of Africa hangs in the balance. Is a quarrel between Austria-Hungary and Servia to spread rapidly into a war between Germany and Austria on the one hand, and Russia on the other, with the Balkan States taking this side or that? And more terrible still for us across the British Channel, is this war to involve the long-threatened revenge of France for her defeats in 1870, the invasion of Belgium and Luxemburg, and, perhaps, Holland, and, finally, a world-war of the British against the German Empire and its allies?

The least blunder of our diplomacy and statecraft, the least persistence in any miscalculation of forces which may have taken place may involve our peoples in a struggle by sea, land, an air out of which, even if we come victorious, we *shall be incredibly maimed and impoverished.* Moreover, *our very victory* as the partisans of Teuton or of Slav, or the ally of France (and consequently of Russia) may *upset the balance of power in Europe or*

Asia to our great disadvantage.

How Britain is situated.

As things stand we *have no interests at stake in this clash of ambitions* between the Powers of Central and of Eastern Europe. We are friends with both — with, I should say, all — parties. The prosperity of Russia stimulates British commerce; the prosperity of Germany and of Austria-Hungary, similarly, is good for British and for British Imperial trade. Our commercial dealings with Servia are on the up-grade. We should like to see all participants in the great renaissance of Eastern Europe happy and contented and satisfied as to their ambitions. But if they are not, and are about to resort to the arbitrament of arms to ajust their claims, well, it should be no concern of ours provided it did not lead to two developments — the aggrandisement of Russia in Europe or the defeat of France by Germany, with a consequent German iruption into Belgium and Holland.

What has provoked the

present crisis? The *intrigues of Russia with Servia*. Russia, in her unfaltering determination to gain free access to the Mediterranean, has *intrigued with Rumania* and, above all, with *Servia and Montenegro* for the *last twenty years*, in order to stay the southward march of the Austrian Empire. Bulgaria she now regards as a negligible quantity; Rumania, Servia, Montenegro and Albania constitute the *chain of vassal States she would like to bring within her sphere of* influence as an effectual barrier to any eastward *advance of Teutonic authority*. With these brought under her financial and diplomatic control, any German plans of railway or colonial adventure in Asia Minor and Mesopotamia would wither like a limb separated from its main arteries by a tight ligament.

INTERVENTION OF FRANCE.

Where does danger for Great Britain lie in this *Teutonic conflict with the forces of Slavdom? In the intervention of France.* France, like every other

Power, *ourselves included,* is perfectly *selfish* in her policy. Her thoughts are concentrated mainly on revenge for 1870-1 and the *recovery of Alsace-Lorraine.* That is the only reason she has allied herself with Russia. If *she can take Germany at a disadvantage* she may recover all or part of her lost provinces. She is indifferent to the other consequences of a German defeat (and in *all this talk about Austria - Hungary, Germany is the protagonist we all have in view*), careless to whether or not it may mean a Russian advance through Lapland to the North Sea and an enfeeblement of Sweden, a *Russian annexation of Asia Minor, and an advance to the Persian Gulf.*

Supposing France gets the worst of a struggle with Germany. It will mean *a German control over Belgium and Holland,* and a *disastrous strategic position* for Great Britain on the shores of the North Sea. Or if France is victorious, and consequently Russia likewise, a dangerous *elimination of Teutonia* from the

enfin un Anglais honnête!

yes

c'est bien ainsi que je l'ai toujours compris.

ah! ah!

balance of power, and an *ultimate duel between Britain and Russia for the control of Asia.* The *real danger* in this medley of problems is the *Franco-Russian Alliance.* But for that unhappy fact there really might have been a Franco-British Alliance ; there may yet *be if our diplomacy can,* at the last critical *moment detach France from the ambitions of Russia, and leave* that Power *entirely to herself,* to decide whether she has more to gain in fighting a coalition of Sweden, Germany, Italy, Austria and Bulgaria (with *Turkey possibly,* superadded), or in disinteresting herself from the affairs of the Balkan Peninsula, resting content with the enormous share of Europe she already possesses, and applying her energies, warlike and administrative, to the control and colonisation of half Asia.

Britain's First Line Defence.

In that last capacity, as this civiliser of Armenia, Northern Persia, Turkestan, Mongolia, Siberia and Manchuria she has already gained over the virtual concurrence of Great Britain ; and her efforts there and their already patent results (especially in Central Asia) have won from British travellers and writers emphatic praise.

The safety, integrity, and prosperity of France, the independence of Belgium, Holland, and Luxembourg constitute British interests of the first order. They are our first line of defence. This is why the *Franco-Russian Alliance is an object of intense dislike and uneasy suspicion* to all far-seeing men and women on this side of the English Channel ; for its provisions may at any *moment drag France — and behind her, Britain —* into quarrels between *Slav, Teuton* and *Magyar in the Near East,* which *do not concern either the French or ourselves ;* except that *both Powers* would suffer grievously in their interests if Russia *seated herself on the Byzantine throne.*

exact

très juste

excellent

DUTY OF AVOIDING EUROPEAN CONFLICT

By Francis W. Hirst.

I notice that the Yellow Press is screaming for war. It says that if France and Russia mobilise we ought to mobilise too. If they fight we ought to fight too. *Parliament has been solemnly informed that we are under no obligation of a military or naval kind either to Russia or to France. No British interest is involved.* It is difficult even to fix our individual sympathies.

but Grey has informed us that if we help our Allies, England will attack us!!

If the Afghans had been seeking a greater Afghanistan at the expense of India, and had assassinated a Prince and Princess of Wales in the streets of Peshawur, I am not sure that the vocal part of the British nation would not have called for a march to Candahar. And I am quite certain that in that case Austria would have raised no protest. Then what, I *would ask, is Mr Churchill doing? What possible ground can there be for a mobilisation of the fleet? Was it a mere outburst of meddlesome Chauvinism ?*

bravo!

This is not Our Quarrel.   certainly not

My object in writing to you at this moment is to urge the prime duty of maintaining *right* throughout this awful crisis an attitude of strict neutrality. This is *not our quarrel* ; nor would the entrance into it of Russia, Germany, France or any other State *give any British Government any moral right to spill British blood or to spend British treasure* in a war whose only intelligible purpose would be the *destruction of civilisation in Western Europe.* If four millions of Russians and Servians are to be flung against four millions of Germans and Austrians that should be enough. If the military furies drag fifteen hundred thousand Frenchmen and an equal number of Italians into the conflict that would supply three *million more reasons*   bien
why Britian should remain at peace.

In the City one is glad to learn — ans I believe the same is true of business men all over the country-that one opinion prevails. « *It is no concern of ours* »   juste
is the general cry. *The grea-*

test of British interests is *peace*. The *folly and wickedness of fighting for Russia against Germany are not less clear than the folly and wickedness of fighting for Germany against France.*

Ten millions a day.

In *any case we shall suffer*. The appalling losses of such a war — which might cost in wealth alone anything up to ten millions sterling a day — will be spread over the whole world, and will fall heavily enough upon *London* which supports the *delicate fabric of international credit.*

The main hope just now — as a great banker said to me a day or two ago — is the dearth of money. Every great Continental State is living on capital or credit. The *extreme financial weakness* of *Russia and France* may give their rulers pause, may save them from ruin and bankruptcy.

But the empty treasuries of Vienna and Belgrade have not prevailed over the war fever. Financial prudence has not been able to restrain racial feuds or the cravings of military ambition. We,

ah! ah!

too, must beware. All the members of our ruling classes are not responsible and sober - minded people. The makers of war material are far more powerful than most of us suspect. *A cunning and unscrupulous Press is at work on behalf of war.* All that Cobden and Morley have taught is in danger of being forgotten. If the war spreads and we are entangled, great finance houses, great merchants and manufacturers will go *down like ninepins.* Capital *will perish.* Mills will close. Shops will empty. Orders for advertisements will cease.

yes

Employment will drop and wages fall. Then insurance funds will run dry in a few weeks or months, and perhaps (who knows ?) the working classes, hitherto so loyal and patriotic, will turn savagely against the powers that be. Let us all, whatever our party, *stand together and do* what we can to avert this crowning calamity.

excellent

bravo !

c'est donc là la voix de l'opinion publique qui a poussé Grey à la menace qu'il a adressé à Lichnowsky. C'est exactement le contraire. Ou il a bluffé ou il a grossièrement menti !

— 140 —

Traduction.

CE QUE SIGNIFIERA LA GUERRE

LE VÉRITABLE DANGER
POUR LA GRANDE-BRETAGNE
par Sir Harry Johnston G. C. M. G.

Au moment où ces lignes sont écrites, le destin de toute l'Europe, de l'Empire britannique, de l'Asie et de l'Afrique est en balance. Un différend entre l'Autriche Hongrie et la Serbie va-t-il dégénérer rapidement en une guerre entre l'Autriche et l'Allemagne d'un côté et la Russie de l'autre, les Etats balkaniques se rangeant d'un côté ou de l'autre ? Et ce qui est encore plus terrible pour nous, de l'autre côté de la Manche, cette guerre entraînera-t-elle la tentative de revanche, depuis longtemps menaçante, de la France pour sa défaite de 1870, l'invasion de la Belgique et du Luxembourg et peut-être de la Hollande, et finalement une guerre mondiale de l'Empire britannique contre l'Empire allemand et ses alliés ?

La moindre erreur de nos diplomates et de nos hommes d'Etat, la moindre persistance dans un faux calcul des forces qui pourrait avoir lieu peut engager nos peuples, dans une lutte sur mer, sur terre et dans l'air après laquelle, même si nous en sortons victorieux, nous *serons incroyablement affaiblis et appauvris.* De plus, *notre victoire même,* comme partisans du Teuton ou du Slave ou comme alliés de la France et, en conséquence, de la Russie, pourra *déplacer l'équilibre des forces en Europe et en Asie à notre grand désavantage.*

QUELLE EST LA SITUATION
DE LA GRANDE-BRETAGNE ?

Dans l'état actuel des choses,

nous *n'avons pas d'intérêts en jeu
dans ce conflit d'ambitions* entre
les puissances centrales et celles de
l'Europe orientale. Nous sommes
amis des deux parties, nous pourrions dire de toutes les parties. La
prospérité de la Russie stimule le
commerce britannique ; la prospérité de l'Allemagne et de l'Autriche est également bonne pour le
trafic britannique et pour celui de
l'Empire britannique. Nos relations commerciales avec la Serbie
sont en voie d'accroissement.
Nous désirerions voir tous les
États qui participent à la grande
renaissance de l'Europe Orientale
heureux, contents et satisfaits dans
leurs ambitions, mais s'ils ne le
sont pas et s'ils sont sur le point
de recourir à l'arbitrage des armes
pour faire prévaloir leurs revendications, c'est une affaire qui ne
nous regarde pas, à condition
qu'elle n'aboutisse pas à deux résultats : l'agrandissement de la Russie
en Europe, ou la défaite de la France
entraînant comme conséquence une
invasion allemande en Belgique et
en Hollande.

Qu'est ce qui a provoqué la crise
actuelle ? *Les intrigues de la Russie avec la Serbie.* La Russie, dans
sa détermination inflexible d'obtenir libre accès à la Méditerranée, a
intrigué avec la *Roumanie*, et, surtout avec la *Serbie et le Monténégro* durant ces *vingt dernières
années*, en vue d'arrêter la marche
de l'Empire autrichien vers le sud.
Elle regarde actuellement la Bulgarie comme une quantité négli-
geable. La Roumanie, la Serbie, le
Monténégro et l'Albanie, constituent la *chaîne des États vassaux
qu'elle voudrait faire entrer dans
sa sphère* d'influence comme une
barrière efficace contre toute avance
de la puissance teutonique dans
la direction de l'est. Si ces États

balkaniques étaient au point de vue
financier et diplomatique placés
sous la dépendance de la Russie,
tous les plans de l'Allemagne, ses
entreprises de chemins de fer ou
coloniales dans l'Asie Mineure et en
Mésopotamie dépériraient comme
un membre séparé de ses artères
principales par une ligature serrée.

INTERVENTION DE LA FRANCE

Où est le danger pour la Grande-
Bretagne dans ce *conflit teutonique avec les forces du monde
slave ?* Dans l'intervention de la
France. La France comme toute
autre puissance, *comme nous-
mêmes,* suit une politique parfaitement égoïste Ses pensées se con-
centrent exclusivement sur l'idée
de revanche de 1870-71 et sur la *ré-
cupération de l'Alsace-Lorraine.*
C'est la seule raison pour laquelle
elle s'est alliée avec la Russie. Si
*elle peut prendre l'Allemagne
dans une situation désavanta-
geuse,* elle peut recouvrer tout ou
partie de ses provinces perdues.
Elle est indifférente aux autres
conséquences d'une défaite allemande (et dans *toutes ces discussions au sujet de l'Autriche Hongrie l'Allemagne est l'adversaire
que nous avons toujours en vue*)
elle ne se soucie pas de savoir si elle
peut avoir pour conséquence une
avance russe à travers la Laponie
jusqu'à la mer du Nord et un affaiblissement de la Suède une *annexion russe de l'Asie Mineure et
une avance vers le golfe Persique.*
Supposons que la France ait le
dessous dans la lutte avec l'Allemagne : cela signifiera une *domination allemande sur la Belgique et la Hollande et une position
stratégique désastreuse pour la
Grande Bretagne* sur le rivage de
la mer du Nord. Ou, si la France
est victorieuse, et par conséquent
la Russie, une *élimination* dange-

reuse de *l'Allemagne de l'équilibre des puissances* et un *duel final* entre *la Grande-Bretagne et la Russie pour la domination de l'Asie.* Le *véritable danger* dans cette confusion de problèmes est l'alliance franco-russe. Sans ce fait malheureux, il aurait pu y avoir une alliance franco-britannique. Il pourra encore en être ainsi *si notre diplomatie peut,* au dernier *moment* critique *détacher la France des ambitions de la Russie* et *laisser* à cette puissance *entièrement isolée* le soin de décider si elle a plus à gagner à combattre une coalition de la Suède, de l'Allemagne, de l'Italie, de l'Autriche et de la Bulgarie (à laquelle, s'ajoutera *peut-être* la Turquie) ou à se désintéresser des affaires de la péninsule balkanique, en se contentant de l'énorme portion de l'Europe qu'elle possède actuellement, et en appliquant ses énergies guerrières et administratives à la domination et à la colonisation de la moitié de l'Asie

La première ligne
de Défense Britannique

Dans ce dernier rôle, comme civilisatrice de l'Arménie, de la Perse du Nord, du Turkestan, de la Mongolie, de la Sibérie et de la Mandchourie, elle a déjà gagné du terrain sur la concurrence britannique, et ses efforts et leurs résultats déjà manifestes, spécialement dans l'Asie centrale, ont reçu des voyageurs et des écrivains britanniques de vives louanges.

La sûreté, l'intégrité et la prospérité de la France, l'indépendance de la Hollande, de la Belgique et du Luxembourg constituent des intérêts britanniques de premier ordre. C'est là notre première ligne de défense. C'est pourquoi *l'alliance franco-russe est détestée et est l'objet de soupçons de tous les* hommes et de toutes les femmes ayant quelque prévoyance de ce côté de la Manche ; car ses stipulations peuvent à tout *moment entraîner la France, et derrière elle la Grande-Bretagne, dans des* querelles entre *Slaves Teutons et Magyars dans l'Est qui ne regardent ni les Français, ni nous, si ce n'est que les deux puissances* souffriraient gravement dans leurs intérêts si la Russie *s'asseyait sur le trône de Byzance.*

très juste

excellent !

DEVOIR D'EVITER
UN CONFLIT EUROPÉEN
par Francis W. Hirst.

Je remarque que la presse chauvine réclame à grands cris la guerre. Elle dit que si la France et la Russie mobilisent, nous devons mobiliser aussi ; si elles combattent nous devons combattre aussi. *Le Parlement a été solennellement informé que nous n'avions aucune obligation de nature militaire ou navale soit envers la Russie, soit envers la France. Aucun intérêt britannique n'est en jeu. Il est même* difficile de fixer nos sympathies personnelles

Mais Grey nous a informés que ñ nous aidions ʋos alliés, l'Angleterre nous disquerait ! !

Si les Afghans avaient cherché à créer un plus grand Afghanistan aux dépens de l'Inde, et avaient assassiné un prince et une princesse de Galles dans les rues de Peshawur, je ne suis pas sûr que la plus grande partie de la nation britannique n'aurait pas réclamé une marche sur Candahar. Et je suis certain que dans ce cas l'Autriche n'aurait soulevé aucune protestation. Alors, *demanderai-je, que fait M. Churchill ? Quelle raison possible peut-il invoquer pour une mobilisation de la flotte ? Est-ce une simple explosion d'un chauvinisme agité ?*

bravo

Ceci n'est pas notre querelle.
Mon but, en vous écrivant en ce

certainement non !

moment est d'insister sur le devoir essentiel de maintenir *absolument* pendant cette terrible crise une attitude de stricte neutralité ? *Ce n'est pas notre querelle*, et l'entrée en ligne de la Russie, de l'Allemagne, de la France ou de tout autre État *ne donne à aucun gouvernement britannique un droit moral de verser le sang britannique ou de dépenser les ressources anglaises* dans une guerre dont le seul but visible sera la *destruction de la civilisation dans l'ouest de l'Europe.* Si quatre millions de Russes ou de Serbes sont lancés contre quatre millions d'Allemands et d'Autrichiens, cela suffit. Si cette furie militaire jette dans le conflit 1 500 000 Français et un nombre égal d'Italiens, cela ne ferait que donner *trois millions de raisons de plus pour que la Grande-Bretagne reste en paix.*

Dans la Cité on est heureux d'apprendre — et je crois qu'il en est de même des hommes d'affaires dans tous les pays — qu'une opinion prévaut « *Ce n'est pas notre affaire !* » est le cri général. *La paix est le plus grand des intérêts britanniques. La folie et la perversité de combattre pour la Russie contre l'Allemagne ne sont pas moins évidentes que la folie et la perversité de combattre pour l'Allemagne contre la France*

Dix Millions par jour

Dans *tous les cas nous souffrirons.* Les effroyables pertes d'une pareille guerre, qui pourrait coûter, en richesses seules, près de 10 millions de livres sterling par jour, s'étendront au monde entier et retomberont lourdement sur *Londres*, qui soutient *l'édifice délicat du crédit international.*

L'espoir principal aujourd'hui, comme me le disait, il y a un jour ou deux, un grand banquier, est le manque d'argent. Tous les grands Etats continentaux vivent sur leur capital ou leur crédit. *L'extrême faiblesse financière de la Russie et de la France* peut faire réfléchir leurs gouvernements, peut les sauver de la ruine et de la banqueroute.

Mais les trésors vides de Vienne et de Belgrade n'ont pu prévaloir contre la fièvre de guerre. La prudence financière n'a pu restreindre les haines de races ou les aspirations de l'ambition militaire. Nous aussi. nous devons veiller. Tous les membres de nos classes dirigeantes ne sont pas des gens réfléchis et raisonnables. Les fabricants de matériel de guerre sont beaucoup plus puissants que beaucoup d'entre nous ne peuvent le soupçonner. *Une presse rusée et peu scrupuleuse est à l'œuvre en faveur de la guerre.* Tous les enseignements de Cobden et de Morley sont en danger d'être oubliés. Si la guerre s'étend et si nous y sommes entraînés, de grandes maisons financières, de grands négociants et industriels *tomberont comme des châteaux de cartes.* Le capital *périra,* les usines fermeront, les magasins seront vides. Les ordres de publicité cesseront.

Les emplois disparaîtront et les salaires baisseront. Les réserves d'assurance seront mises à sec en quelques semaines ou quelques mois et peut-être (qui sait?) les classes ouvrières, jusqu'ici si loyales et si patriotiques, se retourneront avec rage contre les pouvoirs existants. *Unissons-nous tous,* quel que soit notre parti et *faisons* ce que nous pourrons pour détourner cette terrible calamité.

N° 383
Le Chancelier de l'Empire
à l'Ambassadeur à Vienne (1).

Télégramme 188.

Berlin, le 29 juillet 1914 (2).

Pour votre information et pour usage :

Sa Majesté l'Empereur a adressé hier le télégramme suivant au Tsar :

« It is with... friend and cousin Willy » (3).

Avec ce télégramme s'est croisé un télégramme du Tsar (4) qui invoque la médiation de Sa Majesté. A ce télégramme Sa Majesté a répondu ce soir par la dépêche suivante :

« I received... my help. Willy » (5) .

BETHMANN HOLLWEG.

____

(1) D'après la minute de la main du Chancelier de l'Empire.
(2) 3o juillet 12 h. 1o matin à l'Office central télégraphique.
(3) Ici est inséré le n° 335.
(4) Voir n° 332.
(5) Ici est inséré le n° 359.

N° 384
Le Chancelier de l'Empire
à l'Ambassadeur à Vienne (1).

Berlin, le 29 juillet 1914 (2).

Le prince Lichnowsky télégraphie :

« Je viens de... s'arrêtaient brusquement. » « En terminant, Sir E. Grey m'informa que le. . d'accueillir une discussion » (3).

Je vous prie de communiquer immédiatement (4) ce qui

____

(1) D'après la minute. Projet de la main de Bergen avec des additions et des modifications de Jagow et du Chancelier de l'Empire Voir n° 432.
(2) 3o juillet 12 h. 3o matin à l'Office central télégraphique, parvenu à l'ambassade à Vienne le 3o juillet matin (sans indication d'heure).
(3) Ici sont insérés les deux passages du télégramme de Lichnowsky du 29 juillet (n° 357) avec quelques légères modifications.
(4) « immédiatement » ajouté par le Chancelier au projet de Bergen.

précède au comte Berchtold et (5) d'ajouter que nous considérons le fait que la Serbie a cédé comme une base (6) propre aux négociations moyennant une occupation d'une partie
du territoire serbe comme gage.

BETHMANN HOLLWEG.

---

(5) « et .. gage » ajouté par Jagow au projet de Bergen.
(6) « que nous considérons .. » substitué par le Chancelier à la rédaction
primitive de Jagow « que le fait... paraît ».

N° 385
Le Chancelier de l'Empire
à l'Ambassadeur à Vienne (1).

Télégramme n° 187.

Berlin, le 29 juillet 1914 (2).

La Russie a annoncé qu'elle avait mobilisé Kazan, Kiew,
Moscou, Odessa, parce que l'Autriche avait mobilisé huit
corps d'armée, et que cette mesure devait être considérée
comme dirigée en partie contre la Russie (3).

Mais la mobilisation russe ne signifierait pas du tout la
guerre comme ce serait le cas dans l'Europe occidentale.
L'armée russe peut rester longtemps l'arme au pied sans
franchir la frontière. Les rapports avec Vienne ne sont pas
rompus et la Russie veut autant que possible éviter la guerre.
Nous avons attiré l'attention de Pétersbourg sur le fait que

---

(1) D'après la minute. Projet de la main de Jagow Un premier projet
écrit par Rosenberg a été annulé par Jagow. Le projet Rosenberg était
ainsi conçu : « L'ambassadeur de Russie nous a informés aujourd'hui que
la Russie mobiliserait demain contre l'Autriche. Pour que la mesure prise
par la Russie la mette devant le monde entier dans son tort, il nous semble
absolument nécessaire que le Cabinet de Vienne remette sans retard à Saint-
Pétersbourg et aux autres grandes puissances la déclaration que nous avons
recommandée Notre conseil n'a pas pour but de provoquer une défaillance,
mais exclusivement d'améliorer notre situation morale devant l'opinion
publique européenne. »
(2) 30 juillet 12 h. 30 matin à l'Office central télégraphique ; expédié
4 h. 10 matin, parvenu à l'ambassade à Vienne 6 h. matin.
(3) Voir n° 343.

la mobilisation provoquerait probablement des contre-mesures autrichiennes et que le ressort pourrait être déclenché.

La Russie se plaint que les conversations n'aient pas continué, ni par l'entremise de M. Schebeko, ni par celle du comte Szapary. Nous devons, en conséquence, pour arrêter une catastrophe générale ou, en tout cas, pour mettre la Russie dans son tort, désirer instamment que les conversations avec Vienne commencent et se continuent, conformément au télégramme 174 (4).

Bethmann Hollweg.

(4) Voir n° 323.

N° 386

**L'Ambassadeur à Vienne
au Ministère des Affaires Etrangères (1).**

Télégramme 130.

Vienne, le 29 juillet 1914 (2).

Mon collègue russe vient de me rendre visite. Il m'a dit que la situation était très compliquée. Car la Russie se voit dans la nécessité de mobiliser (3). Quatre districts militaires ; à ce qu'il croyait, Moscou, Odessa, Kiew, Kazan seraient mobilisés. C'était, m'a-t-il dit, officiel et on en ferait d'ailleurs part à Berlin.

De ses déclarations on pouvait encore déduire qu'à *son* avis une localisation du conflit austro-serbe paraissait impossible. La Russie se sentait menacée dans sa situation de grande puissance en raison de l'attitude de l'Autriche à l'égard de la Serbie.

J'ai fait des déclarations dans le sens des télégrammes

(1) D'après le déchiffrement.

(2) Remis à Vienne 29 juillet 7 h. 30 soir, parvenu au Ministère des Affaires Etrangères 30 juillet 12 h. 40 matin. Timbre d'enregistrement à l'entrée : 30 juillet matin.

(3) « Car la Russie se voit dans la nécessité de mobiliser », en français dans le texte (Note du Traducteur).

(4) Voir n° 309.

172 (4) et 176 (5) et j'ai insisté particulièrement sur la déclaration de désintéressement territorial faite par l'Autriche. M. de Schebeko dit qu'une pareille déclaration n'avait aucune valeur.

J'ai reçu là-dessus la visite de mon collègue français. Ainsi qu'il me l'a dit, M. de Schebeko venait de lui faire la même communication qui l'avait quelque peu surpris, vu que M. de Schebeko avait tenu, vingt-quatre heures auparavant, un tout autre langage. La Russie, disait-il, avait voulu éviter une action guerrière de l'Autriche contre la Serbie; comme celle-ci ne pouvait être évitée, elle avait répondu par la mobilisation. Il considérait que la localisation du conflit n'était plus possible, bien que, sûrement, on dût continuer à travailler à cette fin.

Tschirschky.

(5) Voir n° 315, note 2.

N° 387

Le Chancelier de l'Empire
à l'Ambassadeur à Saint-Pétersbourg (1).

Télégramme 140.

Berlin, le 29 juillet 1914 (2).

Le télégramme suivant du Tsar s'est croisé avec le télégramme de Sa Majesté au Tsar transmis hier par l'entremise de Votre Excellence (3).

« Am glad .. too far. Nicky » (4).

Sa Majesté a répondu ce soir à ce télégramme par le télégramme suivant expédié directement en clair :

« I received .. my help. Willy » (5).

Bethmann Hollweg.

(1) D'après la minute de la main du Chancelier de l'Empire.
(2) Le 30 juillet 12 h. 50 matin à l'Office central télégraphique.
(3) Voir n° 335.
(4) Ici est inséré le télégramme du Tsar à l'Empereur du 29 juillet (n° 332).
(5) Ici est inséré le télégramme de l'Empereur au Tsar du 29 juillet (n° 359).

N° 388
L'Ambassadeur à Vienne
au Ministère des Affaires Etrangères (1).

Télégramme 133.

Vienne, le 29 juillet 1914 (2).

Vos instructions ont été exécutées (3). Le comte Berchtold remercie de cette suggestion. Le Ministre est prêt à renouveler la déclaration de désintéressement territorial qu'il a déjà effectuée à Pétersbourg et par l'entremise du représentant russe d'ici. En ce qui concerne la déclaration relative aux mesures militaires, le comte Berchtold a déclaré qu'il n'était pas en mesure de me donner une réponse immédiate.

Bien que j'aie insisté sur le caractère urgent de la question, je n'ai reçu jusqu'à ce soir aucune nouvelle communication.

TSCHIRSCHKY.

(1) D'après le déchiffrement.
(2) Remis à Vienne 29 juillet 11 h. 50 soir, parvenu au Ministère des Affaires Etrangères 30 juillet 1 h. 30 matin. Timbre d'enregistrement à l'entrée : 30 juillet matin.
(3) Voir nᵒˢ 323 et 377.
(4) Voir nᵒ 407.

N° 389
Le Secrétaire d'Etat des Affaires Etrangères
au Chargé d'affaires à Bucarest (1).

Télégramme 51.

Secret.   Berlin, le 29 juillet 1914 (2).

La situation est devenue plus tendue, vu le fait que la Russie a ordonné aujourd'hui la mobilisation de Kazan, Kiew, Moscou, Odessa. L'Autriche ne pourra guère éviter de mobiliser de son côté contre la Russie. Peut-être le conflit pourrait-il être arrêté par une démarche de la Roumanie à Saint-

(1) D'après la minute de la main de Jagow.
(2) 30 juillet 1 h. 45 matin à l'Office central télégraphique.

Pétersbourg, éventuellement par un télégramme direct du Roi Carol à l'Empereur de Russie dans lequel on révèlerait les obligations d'alliance de la Roumanie (3).

Des télégrammes amicaux ont été échangés entre Sa Majesté l'Empereur et l'Empereur Nicolas, mais jusqu'ici sans résultat positif.

JAGOW.

---

(3) Voir n° 463.

N° 390

Le Tsar à l'Empereur (1).

Télégramme (sans numéro).

Peterhof, Palais, le 30 juillet 1914 (2).

A Sa Majesté l'Empereur,

Nouveau Palais.

Thank you heartily for your quick answer. Am sending Tatischtschew this evening with instructions. The *military measures which have now* (3) *come into force* (4) *were decided five days* (5) *ago* for reasons of *defence* (6) *on account of Austria's* (7) *preparations* (8). I hope from all my heart that these measures *won't in any way interfere* with your part as mediator which I greatly value. *We need*

---

(1) D'après l'expédition de l'Office télégraphique du Nouveau Palais Cf. Livre Blanc allemand de mai 1915, p. 35, n° 22 VI. Là le télégramme est daté de 1 h. 20 après-midi. Voir aussi n° 359 et 366. Voir en outre n° 413.

(2) Remis au Palais de Peterhof 1 h. 20 matin. Reçu à l'Office télégraphique du Nouveau Palais 1 h. 45 matin. Timbre d'enregistrement à l'entrée du Ministère des Affaires Étrangères : 30 juillet après-midi.

(3) « now » souligné deux fois par l'Empereur.

(4) « force » souligné deux fois par l'Empereur.

(5) « five » souligné trois fois, « days » souligné deux fois par l'Empereur.

(6) « défence », souligné deux fois par l'Empereur.

(7) « Austria » souligné deux fois par l'Empereur.

(8) En marge à gauche : point d'exclamation de l'Empereur.

no! *your strong pressure on Austria* (9) *to*
come to an understanding with us.

Nicky.

non il ne saurait en être question !!!

' *L'Autriche n'a fait dans le sud qu'une mobilisation* particielle contre *la*
Serbie. Là dessus le Tsar, — comme il en convient ouvertement — a pris
des mesures militaires contre l'Autriche et contre nous qui sont actuel-
lement en vigueur *et il y a de cela 5 jours* (10). *Il est en avance sur nous*
de près d'une semaine. Ces mesures sont prises comme défense contre
l'Autriche qui ne l'attaque pas du tout !!! *Je ne puis pas me prêter à une*
médiation, vu que le Tsar qui l'a invoquée a en même temps mobilisé
secrètement derrière moi. Ce n'est donc qu'une manœuvre pour nous arrêter
et augmenter l'avance qu'on a déjà acquise. Mon rôle est terminé! — G.

Traduction

Je Te remercie cordialement de Ta prompte réponse. J'envoie Tatich-
tchew ce soir avec des instructions. *Les mesures militaires actuellement*
en vigueur ont été décidées il y a cinq jours pour des raisons de *défense*
vu les préparatifs de l'Autriche. J'espère de tout mon cœur que ces mesures n'empêcheront en aucune manière Ton rôle de médiateur que j'apprécie hautement. Nous *avons besoin que Tu exerces une forte pression sur*
l'Autriche pour la déterminer à *s'entendre avec nous.*

---

(9) *Les mots* « strong... Austria » soulignés deux fois par l'Empereur.
(10) « 5 », souligné deux fois par l'Empereur.

N° 391

Le Chancelier de l'Empire
à l'Ambassadeur à Saint-Pétersbourg (1).

Télégramme 141.

Berlin, le 29 juillet 1914 (2).

Le Tsar a fait la réponse suivante au télégramme (3) qui
lui a été remis par votre entremise :

« Thanks for your... friendship.
« Your loving. Nicky » (4).

Je prie Votre Excellence, dans un entretien immédiat avec

---

(1) D'après la minute de la main du Chancelier de l'Empire.
(2) 3o juillet, 2 h. 4o matin à l'Office central télégraphique.
(3) Voir N° 387.
(4) Ici est inséré le télégramme du Tsar à l'Empereur du 29 juillet (n° 366).

M. Sasonow d'expliquer la contradiction apparente entre votre langage et le télégramme de Sa Majesté. L'idée de la conférence de La Haye sera naturellement écartée dans ce cas.

BETHMANN HOLLWEG.

N° 392
Le Chancelier de l'Empire
à l'Ambassadeur à Saint-Pétersbourg (1).

Télégramme 142.

Berlin, le 30 juillet 1914 (2).

Je vous prie de dire à M. Sasonow que nous continuons notre médiation, mais à la condition que la Russie en attendant s'abstienne de tout acte d'hostilité contre l'Autriche.

BETHMANN HOLLWEG.

(1) D'après la minute. Projet de la main de Jagow
(2) 2 h. 55 matin à l'Office central télégraphique.

N° 393
Le Chancelier de l'Empire
à l'Ambassadeur à Londres (1).

Télégramme 188.

Berlin, le 30 juillet 1914 (2-3).

Je vous prie de remercier Sir E. Grey de ses franches déclarations, et de lui dire que nous continuons notre médiation à Vienne et que nous conseillons avec insistance d'accepter ses propositions.

BETHMANN HOLLWEG.

(1) D'après la minute. Projet de la main de Jagow.
(2) 2 h. 55 matin à l'Office central télégraphique.
(3) Voir n°ˢ 368 et 418.

N° 394
Le Chargé d'affaires à Cettigné
au Ministère des Affaires Etrangères (1).

Télégramme 20.

Cattaro, le 29 juillet 1914 (2-3).

Au Conseil des Ministres d'hier une attitude plus calme
semble avoir prévalu. Le Ministre des Affaires Etrangères a
dit à mon collègue italien, qu'en dépit de la nouvelle du commencement des hostilités en Serbie, le Gouvernement atten-
drait provisoirement la marche des événements, et ne modi-
fierait pas ses relations avec l'Autriche, et que jusqu'à nouvel
ordre, il ne remettrait pas au Ministre ses passeports (4). La
mobilisation générale est ordonnée.

ZECH.

(1) D'après le déchiffrement.
(2) Remis à Cattaro le 29 juillet 5 h. après-midi ; parvenu au Ministère
des Affaires Etrangères 3o juillet 2 h 55 matin. Timbre d'enregistrement à
l'entrée : 3o juillet matin. Communiqué le 3o juillet à l'Etat-Major général,
à l'Etat-Major de la Marine, au Ministère de la Marine et au Ministère de la
Guerre.
(3) Voir n° 358.
(4) *Sic* dans le déchiffrement.

N° 395
Le Chancelier de l'Empire
à l'Ambassadeur à Vienne. (1)

Télégramme 192.

Urgent.

Berlin, le 30 juillet 1914 (2).

L'Ambassadeur impérial à Londres télégraphie (3) :

« Sir E. Grey vient de me prier de venir le voir... aussi avait-il choisi la
forme d'une conversation privée. »

(1) D'après la minute. Projet de la main de Jagow. Cf. le discours de
Bethmann Hollweg à la Commission du Reichstag 9 novembre 1916 (Nord.
Allg. Ztg. 10 novembre 1916).
(2) 2 h. 55 matin à l'Office central télégraphique, parvenu à l'ambassade
à Vienne à midi.
(3) Voir n° 368.

Nous sommes donc, au cas où l'Autriche déclinerait toute médiation, en présence d'une conflagration dans laquelle l'Angleterre marcherait contre nous, l'Italie et la Roumanie, d'après tous les indices, ne marcheraient pas avec nous, et nous nous trouverions deux contre quatre grandes puissances. L'Allemagne, ayant l'Angleterre pour adversaire, supporterait le poids principal de la lutte. Le prestige politique de l'Autriche, l'honneur de son armée ainsi que ses revendications justifiées à l'égard de la Serbie pourraient être assurés suffisamment par l'occupation de Belgrade ou d'autres places. L'humiliation de la Serbie, rétablirait sa situation dans les Balkans et vis-à-vis de la Russie. Vu ces circonstances nous devrions conseiller avec insistance et énergie au Cabinet de Vienne d'accepter la médiation dans ces conditions honorables. La responsabilité des suites qui dans le cas contraire pourraient intervenir serait très lourde pour l'Autriche et pour nous (4).

BETHMANN HOLLWEG.

----

(4) Voir nᵒˢ 434, 437, 440, 441, 450, 464, 465, 468 et 482.

Nᵒ 396
Le Chancelier de l'Empire
à l'Ambassadeur à Vienne (1).

Télégramme 193.

Berlin, le 30 juillet 1914 (2).

Le comte Pourtalès télégraphie :

« Sasonow qui vient de me prier.... signifier la guerre (3) ».

Cette information n'est pas d'accord avec l'exposé que

----

(1) D'après la minute Projet de la main de Stumm avec modifications et additions de Jagow et du Chancelier de l'Empire. Cf. le discours de Bethmann Hollweg au Reichstag 19 août 1915.

(2) A 3 h matin à l'Office central télégraphique ; expédié 4 h. 40 matin, parvenu à l'ambassade à Vienne à 10 h. matin.

(3) Ici est inséré le télégramme de Pourtalès (no 365 du 29 juillet après quelques abréviations, en particulier avec l'omission des mots « se cramponne... fétu de paille », « que sa position... m'était connue » « au cas où... serait imminent ».

Votre Excellence m'a donné du cours de l'entretien du comte
Berchtold avec M. Schebeko. Il semble qu'on se trouve en présence d'un malentendu que je vous prie de dissiper. Nous ne
pouvons prêter à l'Autriche-Hongrie l'intention de négocier
avec la Serbie avec laquelle elle est en état de guerre. Mais
le refus de tout échange de vues avec Pétersbourg serait
une faute lourde, vu qu'il provoquerait l'intervention armée
de la Russie, intervention que l'Autriche-Hongrie est en premier lieu intéressée à éviter (4).

Nous sommes prêts à remplir nos obligations d'alliance,
mais nous devons refuser de nous laisser entraîner par
Vienne, à la légère et sans que nos conseils soient écoutés,
dans une conflagration universelle. En ce qui concerne la
question italienne, Vienne semble également méconnaître
nos conseils (5).

Je vous prie de faire immédiatement au comte Berchtold
des déclarations énergiques et très sérieuses dans ce sens (6-7).

Bethmann Holweg.

---

(4) Ici suivait dans le projet de Stumm la phrase : « Je vous prie de faire
des représentations énergiques dans ce sens au comte Berchtold ». Jagow,
dans le projet après « énergiques » avait ajouté de sa main les mots « et
très sérieuses ». Cela a été de nouveau rayé (mais voir plus bas la note 6).

(5) Le passage « nous sommes .. méconnaître nos conseils » a été ajouté
dans le projet de la main de Jagow.

(6) La dernière phrase écrite par Jagow était ainsi conçue d'abord : « Je
vous prie d'exécuter immédiatement ces instructions ». Le Chancelier a rayé
ces derniers mots et a écrit : « de faire immédiatement au comte Berchtold
des déclarations ». (Voir aussi plus haut la note 4).

(7) Voir n° 448 ; voir aussi n° 433.

N° 397

**Le Chancelier de l'Empire
à l'Ambassadeur à St-Pétersbourg (1).**

Télégramme 143.

Berlin, le 30 juillet 1914 (2).

Le refus par Vienne d'accepter des conversations doit être

---

(1) D'après la minute. Projet de la main de Jagow.
(2) 3 h. 5 matin à l'Office central télégraphique.

parvenu avant notre dernière démarche à Vienne, du résultat
de laquelle nous n'avons pas encore été informés (3).

Bethmann Hollweg.

Nᵒ 398

**L'Ambassadeur à Constantinople
au Ministère des Affaires Étrangères (1).**

Télégramme 382.

Thérapia, le 29 juillet 1914 (2).

Depuis le commencement de la crise le marquis Pallavicini
m'a communiqué les documents les plus secrets envoyés ou
reçus par son ambassade, même des télégrammes revêtus de
la mention : déchiffrez personnellement. En ce qui concerne
la question d'alliance, la collaboration s'imposait d'ailleurs
par le fait que le Grand-Vizir, à part ses dernières ouvertures, négociait toujours avec nous deux. Je ne crois pas
qu'une alliance puisse être mise sur pied sans la participation
de l'Autriche, car la Porte n'entrera pas dans une alliance
exclusivement pour la durée de la crise actuelle. On pourrait
concevoir le cas où la Russie n'attaquerait pas l'Autriche
mais la Turquie (3), cas auquel nous devrions déclarer la
guerre à la Russie sans qu'intervînt pour l'Autriche le *casus
fœderis*. Il n'est par conséquent pas sans inconvénients de
laisser l'Autriche tout-à-fait dans l'ignorance. Le marquis de
Pallavicini prendrait en mauvaise part mon silence, spécialement s'il était informé par une autre voie, par exemple par
le Grand-Vizir, que je négocie ici. Aussitôt qu'une base aura
été arrêtée entre le Grand-Vizir et nous, je vous prierais de

m'autoriser à en faire communication à titre confidentiel à Pallavicini (4).

Les négociations commenceront probablement ce soir.

WANGENHEIM.

------

(4) Voir n°° 320, 411 et 431.

N° 399

Le Chancelier de l'Empire à l'Empereur (1).

D'après cela, le Tsar, avec son appel à mon assistance n'a fait que jouer la comédie, et nous a trompés! Car on ne demande pas assistance ou médiation alors qu'on mobilise.

G.

Alors je dois aussi mobiliser !

Cette mobilisation a déjà commencé le 24 juillet.

probablement aussi la garde.

Berlin, le 29 juillet 1914 (2).

L'ambassadeur de Votre Majesté impériale et royale à Saint-Pétersbourg annonce dans le télégramme (3) que j'ai l'honneur de soumettre ci-joint à Votre Majesté que M. Sasonow lui *a fait part d'une mobilisation de la Russie contre l'Autriche.* L'ambassadeur de Russie accrédité ici m'a également fait connaître aujourd'hui que la Russie *mobilisait Kiew, Kazan, Odessa et Moscou* (4), mais que cela ne signifiait aucunement la guerre et que les relations diplomatiques ne seraient pas rompues avec l'Autriche. Contre *l'Allemagne il n'avait été effectué aucune mobilisation* (5).

J'ai immédiatement avisé télégraphiquement l'ambassadeur de Votre Majesté

------

(1) D'après la minute (Projet de la main de Jagow) et l'expédition du rapport immédiat se trouvant également aux Archives.

(2) Transmis par messager le 30 juillet 6 h. matin pour être remis immédiatement. Annotation marginale de l'Empereur sur l'expédition : « N. Pal. 30. VII. 14. 7 heures matin. » L'expédition a été retournée par l'Empereur au Ministère des Affaires Étrangères le 30 juillet. Le même jour, le Chancelier de l'Empire, Jagow et Zimmermann ont pris connaissance des annotations marginales de l'Empereur.

(3) Voir n° 343.

(4) « Moscou » souligné deux fois par l'Empereur.

(5) En marge : ? ! de l'Empereur.

D'après le télégramme du Tsar du 29 elle était déjà ordonnée depuis 5 jours, par conséquent immédiatement après la remise de l'ultimatum à la Serbie. Ainsi, longtemps avant que le Tsar m'ait demandé télégraphiquement à Saint-Pétersbourg de signaler au Ministre russe les *conséquences* probables de *cette mobilisation contre l'Autriche,* et de le prier, aussi longtemps que les négociations avec Vienne, dans lesquelles nous sommes médiateurs se poursuivaient, d'éviter tout conflit *armé* (6) avec l'Autriche.

Bethmann-Hollweg.

ma médiation il a, dans un télégramme, dit expressément qu'il serait probablement contraint de recourir à des mesures qui aboutiraient à une guerre européenne; ainsi il en prend la responsabilité Mais en réalité les mesures étaient déjà pleinement en cours et il m'a tout simplement menti. L'envoi de Tatichew et le désir que ces mesures de mobilisation n'arrêtassent pas mon rôle de médiateur sont choses enfantines et ont exclusivement pour but de nous mettre dans le pétrin. Je considère que mon action médiatrice a échoué, parce que le Tsar, au lieu d'attendre loyalement ses effets, a mobilisé derrière mon dos et sans m'en donner avis.

G.

(6) Sous le mot « armé » : !!! de l'Empereur.

N° 400

L'Ambassadeur à Vienne au Ministère des Affaires Etrangères (1).

Télégramme 132.

Vienne, le 29 juillet 1914 (2-3).

Je viens de recevoir une déclaration du Gouvernement impérial et royal qui est ainsi conçue:

En réponse à la demande anglaise que le Gouvernement impérial fasse valoir son influence auprès du Cabinet de Vienne, afin que ce dernier, ou bien considère comme satisfaisante la réponse de Belgrade, ou bien l'accepte comme base de discussion, le Gouvernement impérial et royal fait tout

(1) D'après le déchiffrement.

(2) Daté du 29 juillet ; remis à Vienne le 30 juillet, 3 heures matin ; parvenu au Ministère des Affaires Etrangères le 30 juillet 6 h. 50 matin. Timbre d'enregistrement à l'entrée : 30 juillet matin.

(3) Voir n° 277.

d'abord remarquer que la réponse serbe n'implique nullement, comme semble l'admettre Sir E. Grey, un assentiment à toutes nos exigences sauf une seule exception, mais que, bien au contraire, sur la plupart des points, elle formule des réserves qui diminuent essentiellement la valeur des concessions. Le refus porte précisément sur les points contenant quelques garanties permettant d'atteindre le but qu'on se proposait.

Le Gouvernement impérial et royal ne peut dissimuler sa surprise de la supposition d'après laquelle son action contre la Serbie aurait voulu atteindre la Russie et l'influence russe dans les Balkans, car une pareille conception reposerait sur l'hypothèse que la propagande dirigée contre la Monarchie n'est pas seulement d'origine serbe mais aussi russe. L'Autriche-Hongrie est, bien au contraire, partie de l'idée que la Russie officielle est éloignée de ces tendances hostiles à la Monarchie, et elle dirige son action actuelle exclusivement contre la Serbie, alors que ses sentiments pour la Russie, comme le comte Berchtold peut l'assurer à Sir E. Grey, sont absolument amicaux.

Au surplus, le Gouvernement impérial et royal doit déclarer qu'à son vif regret il n'est plus en mesure de prendre à l'égard de la réponse serbe l'attitude suggérée par l'Angleterre, vu qu'au cours de la démarche faite ici, l'état de guerre est intervenu entre la Monarchie et la Serbie et que la réponse serbe est déjà dépassée par les événements.

Le Gouvernement impérial et royal fait encore remarquer que le Gouvernement serbe, avant d'adresser sa réponse, a procédé à la mobilisation, et qu'il a laissé passer trois jours sans se montrer disposé à abandonner le point de vue exposé dans sa réponse. Sur quoi l'Autriche a déclaré la guerre.

Si, d'ailleurs, le Cabinet anglais exerçait son influence sur le Gouvernement russe dans le sens du maintien de la paix entre les grandes puissances et de la localisation de la guerre imposée à l'Autriche par les menées serbes poursuivies pendant des années, le Gouvernement impérial et royal ne pourrait que s'en réjouir.

TSCHIRSCHKY.

N° 401
L'Ambassadeur à Pétersbourg
au Ministère des Affaires Etrangères (1).

Télégramme 189.
Urgent.

Pétersbourg, le 30 juillet 1914 (2).

Je viens d'avoir avec Sasonow, qui m'a fait appeler à minuit, un entretien d'une heure et demie. Le but du Ministre était de me persuader de conseiller à mon Gouvernement de participer à une conversation à quatre pour trouver le moyen d'amener l'Autriche par *voie de représentations amicales* (3) à renoncer *à ses exigences portant atteinte à la souveraineté de la Serbie* (4). J'ai consenti seulement à rendre compte de notre entretien et je me suis placé sur le terrain que tout échange de vues paraissait très difficile sinon impossible depuis que la Russie *s'était décidée à la mesure grosse de conséquences de la mobilisation.* La Russie nous demandait de faire vis-à-vis de l'Autriche ce que l'on reprochait à l'Autriche d'avoir fait à l'égard de la Serbie, *d'empiéter sur ses droits de souveraineté.* Après que l'Autriche en proclamant son désintéressement

La mobilisation russe est-elle un procédé amical?

exact

très bien

---

(1) D'après le déchiffrement. Publié en partie dans le Livre Blanc allemand de 1915, p. 7.

(2) Remis à Pétersbourg 4 h. 30 matin, parvenu au Ministère des Affaires Etrangères 7 h. 10 matin. Timbre d'enregistrement à l'entrée : 30 juillet matin Copie du déchiffrement en supprimant le passage : « Des déclarations recueillies de Sasonow... reste ferme », a été envoyée le 30 juillet à l'Empereur qui a mis en marge en haut : « 7 heures du soir ». La copie est revenue le 1er août au Ministère des Affaires Etrangères. Le Chancelier de l'Empire, Jagow et Zimmermann ont pris le 1er août connaissance des annotations marginales de l'Empereur.

(3) « amicales » souligné deux fois par l'Empereur.

(4) En marge : ?! de l'Empereur.

territorial, ce qui *avait une très haute portée* de la part *d'un Etat* se trouvant en guerre, avait promis de tenir *compte des intérêts russes,* il fallait laisser la Monarchie austro-hongroise régler seule son différend avec la Serbie. A la *conclusion de la paix* il serait toujours temps de revenir sur la question du respect de la souveraineté serbe. J'ai ajouté très sérieusement que toute la question austro-serbe passait à l'arrière-plan en présence du *danger d'une conflagration européenne.* Je me suis donné toute la peine possible pour faire voir au Ministre la gravité de ce péril. Sasonow ne voulut pas démordre de l'idée que la Russie ne pouvait pas laisser la Serbie dans l'embarras. Aucun Gouvernement *ne pourrait sans graves dangers pour la Monarchie suivre ici une pareille politique.*

Au cours de la conversation *Sasonow voulut* trouver une contradiction entre le télégramme de Sa Majesté l'Empereur et Roi au Tsar (5) et les *instructions télégraphiques de Votre Excellence n° 134 (6).* J'ai soutenu énergiquement l'opinion opposée et je lui ai déclaré que même si *nous avions déjà mobilisé,* l'appel de mon auguste Souverain en faveur des *intérêts communs des Monarques* ne serait pas *en contradiction* avec cette mesure. La communication que je lui avais faite cet aprèsmidi (7), conformément aux instructions de Votre Excellence, n'était pas une me-

bien!

oui

Absurdité! Cette sorte de politique comporte les plus graves dangers pour le Tsar!

Ah! Ah! Je m'en doutais déjà!

cela n'a pas encore eu lieu.

exact

---

(5) Voir n° 359.
(6) Voir n° 342.
(7) On voulait dire le 29 juillet Voir n° 378.

nace, mais un avertissement amical lui rappelant *l'effet automatique que devait entraîner chez nous la mobilisation d'ici par suite de l'alliance austro-allemande.* Sasonow déclara que *le retrait* de l'ordre de mobilisation *n'était plus possible* (8) et que c'était *la faute de la mobilisation autrichienne.*

C'était une mobilisation partielle de 6 corps d'armée pour un but limité !

Des déclarations recueillies de Sasonow j'ai l'impression que le télégramme de notre auguste Souverain n'a pas manqué de produire son effet sur le Tsar, mais je crains que le Ministre s'efforce activement de travailler à ce que le Tsar reste ferme.

POURTALÈS.

Si l'on ne peut revenir sur l'ordre de mobilisation, — ce qui n'est pas vrai, — pourquoi le Tsar a-t-il invoqué ma médiation trois jours après sans signaler que l'ordre de mobilisation était donné ?! Cela me prouve clairement que la mobilisation lui a paru à lui-même précipitée et qu'après, pour calmer les scrupules de sa conscience, il a fait pour la forme cette démarche auprès de nous, bien qu'il sût qu'elle ne servait plus à rien, ou qu'il ne se sentait pas assez fort pour arrêter la mobilisation. Ainsi la légèreté et la faiblesse précipiteront le monde dans la plus terrible des guerres qui vise en dernier lieu à la perte de l'Allemagne. Car je n'ai plus aucun doute à ce sujet : l'Angleterre la Russie et la France se sont concertées — en profitant du casus foederis posé pour nous à l'égard de l'Autriche — en prenant le conflit austro-serbe comme prétexte à l'effet de mener contre nous une guerre d'extermination. De là l'observation cynique de Grey à Lichnowsky « tant que la guerre restera limitée entre la Russie et l'Autriche, l'Angleterre restera à l'écart ; mais si nous et la France nous nous en mêlions il sera forcé d'intervenir activement contre nous ». Cela veut dire que, ou nous trahirons lâchement notre alliée et nous la livrerons à la Russie, et qu'ainsi nous dissoudrons la Triple Alliance, ou que nous serons attaqués et punis pour notre fidélité par la Triple Entente, ce qui lui permettra enfin de satisfaire son envie de nous ruiner entièrement en commun. C'est la terrible situation toute nue qui a été lentement et sûrement tramée par Edouard VII, continuée, systématiquement élaborée par des conversations démenties de l'Angleterre avec Paris et Pétersbourg ; finalement amenée à sa conclusion par Georges V et qui sera mise en œuvre. Ainsi la bêtise et la maladresse de notre alliée serviront de corde pour nous étrangler. Ainsi le célèbre encerclement de l'Allemagne est enfin devenu une entière réalité en dépit

---

(8) « n'était plus possible » souligné trois fois par l'Empereur.

de toutes les tentatives de nos hommes politiques et diplomates pour l'empecher. Le filet a été rabattu subitement au-dessus de notre tête et l'Angleterre en souriant ironiquement a obtenu le résultat le plus brillant de toute sa politique mondiale anti allemande, contre laquelle nous nous sommes révélés impuissants; elle nous a trouvés nous débattant isolés dans le filet et fait de notre fidélité à l'Autriche-Hongrie la corde qui nous étranglera et provoquera notre anéantissement politique et économique. Opération grandiose qui provoque l'admiration même de celui dont elle cause la perte ! Edouard VII après sa mort est encore plus fort que moi qui vis ! Il y a eu des gens qui ont cru qu'on pouvait gagner ou apaiser l'Angleterre par telle ou telle petite mesure !!! Sans relâche, sans trève, elle poursuivit son but avec des notes, des propositions de fêtes, des essais d'intimidation, Haldane, etc. ., jusqu'à ce que le but fut atteint. Et nous nous sommes engagés dans la nasse et nous avons même suspendu la construction des navires dans l'espoir touchant de tranquilliser l'Angleterre !!! Tous mes avertissements toutes mes prières sont restés sans résultat. Voici maintenant la reconnaissance anglaise ! Le dilemme résultant de la fidélité à l'alliance envers le vieux et vénérable Empereur crée la situation qui donne à l'Angleterre le prétexte désiré pour nous anéantir, avec l'apparence hypocrite du droit, le prétexte d'aider la France à maintenir le fameux balance of Power in Europa, c'est-à-dire en exploitant tous les Etats européens en faveur de l'Angleterre contre nous ! Maintenant tous ces agissements doivent être découverts sans pitié et le masque de pacifisme chrétien doit lui être publiquement arraché et cette hypocrisie de paix pharisaïque doit être mise au pilori !!! Et nos consuls en Turquie et dans les Indes, nos agents, etc., doivent provoquer une insurrection sauvage de tout le monde musulman contre ce peuple de boutiquiers odieux, menteurs, sans conscience ; car même si nous devons être saignés à blanc, l'Angleterre doit tout au moins perdre l'Inde.

G.

N° 402

Annotations marginales faites par l'Empereur le 30 juillet matin, sur l'article du « Morning Post », du 28 juillet 1914 : « Efforts en faveur de la Paix. » (1)

The *only possible way* to ensure or enforce peace is that England must tell Paris and Petersburg — its allies — to

---

(1) Coupure de journal du Ministère des Affaires Etrangères, envoyée à l'Empereur qui a écrit ses annotations le 3o juillet au matin, et revenu de là au Ministère des Affaires Etrangères. Le 3o juillet le Chancelier de l'Empire et Jagow ont pris connaissance des annotations marginales de l'Empereur.

remain quiet, i. e. neutral to the Austro-Servian conflict, then Germany can remain quiet too. But if England continues to remain silent or to give lukewarm assurances of neutrality; that would mean encouragement to its allies to attack Austro-Germany. Berlin has tried to mediate between Petersburg and Vienna on the appeal of the Zar. But H. M. silently had already *mobilised before* the appeal; so that the mediator — Germany — is placed « en demeure » and his work becomes illusory. Now only *England* alone can stop the catastrophe by restraining its allies, by clearly intimating that — as Sir E. Grey declared — it had nothing to do with the Austro-Servian conflict, and that if one of its allies took an active part in the strife it could not reckon on the help of England. That would put a stop to all war. King George has communicated Englands intention to remain neutral to me by Prince Henry. On the other hand the Naval Staff have this morning —30 VII— received a telegram from the German Military attaché in London, that Sir E. Grey in a private conversation with Prince Lichnowsky, declared, that if Germany made war on France, England would immediately attack Germany with its fleet! Consequently Sir E. Grey says the direct contrary to what his Sovereign communicated to me through my brother and places his King in the position of a double tongued liar vis-à-vis to me.

WILLIAM I. R.

The whole war is plainly arranged between England, France and Russia for the annihilation of Germany, lastly through the conversations with Poincaré in Paris and Petersburg, and the Austro-Servian strife is only an excuse to fall upon us ! God help us in this fight for our existence, brought about by falseness, lies and poisonous envy !

Traduction.

Le seul moyen possible d'assurer ou de maintenir la paix, est que l'Angleterre dise à Paris et à Pétersbourg — ses alliés — de rester tranquilles, c'est-à-dire neutres dans le conflit austro-serbe. Alors l'Allemagne restera tranquille aussi. Mais si l'Angleterre continue à rester silencieuse ou à donner de vagues assurances de neutralité, ce serait un encouragement pour ses alliés à attaquer l'Autriche et l'Allemagne. Berlin a essayé d'inter-

venir comme médiateur entre Pétersbourg et Vienne sur l'appel du Tsar.
Mais Sa Majesté avait *déjà mobilisé* en silence avant l'appel : de sorte que
le médiateur — l'Allemagne — est mis « en demeure », et que son œuvre
devient illusoire. Maintenant seule l'*Angleterre* peut arrêter la catastrophe
en retenant ses alliés, en faisant connaître clairement que — comme l'a
déclaré Sir E. Grey — elle n'avait rien à voir dans un conflit austro-serbe,
et que si l'un de ses alliés prenait une part active à la lutte, il ne pourrait
pas compter sur l'assistance de l'Angleterre. Cela arrêterait toute guerre.
Le Roi Georges m'a communiqué par le Prince Henry, l'intention de
l'Angleterre de rester neutre D'un autre côté, l'Etat-Major de la Marine a,
ce matin — 30 juillet — reçu un télégramme de l'attaché militaire allemand
à Londres, d'après lequel Sir E. Grey, dans une conversation privée avec le
prince Lichnowsky, aurait déclaré que si l'Allemagne faisait la guerre à la
France, l'Angleterre attaquerait immédiatement l'Allemagne avec sa flotte !
En conséquence Sir E. Grey dit exactement le contraire de ce que son Souverain m'a communiqué par l'entremise de mon frère, et place son Roi
dans la situation de mensonge et de duplicité vis-à-vis de moi.

GUILLAUME I. R.

Toute cette guerre est évidemment concertée entre l'*Angleterre*, la *France*
et la *Russie*, pour l'anéantissement de l'Allemagne. En dernier lieu par des
conversations avec *Poincaré* à Paris et Pétersbourg, et le différend austro-
serbe n'est qu'un prétexte pour tomber sur nous ! Dieu nous aide dans cette
lutte pour notre existence, amenée par la fausseté, les mensonges et une
envie venimeuse !

N° 403

Le Ministre à Bruxelles
au Chancelier de l'Empire (1).

Bruxelles, le 28 juillet 1914 (2).

Le conflit austro-serbe a fortement inquiété ici l'opinion
publique, et seule la *circonstance* que jusqu'ici on n'en est
pas venu à des hostilités ouvertes entre les adversaires,
permet d'espérer qu'on évitera de nouvelles conséquences,
de nature à menacer sérieusement la paix européenne.

Dans les milieux officiels on observe une attitude expec-
tante et calme, ainsi que j'ai pu le déduire d'une conversation

---

(1) D'après le déchiffrement.

(2) Timbre d'enregistrement à l'entrée du Ministère des Affaires Etrangères : 30 juillet matin. Le rapport a été soumis à l'Empereur qui, par une
décision marginale, en a ordonné la communication à l'Etat-Major général ;
retourné par l'Empereur, par l'entremise de l'Etat-Major général, au
Ministère des Affaires Etrangères, le 1er août.

avec M. Davignon, et on compte sur la possibilité que l'influence de l'Allemagne et de la France à Vienne et à Pétersbourg, réussisse peut-être à calmer les esprits échauffés.

Jusqu'ici on n'a pas pris de mesures sérieuses pour la mobilisation de l'armée belge, si ce n'est que les officiers et hommes de troupe en congé, ont été rappelés. Mais en sousmain on doit faire tous les préparatifs nécessaires, pour qu'en cas de nécessité la mobilisation se déroule sans accrocs.

von BELOW.

N° 404
Le Gérant du Consulat de Kowno
au Ministère des Affaires Etrangères (1)

Kowno, le 29 juillet 1914 (2).

La garnison de Kowno qui, avant la crise, était pour la plus grande partie dans le camp de Murawjow, près de Kowno, vient de le quitter. Les régiments d'infanterie 109, 110 et 111 ont été dirigés sur la frontière allemande. Je n'ai pas pu savoir où on les a cantonnés. Le 3° dragons est transféré à Georgenbourg. En ce moment il n'y a que de l'artillerie dans la forteresse de Kowno.

Le commandant de la forteresse Grigorjew, a interrompu son congé et est revenu ici lundi, le 27 de ce mois. Le commandement a pris la direction de l'usine électrique.

Les fabriques continuent à travailler.

Ici il n'y a pas eu de grève. A une tentative auprès de la succursale d'ici de la Banque de l'Union, en vue d'obtenir une avance de 2.000 mark pour la caisse du consulat, on a répondu au fonctionnaire du consulat qu'on ne faisait plus de versements contre des quittances sur la caisse de la légation, comme du reste sur aucune quittance de cette nature. En conséquence j'ai prié le fonctionnaire qui apporte ce rap-

---

(1) D'après l'expédition.

(2) Timbre d'enregistrement à l'entrée du Ministère des Affaires Etrangères : 3o juillet matin. Communiqué le 31 juillet à l'Etat-Major général et au Ministère de la Guerre.

port à Eydtkuhnen, de se procurer 3.000 mark dans une banque de cette ville.

Je vous prie de vouloir bien en informer la caisse de la légation.

L'ambassade impériale à Pétersbourg a été, par télégramme, brièvement mise au courant du contenu de ce rapport. Je joins à la présente note une copie de ce rapport pour cette autorité en vous priant de vouloir bien le transmettre à l'occasion.

von Bülow.

N° 405

L'Ambassadeur à Constantinople
au Ministère des Affaires Etrangères (1).

Télégramme 386.

Thérapia, le 30 juillet 1914 (2).

Le Grand Vizir m'a dit que le ministre de Grèce venait de lui transmettre la demande de Vénizelos, de consentir à l'entrevue qui avait été contremandée. Il a choisi Munich comme lieu de la rencontre, et il s'y rendra le 31 de ce mois en passant par Trieste. On pourrait pendant son absence continuer à négocier avec Talaat-Bey, au sujet de l'alliance.

Wangenheim.

---

(1) D'après le déchiffrement.

(2) Remis à Thérapia 12 h 50 matin, parvenu au Ministère des Affaires Etrangères 10 h. 45 matin. Timbre d'enregistrement à l'entrée : 30 juillet après midi. Déchiffrement envoyé à l'Empereur le 30 juillet, revenu le 1er août au Ministère.

N° 406

Le Chancelier de l'Empire
au Ministre à Stockolm (1).

Télégramme 20.

Strictement confidentiel.   Berlin, le 30 juillet 1914 (2).

Nous avons des raisons de supposer que l'Angleterre par-

---

(1) D'après la minute de la main du Chancelier de l'Empire.

(2) 11 h. matin à l'Office central télégraphique.

ticipera très promptement à la guerre aux côtés de la Double Alliance. Une réserve de liberté d'action dans la déclaration de neutralité suédoise, s'impose d'urgence pour le cas d'une attaque anglaise.

Bethmann Hollweg.

N° 407

Le Chancelier de l'Empire à l'Empereur (1).

Berlin, le 30 juillet 1914 (2).

Le télégramme (3) ci-annexé de l'ambassadeur de Votre Majesté à Londres nous est parvenu cette nuit (4). L'ambassadeur de Votre Majesté à Vienne nous a également informés cette nuit qu'il a fait part au comte Berchtold de la proposition de médiation dont il était chargé par Votre Majesté, mais qu'en dépit de son insistance il n'avait reçu jusqu'à minuit aucune réponse définitive (5). En lui rappelant l'attitude probable de l'Angleterre, de l'Italie et de la Roumanie, je l'ai invité à

---

(1) D'après la minute. Projet de la main de Jagow avec des modifications du Chancelier de l'Empire. L'expédition envoyée à l'Empereur se trouve aussi maintenant aux Archives.

(2) L'expédition est partie 11 h. 15 matin pour être signée par le Chancelier et pour être envoyée de là par automobile à l'Empereur ; annotation marginale de l'Empereur sur l'expédition : « Départ 1 h. 30 matin, 30. vii. 14 G. » (« matin » est une erreur au lieu de « après-midi »). L'expédition a été retournée le 30 juillet au Chancelier qui, ainsi que Jagow et Zimmermann, a pris connaissance des annotations marginales de l'Empereur le 30 juillet.

(3) Voir n° 368.

(4) Le Chancelier n'a laissé subsister que la première phrase du projet de Jagow, il a rayé tout le reste et, par contre, a ajouté les phrases « l'ambassadeur de Votre Majesté » jusqu'à la fin du rapport. Dans le projet de Jagow après les mots « cette nuit » suivait : « j'ai immédiatement transmis le télégramme ci-annexé à l'ambassadeur de Votre Majesté à Vienne et j'ai chargé l'ambassadeur de Votre Majesté à Londres de remercier Sir E. Grey de sa franchise et de lui dire que nous continuions notre médiation à Vienne et que nous avions conseillé l'acceptation de ses propositions. »

(5) Voir n° 388.

réclamer une déclaration immédiate du comte Berchtold (6) afin que cet épisode puisse être terminé sous une forme ou sous une autre. J'ai appelé son attention sur le fait que toute déclaration de Vienne à Pétersbourg relative au but et à la portée de l'action autrichienne contre la Serbie ne ferait qu'aggraver et établir publiquement devant le monde entier les torts de la Russie. J'ai soumis à la sérieuse considération du comte Berchtold les propositions anglaises reproduites dans le télégramme du prince *Lichnowsky.*

naturellement oui

Si l'Angleterre se faisait fort d'assurer à l'Autriche les *résultats* (7) dont elle lui a ouvert la perspective, ce serait là pour l'Autriche une satisfaction possible.

Votre fidèle sujet,

v. BETHMANN HOLLWEG.

Dans l'intervalle est parvenu ce matin de l'attaché naval à Londres un télégramme dans lequel on fait part que Sir E. Grey aurait dit à Lichnowsky, dans une conversation privée, qu'au cas où nous en viendrions à une guerre avec la France, l'Angleterre nous attaquerait immédiatement sur mer avec sa flotte Des contre-mesures nécessaires faites sans ostentation et sans bruit contre des attaques à la Port-Arthur sont déjà en cours. Je m'étonne que Lichnowsky ne nous ait encore rien dit.

G.

(6) Voir nº 395.

(7) « résultats » souligné par l'Empereur ; en marge : ! de l'Empereur.

Nº 408

Le Chancelier de l'Empire à l'Empereur (1).

Berlin, le 30 juillet 1914 (2).

Je me permets d'exprimer à Votre Majesté mes remercie-

(1) D'après la minute. Projet de la main de Jagow. L'expédition retournée au Ministère des Affaires Étrangères se trouve aussi actuellement aux Archives.

(2) Transmis le 30 juillet 11 h. 15 matin. Dans l'expédition en haut l'an-

ments respectueux pour la transmission du télégramme de Sa Majesté l'Empereur de Russie (3). En même temps je me permets de proposer à Votre Majesté d'adresser encore au Tsar un télégramme ainsi conçu :

« J'ai reçu Ton télégramme avec reconnaissance. Le langage de mon ambassadeur ne peut pas s'être trouvé en désaccord avec le contenu de mon télégramme. Le comte Pourtalès devait attirer l'attention de Ton Gouvernement sur les dangers et sur les graves conséquences d'une mobilisation ; je T'ai d'ailleurs dit la même chose dans mon télégramme. L'Autriche n'a mobilisé que contre la Serbie. Si la Russie, ainsi qu'elle l'a déjà fait, mobilise contre l'Autriche, le rôle de médiation que j'avais entrepris à Ta demande est compromis, s'il n'est pas rendu impossible. C'est sur Toi que pèse la lourde responsabilité de la décision. »

Comme ce télégramme doit devenir un document particulièrement important pour l'histoire, je prierai respectueusement Votre Majesté, tant qu'il ne sera pas intervenu de décision à Vienne, de ne pas déclarer nettement que Son rôle de médiation est déjà terminé.

Votre fidèle sujet,

v. Bethmann Hollweg.

---

notation marginale de l'Empereur : 3o. vii. 14. 1 h. matin G. (on veut dire 1 heure après-midi) ; à gauche en marge le texte anglais du télégramme écrit par lui (n° 42o).

(3) Voir n° 3go. Voir aussi n° 3oo.

N° 409
Le Chancelier de l'Empire
à l'Ambassadeur à Londres (1).

Télégramme 191.

Berlin, le 30 juillet 1914 (2).

Mon espoir que la médiation serait encore possible sur la base des propositions de Grey est fortement ébranlé par la

---

(1) D'après la minute de la main du Chancelier de l'Empire.
(2) 11 h. 3o matin à l'Office central télégraphique.

mobilisation russe contre l'Autriche et par les préparatifs français. Il sera difficile à l'Autriche de ne pas répondre à la mobilisation russe par des contre-mesures appropriées. Par là notre situation, vu spécialement les armements français, devient extrèmement critique. Une sommation adressée par nous à la France d'arrêter ses préparatifs ne pourrait guère que revêtir la forme d'un ultimatum. On ne pourrait l'éviter que si Grey réussissait à amener la France à arrêter *immédiatement* ses mesures. Grey devrait se faire fort d'obtenir l'acceptation par la Russie des conditions de sa proposition et d'empêcher de plus amples *concentrations* de troupes russes sur la frontière autrichienne.

Bethmann Hollweg.

(3. Voir n° 435.

N° 440

**L'Ambassadeur à Pétersbourg
au Ministère des Affaires Etrangères (1).**

Télégramme 191.

Urgent.   Pétersbourg, le 30 juillet 1914 (2).

La mobilisation comprend les districts militaires de Kiew, Odessa, Moscou, Kazan, les armées cosaques du Don, Kouban, Terech, Astrakan, Orenbourg, Oural.

Sauf la mobilisation de la flotte, il n'y a pas eu d'appels dans les districts militaires de Varsovie, Wilna, Pétersbourg.

Pourtalès.

(1) D'après le déchiffrement.

(2) Remis à Pétersbourg 11 heures matin, parvenu au Ministère des Affaires Etrangères 11 h. 50 matin. Timbre d'enregistrement à l'entrée : 3o juillet après-midi. Communiqué télégraphiquement à l'Etat-Major général, à l'Etat-Major de la Marine, au Ministère de la Marine et au Ministère de la Guerre.

N° 411

L'Ambassadeur à Constantinople
au Ministère des Affaires Etrangères (1).

Télégramme 385.

Thérapia, le 30 juillet 1914 (2-3).

Le Grand Vizir accepte les points 1 à 4, mais déclare le point 5 absolument inacceptable. Tout d'abord il est impossible de fixer l'époque à laquelle on sera certain que le conflit austro-serbe ne pourra entraîner une guerre entre l'Allemagne et la Russie. Une pareille guerre, pourrait encore intervenir dans un ou deux ans, comme répercussion d'un succès autrichien en Serbie. On ne peut pas exiger de la Turquie qu'elle s'engage maintenant pour l'Allemagne, alors qu'au cas où la Russie voudrait se venger de la Turquie en raison de son attitude amicale pour la Triple Alliance, cette dernière serait réduite à ses propres forces. Nous devrions protéger la Turquie contre les conséquences possibles de son association avec l'Allemagne. S'il avait parlé précédemment d'une durée plus courte de l'alliance, c'est qu'il entendait qu'il ne s'agissait pas d'un traité perpétuel ni d'un traité de très longue durée. Les deux puissances devraient naturellement éprouver tout d'abord la valeur de l'alliance au cours d'une période plus courte. Il avait songé à une durée de sept ans, mais, comme dernière concession, il était prêt à assigner au traité la même durée qu'au contrat du général Liman, c'est-à-dire la fin de 1918. Il n'était que logique pour lui d'insister afin que l'Allemagne qui, par la mission Liman, avait provoqué des ré-

---

(1) D'après le déchiffrement.

(2) Parvenu au Ministère des Affaires Etrangères 11 h. 59 matin; timbre d'enregistrement à l'entrée : 30 juillet après-midi. En marge, l'annotation suivante du 30 juillet de la main de Zimmermann : « Si dans le moment actuel nous ne nous montrons pas conciliants avec les Turcs, nous les jetons à mon avis dans les bras de nos adversaires. Je crois que dans les circonstances graves actuelles nous devons consentir à une durée du traité jusqu'en 1918, fin de la mission Liman, mais que, dans ce cas, nous devons incontestablement faire participer l'Autriche-Hongrie comme seconde puissance à l'accord ».

(3) Voir n°° 320 et 508.

formes militaires, assumât la garantie que l'activité de Liman
ne serait pas interrompue par une intervention russe.

WANGENHEIM.

N° 412

**L'Ambassadeur à Pétersbourg
au Ministère des Affaires Etrangères (1).**

Télégramme 190.

Pétersbourg, le 30 juillet 1914 (2).

Dans l'entretien de ce soir (3) Sasonow est toujours
revenu sur l'idée que nous étions les seuls qui actuellement
encore puissions retenir l'Autriche. Sa Majesté l'Empereur et
Roi n'avait qu'à dire un mot et on l'écouterait. J'ai répondu
qu'il était extrêmement délicat d'arrêter le bras d'une grande
puissance qui s'était décidée à recourir aux armes pour une
cause juste. Nous risquerions de compromettre sérieusement
nos relations avec notre voisine et de miner sa situation de
grande puissance qui était hautement précieuse pour nous-
mêmes. En raison de la situation générale, on ne pouvait
prêter à l'Allemagne l'intention de suivre une politique pareille.
On savait que Sa Majesté l'Empereur et Roi et son Gouvernement ne s'étaient pas fait faute de donner de bons conseils
à Vienne. Il appartenait maintenant à la Russie de s'avancer
sur le pont discrètement construit par cette déclaration.
M. Sasonow répondit aigrement : « Cette déclaration ne peut
nous satisfaire. »

Les intérêts vitaux de la Russie exigeaient non seulement
le respect de l'intégrité territoriale de la Serbie, mais que
la Serbie ne tombât pas, par l'acceptation des exigences autrichiennes portant atteinte à ses droits de souveraineté, au
rang d'un Etat vassal de l'Autriche. Il ne fallait pas que la
Serbie devint un Bouchara.

POURTALÈS.

---

(1) D'après le déchiffrement.

(2) Remis à Pétersbourg 9 h. 30 matin, parvenu au Ministère des Affaires
Etrangères 12 h. 13 après-midi. Timbre d'enregistrement à l'entrée du
Ministère des Affaires Etrangères : 30 juillet après-midi.

(3) Voir n° 401.

N° 413
Le Chancelier de l'Empire
à l'Ambassadeur à Pétersbourg (1).

Télégramme 146.

Berlin, le 30 juillet 1914 (2).

Cette nuit le télégramme suivant du Tsar est parvenu à Sa Majesté :

« Thank you heartily... understanding with us. — Nicky (3). »

Sa Majesté me témoigne continuellement sa vive reconnaissance pour la fermeté et l'adresse qu'a déployées Votre Excellence au cours de la crise actuelle.

BETHMANN HOLLWEG.

(1) D'après la minute de la main du Chancelier de l'Empire.
(2) 12 h. 40 après-midi à l'Office central télégraphique.
(3) Ici est inséré le télégramme du Tsar à l'Empereur du 30 juillet (n° 390).

N° 414
L'Ambassadeur à Rome
au Ministère des Affaires Étrangères (1).

Télégramme 152.

Rome, le 30 juillet 1914 (2).

Le marquis de San Giuliano déclare continuellement qu'il sait qu'au cas où éclaterait une guerre européenne générale, l'Angleterre y prendrait part et se placerait aux côtés de la Russie et de la France.

FLOTOW.

(1) D'après le déchiffrement.
(2) Remis à Rome 11 h. matin, parvenu au Ministère des Affaires Étrangères 12 h. 50 après-midi. Timbre d'enregistrement à l'entrée : 30 juillet après-midi. Communiqué le 30 juillet à l'Etat-Major général, à l'Etat-Major de la Marine, au Ministère de la Guerre et au Ministère de la Marine.

N° 415

L'Ambassadeur à Vienne
au Ministère des Affaires Etrangères (1).

Télégramme 134.

Vienne, le 30 juillet 1914 (2).

M. Dumaine a dit au représentant de l'agence Havas à Vienne que Cambon avait annoncé de Berlin à Paris que l'Allemagne avait poussé l'Autriche-Hongrie à la guerre. Cette information aurait été répandue par Paris pendant le séjour de M. Poincaré à Pétersbourg.

TSCHIRSCHKY.

(1) D'après le déchiffrement.

(2) Remis à Vienne 11 h. 5o matin, parvenu au Ministère des Affaires Etrangères 1 h. 55 après-midi. Timbre d'enregistrement à l'entrée : 3o juillet après-midi. Communiqué télégraphiquement par Zimmermann le 31 juillet aux ambassadeurs à Paris et à Pétersbourg, 10 h. 25 matin à l'Office central télégraphique.

N° 416

Le Ministre à Belgrade (actuellement à Nisch)
au Ministère des Affaires Etrangères (1).

Télégramme 7.

Nisch, le 28 juillet 1914 (2).

Pour l'Etat-Major général.

La déclaration de guerre autrichienne a été publiée à Nisch mardi (3) après-midi. L'opinion est déprimée dans l'armée et le peuple. La mobilisation est en cours, mais marche très lentement, parce que la Serbie n'est pas du tout préparée. Le manque de fusils se fait sentir. On ne connait

(1) D'après le déchiffrement.

(2) Remis à Nisch 28 juillet 7 h. 3o soir, parvenu au Ministère des Affaires Etrangères 3o juillet 2 h. 5 après-midi. Timbre d'enregistrement à l'entrée : 3o juillet après-midi. Un exemplaire du déchiffrement a été immédiatement envoyé à l'Etat-Major général.

(3) 28 juillet.

pas le commandant en chef, ni le Quartier général. On parle
comme commandant en chef de l'armée de Misitch, Stephan
Stephanowitch, Bojowitch, Popowitch.

Böhm.
Griesinger.

N° 417

Le Prince Henry de Prusse au Roi d'Angleterre (1).

Télégramme (sans numéro).

Berlin, le 30 juillet 1914 (2).

His Majesty the King, Buckingham Palace London.

Am here since yesterday, have informed William of what
you kindly told me at Buckingham Palace last Sunday who
gratefully received your message.

William, much preoccupied, is trying his utmost to fulfill
Nicky's appeal to him to work for maintenance of peace and
is in constant telegraphic communication with Nicky who to-
day confirms news that military measures have been ordered
by him equal to mobilisation, measures which have been
taken already five days ago.

We are furthermore informed that France is making military preparations, whereas we have taken no measures, but
may be forced to do so any moment, should our neighbours
continue which then would mean a European war.

If you really and earnestly wish to prevent this terrible
disaster, may I suggest you using your influence on France
and also Russia to keep neutral, which seems to me would
be most useful.

This I consider a very good, perhaps the only chance to
maintain the peace of Europe.

---

(1) Cf. Livre Blanc allemand de mai 1915, p. 44 ; voir aussi n° 452.

(2) Ce télégramme écrit sur une formule et signé de la main du Prince
Henry a été soumis à l'Empereur qui y a fait l'annotation suivante : « Lu.
G. 30 vii. 14. 12 h 15 min. » Le télégramme a été ensuite envoyé au Chancelier de l'Empire qui a ordonné son envoi immédiat en clair ; télégramme
2 h. 15 après-midi à l'Office central télégraphique.

I may add that now more than ever Germany and England should lend each other mutual help to prevent a terrible catastrophy, which otherwise seems unavoidable.

Believe me that William is most sincere in his endeavours to maintain peace, but that the military preparations of his two neighbours may at last force him to follow their example for the safety of his own country which otherwise would remain defenceless.

I have informed William of my telegram to you and hope you will receive my informations in the same spirit of friendship which suggested them.

HENRY.

Traduction.

Sa Majesté le Roi, Palais de Buckingham, Londres.

Je suis ici depuis hier; j'ai informé Guillaume de ce que Tu as bien voulu me dire au Palais de Buckingham dimanche dernier, et il a reçu Ton message avec reconnaissance.

Guillaume, très préoccupé, fait tout ce qu'il peut pour satisfaire à l'appel que lui a adressé Nicky à l'effet de travailler au maintien de la paix et est en communication constante avec Nicky qui aujourd'hui confirme qu'il a ordonné des mesures militaires équivalentes à la mobilisation, mesures qui ont déjà été prises cinq jours auparavant.

Nous sommes d'autre part informés que la France fait des préparatifs militaires, alors que nous n'avons pris aucunes mesures mais que nous pouvons être forcés de le faire à tout moment, si nos voisins continuent, ce qui signifiera alors une guerre européenne.

Si Tu désires réellement et sérieusement éviter ce terrible désastre, puis-je Te suggérer d'user de Ton influence sur la France et aussi sur la Russie pour que ces puissances restent neutres; c'est ce qu'il y aurait, à mon avis, de plus utile?

Je considère que ce serait une bonne chance, peut-être la seule chance, de maintenir la paix en Europe.

Je puis ajouter que maintenant plus que jamais l'Allemagne et l'Angleterre devraient se prêter une aide mutuelle pour empêcher une terrible catastrophe, qui autrement paraît inévitable.

Crois-moi, Guillaume est très sincère dans ses efforts pour maintenir la paix, mais les préparatifs militaires de ses deux voisins pourraient à la fin le contraindre à suivre leur exemple pour la sécurité de son propre pays, qui autrement resterait sans défense.

J'ai fait part à Guillaume du télégramme que je T'adresse, et j'espère que Tu recevras mes informations dans le même esprit d'amitié que celui qui les a inspirées.

HENRY.

N° 418
L'Ambassadeur à Londres
au Ministère des Affaires Etrangères (1).

Télégramme 183.

Londres, le 30 juillet 1914 (2).

J'ai immédiatement informé Sir E. Grey par lettre (3). Je considère Berlin comme plus propre que Londres à une médiation pour amener une entente entre Vienne et Péters-bourg, vu que Sir E. Grey est moins au courant de toute la question et possède moins d'influence à Vienne, et que je crains qu'ici les négociations ne traînent en longueur, notam-ment s'il devait y avoir une conférence d'ambassadeurs. Le comte Mensdorff est aussi trop craintif, sans influence à Vienne et sans initiative. C'est pourquoi les suggestions de Grey pourraient servir de base.

LICHNOWSKY.

---

(1) D'après le déchiffrement.
(2) Remis à Londres 11 h. 43 matin, parvenu au Ministère des Affaires Etrangères 3 h. 10 après-midi. Timbre d'enregistrement à l'entrée : 30 juillet après-midi.
(3) Voir n° 393.

N° 419
L'Ambassadeur à Rome
au Ministère des Affaires Etrangères (1).

Télégramme 154.

Rome, le 30 juillet 1914 (2).

Ainsi que le sait Votre Excellence le marquis de San Giu-liano ne fait pas mystère qu'il considère l'action de l'Autri-che contre la Serbie comme une guerre offensive, et qu'en

---

(1) D'après le déchiffrement.
(2) Remis à Rome 11 h 45 matin, parvenu au Ministère des Affaires Etrangères 3 h. 10 après-midi. Timbre d'enregistrement à l'entrée : 30 juillet après-midi.

conséquence l'Italie d'après le traité de la Triple Alliance n'est pas obligée à prendre part à une guerre générale qui pourrait résulter de cette guerre. La violation de l'article vii du Traité de la Triple Alliance déliait également l'Italie de ses obligations d'alliance. Comme je combattais ce point de vue il répondit toujours avec ténacité : « Je ne dis pas que l'Italie ne *prendra pas* finalement part à la guerre, je ne fais que constater qu'elle n'y *est pas obligée* ». Il devient de plus en plus clair que l'intention italienne est de profiter de cette occasion pour obtenir quelque chose pour l'Italie. Il convient en conséquence d'examiner si, vu la situation actuelle, il ne serait pas d'une bonne politique de lui offrir la perspective d'un avantage. Toutes les déductions italiennes relatives à l'article vii du Traité de la Triple Alliance ne sont faites que dans ce but. C'est à l'Autriche qu'incombe la décision. Malheureusement l'ambassadeur d'Autriche se prononce violemment contre toute concession à l'Italie et il a eu hier une discussion aigre avec le marquis de San Giuliano (3).

FLOTOW.

---

(3) Cf. N°s 363 et 428.

N° 420

L'Empereur au Tsar (1).

Télégramme (sans numéro).

Berlin, le 30 juillet 1914 (2).

Best thanks for telegram (3). It is quite out of the question that my ambassadors language could have been in contra-

---

(1) D'après la *minute écrite par l'Empereur.* Cf. Livre Blanc allemand de mai 1915, page 22. Voir n° 408.

(2) La minute écrite par l'Empereur est parvenue au Chancelier de l'Empire qui, après en avoir pris connaissance, a ordonné l'envoi immédiat en clair du *télégramme impérial* au Tsar au Palais de Péterhof. Il a avisé télégraphiquement l'Empereur de la transmission au Tsar et a communiqué le texte du télégramme de l'Empereur au Tsar à l'ambassadeur à Pétersbourg : télégramme de l'Empereur au Tsar et télégramme du Chancelier à l'Empereur 3 h. 30 après-midi, télégramme (148) à Pourtalès 5 h. 30 après-midi à l'Office central télégraphique.

(3) Voir n°s 360 et 390.

diction with the tenor of my telegram. Count Pourtalès was
instructed to draw the attention of your government to the
danger and grave consequences involved by a mobilisation;
I said the same in my telegram to you. Austria has only
mobilised against *Servia* and only a *part* of her army. If, as
it is now the case, according to the communication by you
and your Government, Russia mobilises against Austria, my
rôle as mediator you kindly intrusted me with, and which
I accepted at you[r] express prayer, will be endangered if not
ruined. The whole weight of the decision lies solely on
you[r] shoulders now, who have to bear the responsibility for
Peace or War.

WILLY.

Traduction.

Mes meilleurs remerciements pour Ton télégramme. Il est impossible que
le langage de mon ambassadeur ait été en contradiction avec le texte de
mon télégramme. Le comte Pourtalès était chargé d'attirer l'attention de
Ton Gouvernement sur les dangers et les graves conséquences qui pourraient résulter d'une mobilisation ; c'est exactement ce que je T'ai dit dans
mon télégramme. L'Autriche n'a mobilisé que contre la *Serbie* et seulement
une *partie* de son armée. Si, comme c'est le cas actuellement, d'après la
communication adressée par Toi et Ton Gouvernement, la Russie mobilise
contre l'Autriche, le rôle de médiateur que Tu as bien voulu me confier et
que j'ai accepté sur Ta demande expresse, sera compromis sinon rendu
impossible. C'est sur Toi que pèse actuellement tout le poids de la décision ;
c'est Toi qui as à supporter la responsabilité de la guerre ou de la paix.

N° 421

L'Ambassadeur à Pétersbourg
au Ministère des Affaires Etrangères (1).

Télégramme 192.

Pétersbourg, le 30 juillet 1914 (2).

Je viens de causer avec Sasonow conformément aux ins-

---

(1) D'après le déchiffrement.

(2) Remis à Pétersbourg 1 h. 1 après-midi, parvenu au Ministère des
Affaires Etrangères 3 h. 32 après-midi. Annotation marginale de la main du
Chancelier de l'Empire du 30 juillet : « Quels sont les points de l'ultimatum
autrichien que la Serbie a rejetés ? Autant que je puis le savoir, seulement
la participation de fonctionnaires autrichiens aux débats judiciaires. L'Autri-

tructions du télégramme n° 139 (3). Le Ministre m'a renouvelé sa déclaration de ce soir (4) d'après laquelle l'assurance de désintéressement territorial de l'Autriche-Hongrie ne pouvait suffire à la Russie. Il ne pouvait soutenir une autre politique sans mettre la vie du Tsar en danger. J'ai prié Sasonow, tout en le prévenant qu'à mon sens il n'y avait aucune chance que ses désirs fussent réalisés par l'Autriche, de me les formuler encore une fois par écrit, sans perdre de vue que s'il y avait encore quelque perspective d'une solution pacifique, il serait absolument obligé d'accepter un compromis quelconque. Le Ministre écrivit alors ce qui suit :

« Si l'Autriche déclare qu'en reconnaissant que son conflit avec la Serbie a assumé le caractère d'une question d'intérêt européen, se déclare prête à éliminer de son ultimatum les points qui portent atteinte aux droits souverains de la Serbie, la Russie s'engage à cesser tous préparatifs militaires (5). »

Même si ces exigences ne paraissaient guère acceptables, il y a lieu toutefois de remarquer que la note de Sasonow ne contient pas un mot exigeant l'arrêt immédiat de l'expédition punitive autrichienne. Mais le Ministre ne voulut pas accueillir ma proposition d'après laquelle la Russie pourrait peut-être se déclarer satisfaite si l'Autriche donnait certaines assurances dans le sens désiré lors de la *conclusion de la paix.*

POURTALÈS.

---

che pourrait renoncer à cette participation à la condition que jusqu'à la fin des débats judiciaires elle occupât des portions du territoire serbe avec ses troupes. » Au-dessous la note de Zimmermann communiqué verbalement.

(3) Voir n° 380.

(4) Voir n° 412.

(5) *Le texte concorde avec le fac-similé reproduit par le comte Pourtalès dans son ouvrage « Am Schweidewege zwischen Krieg und Frieden »* p. 52. Voir aussi n° 469, 2° paragraphe.

N° 422
Le Consul Général à Varsovie
au Chancelier de l'Empire (1).

Varsovie, le 29 juillet 1914 (2).

La Russie se trouve déjà en pleins préparatifs de guerre. D'après ce qu'on a appris jusqu'ici, il semble assez clair que la Pologne, conformément à l'ancien plan, sera évacuée par les troupes russes, même les fortifications de Nowogeorgiewsk et de Segrsche qui ont été construites avec tant de hâte, et celles de Pultusk et d'Ostrolenka. Les troupes qui doivent opérer contre l'Allemagne se rassemblent entre Lomscha et Kowno le long du Niemen, pendant que les troupes destinées à agir contre l'Autriche se rassemblent à Lublin et à Kowel. En outre, il y a une concentration de troupes dans le camp de Skierniewitche, apparemment comme couverture des troupes échelonnées le long des lignes conduisant vers l'Allemagne. La ligne de Kalisch et celle de Varsovie-Vienne sont entièrement occupées par de l'infanterie et des sapeurs qui placent des mines sous le ballast de la voie. Selon toute apparence toutes les lignes conduisant dans l'intérieur doivent être détruites.

Les autres lignes se trouvent aussi sous la direction militaire; les employés de chemin de fer ont dû s'engager par écrit à ne pas abandonner leur poste. La ligne de la Vistule doit être mobilisée demain et la circulation des marchandises sur cette ligne sera complètement interrompue.

Les vivres de l'Intendance sont déjà complètement emballés et doivent partir pour Smolensk. Les femmes des officiers sont pour la plupart parties hier.

La Banque d'Empire à peu d'exceptions près a arrêté l'escompte des traites privées émises sur la Pologne; seules

---

(1) D'après l'expédition.

(2) Timbre d'enregistrement à l'entrée du Ministère des Affaires Etrangères : 3o juillet après-midi. Le rapport a été transmis le 3ı juillet avec prière de renvoi à l'Etat-Major général, qui a noté le 1ᵉʳ août qu'il en avait pris connaissance, et il a été retourné le 2 août au Ministère.

les traites des banques et de quelques grands établissements
sont encore acceptées. Si cette mesure trouve quelque justification en raison de l'élément juif sans scrupules qui
cherche à faire de l'argent par tous les moyens, il y a lieu
toutefois de prévoir un effondrement complet du commerce
local. Déjà on se trouve en présence de nombreux refus de
paiements. Déjà un grand négociant en fer qui est estimé
environ trois millions a déclaré au Syndicat des fers « Pro-
dameta » qu'il annulait toutes les commandes, et qu'il ne
paierait pas.

Bruck.

N° 423
Le Secrétaire d'État des Affaires Étrangères à une série de représentants diplomatiques allemands à l'étranger (1).

Confidentiel   Berlin, le 30 juillet 1914 (2).

Les faits que le Gouvernement austro-hongrois a fait connaître dans la note qu'il a adressée au Gouvernement serbe
font disparaître les derniers doutes. L'attentat dont ont été
victimes le successeur au trône austro-hongrois et son épouse
a été préparé en Serbie, tout au moins avec la connivence
de membres du Gouvernement et de l'armée serbes. C'est le
résultat des menées panserbes qui depuis un grand nombre
d'années sont devenues une source d'inquiétudes constantes

(1) D'après la dépêche au chargé d'affaires à Tanger se trouvant aux
Archives, envoyée à Tanger le 1er août, mais renvoyée le 17 août comme
n'ayant pu être remise. Cf. Livre Blanc allemand de mai 1915, p. 25, n° 2.

(2) La dépêche a été envoyée le 30 juillet à Rome (ambassade), Bruxelles
La Haye, Sofia et Mexico, le 31 juillet à Constantinople, Madrid, Washington, Athènes, Berne, Bucarest, Copenhague, Christiania, Lisbonne. Luxembourg, Stockholm, Bogota, Caracas, la Havane, Lima, Port-au-Prince,
Santiago, La Paz, Téhéran, Bangkok et Le Caire. L'exemplaire de la circulaire destiné au Guatemala est parti le 11 août pour Washington. Au sujet
du contenu de la circulaire comparer n° 100.

pour la Monarchie austro-hongroise et pour toute l'Europe.

Le chauvinisme panserbe s'est manifesté d'une manière particulièrement marquée pendant la crise bosniaque. Ce n'est qu'au grand sang-froid et à la modération du Gouvernement austro-hongrois ainsi qu'à l'intervention énergique des grandes puissances que l'on peut attribuer le fait que les provocations auxquelles l'Autriche était à cette époque exposée de la part de la Serbie n'ont pas abouti à un conflit. Les assurances de bonne conduite pour l'avenir qu'a données alors le Gouvernement serbe n'ont pas été tenues. Sous les yeux, ou tout au moins avec la tolérance tacite de la Serbie officielle, la propagande panserbe n'a cessé de s'accroître et de s'intensifier. Ni la dignité ni le droit de conservation du Gouvernement austro-hongrois ne permettent d'observer plus longtemps une attitude passive en présence des menées de l'autre côté de sa frontière qui menacent d'une façon permanente sa sécurité et l'intégrité de son territoire. Dans ces conditions l'attitude ainsi que les exigences du Gouvernement austro-hongrois doivent être considérées comme justifiées.

La réponse du Gouvernement serbe aux conditions que lui a fait poser le 23 de ce mois le Gouvernement austro-hongrois par son représentant à Belgrade permet de constater que les facteurs dirigeants de la Serbie ne sont pas résolus à renoncer à la politique qu'ils ont suivie jusqu'ici et à leur activité agitatrice. En conséquence il ne reste au Gouvernement austro-hongrois s'il ne veut pas abdiquer définitivement sa situation de grande puissance qu'à assurer l'exécution de ses conditions par une forte pression et au besoin en recourant à des mesures militaires.

Certains organes russes considèrent comme un droit naturel et comme la mission de la Russie de prendre activement parti pour la Serbie dans le conflit entre l'Autriche-Hongrie et la Serbie. La « Nowoje Wremja » croit même devoir rendre l'Allemagne responsable d'une conflagration européenne qui pourrait résulter d'une pareille démarche de la Russie si elle ne déterminait pas l'Autriche-Hongrie à céder. La presse russe intervertit les rôles. Ce n'est pas l'Autriche-Hongrie qui a provoqué le conflit avec la Serbie, mais c'est la Serbie qui en favorisant sans scrupules les aspirations panserbes même dans des provinces de la Monarchie austro-hongroise a mis en danger son existence et a créé la situation qui a abouti comme résultat final à l'attentat criminel de Sarajevo. Si la Russie croit devoir intervenir dans le conflit en faveur de la Serbie, c'est évidemment son droit. Mais elle doit avoir conscience qu'elle ferait ainsi siennes les menées serbes tendant à miner les conditions d'existence de la Monarchie austro-hongroise et qu'elle supporterait seule la responsabilité d'une guerre européenne qui surgirait du conflit austroserbe que toutes les autres grandes puissances désirent localiser. Cette responsabilité de la Russie est clairement établie et pèse d'autant plus lourdement sur elle que le comte Berchtold a déclaré officiellement à la Russie qu'il n'avait l'intention ni d'annexer des portions du territoire serbe, ni de porter atteinte à l'intégrité du royaume de Serbie, mais seulement d'obtenir la tranquillité devant les menées serbes menaçant l'existence de l'Autriche.

L'attitude du Gouvernement impérial dans cette question est nettement tracée. L'agitation dirigée par les panslavistes contre l'Autriche-Hongrie se propose comme but final la destruction de la Monarchie du Danube, l'anéantissement ou l'affaiblissement de la Triple Alliance et par voie de conséquence un entier isolement de l'Empire allemand. Nos propres intérêts en conséquence nous appellent aux côtés de l'Autriche-Hongrie. Le devoir de préserver si possible l'Europe d'une guerre générale nous conseille en même temps d'appuyer les efforts visant à la localisation du conflit, fidèles en cela aux lignes directrices de la politique que nous avons poursuivie avec succès depuis près de quarante-quatre ans dans l'intérêt du maintien de la paix européenne. Si toutefois contre notre espoir une intervention de la Russie propageait le foyer d'incendie, nous devrions conformément à nos obligations d'alliance soutenir la Monarchie voisine avec toutes les forces de l'Empire.

Je vous prie de vous servir des considérations qui précèdent pour régler votre attitude.

v. Jagow.

N° 424
Le Grand Etat-Major général
au Ministère des Affaires Etrangères (1).

Information de l'attaché militaire à Paris, à 9 h. 1/2 matin.

Hier au soir et aujourd'hui le calme régne à Paris. L'information de Janensch et l'impression d'ici confirment la nouvelle déjà annoncée le 29 juillet après-midi que les mesures militaires semblent provisoirement terminées et qu'elles ne s'accroissent pas. La surveillance des travaux d'art diffère d'intensité suivant les prescriptions des autorités locales, mais elle est particulièrement forte à Paris et autour de Paris, apparemment par crainte de sabotage. A Paris les réservistes n'ont pas été appelés. Les régiments de cuirassiers sont dans les casernes. La circulation des marchandises continue au moins en partie. La réponse faite hier par Viviani à l'ambassadeur semble exacte dans l'ensemble. Les déclarations du lieutenant-colonel Dupont du 28 juillet (2) sont probablement des vantardises.

v. Griesheim

Pour copie conforme
von Bartenwerffer, Major.

---

(1) L'État-Major général a transmis copie de l'information de l'attaché militaire à Paris. Timbre d'enregistrement à l'entrée du Ministère des Affaires Etrangères : 3o juillet après-midi.

(2) On vise probablement les déclarations faites au n° 372 (France, 2 à l'intérieur).

N° 425
Procès-verbal du Sous-Secrétaire d'Etat
des Affaires Etrangères (1).

Berlin, le 30 juillet 1914 (2).

Communication de l'ambassadeur d'Autriche-Hongrie.

Le comte Szapary a reçu des instructions sur le langage

---

(1) De la main de Zimmermann.

(2) Timbre d'enregistrement du Ministère des Affaires Etrangères : 3o juil-

à tenir à **M. Sasonow** qui peuvent se résumer ainsi qu'il suit. Vienne dans son action contre la Serbie ne se propose aucune acquisition territoriale et ne veut nullement anéantir (3) l'existence indépendante du Royaume. L'action de Vienne ne se dirige pas contre le monde serbe, mais contre la propagande subversive partant de Belgrade et menaçant Vienne.

La mobilisation des huit corps d'armée ne comporte naturellement aucune intention hostile contre la Russie, mais elle est naturelle vis-à-vis d'un adversaire comme la Serbie qui peut mettre en campagne 400.000 hommes.

Schebeko a été informé dans le même sens par le comte Berchtold. Vienne demande que le comte Pourtalès fasse des déclarations analogues à M. Sasonow.

ZIMMERMANN.

---

let après-midi. En marge l'annotation de la main de Zimmermann : « la demande de communication à Pétersbourg a été résolue par la décision A. 15239. Z.30/7. » Voir n° 433, note 2 et n° 444, note 2.

(3) « anéantir » a été rayé par Stumm et il a écrit au-dessus de sa main : « mettre en question. »

N° 426

Le Secrétaire d'Etat des Affaires Etrangères au Ministre à La Haye (2).

Très secret.   Berlin, le 30 juillet 1914 (2).

Je prie Votre Excellence de bien vouloir conserver scellée l'annexe (3) à ce pli et de ne l'ouvrir que sur instructions spéciales.

---

(1) D'après la minute. Projet de la main de Stumm écrit le 29 juillet.

(2) Transmis le 30 juillet avec un pli fermé en annexe par courrier de cabinet. Cf. n° 375.

(3) Copie de la dépêche de Jagow au ministre à Bruxelles du 29 juillet (n° 376). Dans le projet d'une communication au Gouvernement belge adressée par le chef d'Etat-Major de Moltke et écrite par lui (Voir n° 376, note 1) il y a, sous le projet, l'observation de la main de Moltke : « Copie pour le Gouvernement des Pays-Bas avec lettre de transmission (Annexe.) » L'annexe ajoutée par de Moltke et également écrite de sa main, était ainsi conçue: « Au Gouvernement néerlandais. Le Gouvernement allemand a l'honneur de donner au Gouvernement royal néerlandais dans l'annexe ci-

Je vous prie de m'accuser télégraphiquement réception de la présente dépêche (4).

JAGOW.

---

jointe connaissance d'un document qui a été adressé au Gouvernement royal belge. »

« En même temps le Gouvernement allemand déclare que dans la guerre actuelle on observera dans toute son étendue du côté allemand la neutralité des Pays-Bas. Si de la partie du sud de la province du Limbourg on annonçait des violations de frontière, le Gouvernement royal devrait être assuré qu'il ne s'agirait que d'erreurs de petits détachements que l'Allemagne réparerait aussitôt.

« Le Gouvernement impérial croit pouvoir espérer que le Royaume des Pays Bas conservera vis-à-vis de l'Allemagne une neutralité bienveillante et fortifiera ainsi les rapports amicaux et intimes des deux pays unis par la race et les liens du sang. » Au dessous une observation au crayon de la main de de Moltke : « A n'envoyer qu'après la réception de la réponse de la Belgique. v. M. »

(4) L'accusé de réception télégraphique du ministre à La Haye est parvenu à l'Office central télégraphique de Berlin le 31 juillet 9 h. 10 soir, remis au Ministère des Affaires Etrangères 10 h. 10 soir.

N° 427

L'Ambassade d'Autriche-Hongrie au Ministére des Affaires Etrangères (1).

Berlin, le 30 juillet 1914 (2).

Note.

Le comte Berchtold vient de recevoir de M. de Tschirschky une communication d'après laquelle il aurait appris de l'ambassadeur de Russie que les districts militaires de Kiew, Odessa, Moscou et Kazan étaient mobilisés. La Russie se sent humiliée dans son honneur de grande puissance et est obligée de prendre des mesures répondant à la situation. Nos commandants de corps de Galicie confirment la mobilisation russe, et celle-ci, ainsi que l'annonce l'attaché militaire

---

(1) D'après une expédition non signée.

(2) Timbre d'enregistrement à l'entrée du Ministère des Affaires Etrangères : 30 juillet après-midi.

impérial et royal n'a plus été niée par M. Sasonow dans ses conversations avec l'ambassadeur impérial d'Allemagne.

Le comte Berchtold, qui a chargé l'ambassade impériale et royale de porter ce qui précède à la connaissance du Gouvernement impérial allemand, ajoute que si les mesures militaires russes ne sont pas immédiatement arrêtées, notre mobilisation générale doit intervenir immédiatement pour des raisons militaires.

Le Gouvernement impérial et royal considère comme désirable une dernière tentative à l'effet d'arrêter une guerre européenne. Notre représentant et le représentant impérial allemand à Pétersbourg, et éventuellement à Paris, devraient recevoir immédiatement comme instructions de déclarer d'une manière amicale aux Gouvernements de ces pays que la continuation de la mobilisation russe devrait être suivie en Allemagne et en Autriche de contre-mesures qui entraîneraient inévitablement de graves conséquences.

Naturellement le Gouvernement impérial et royal ne se laissera pas arrêter dans ses opérations militaires contre la Serbie.

On donnera comme instructions aux ambassadeurs impériaux et royaux à Pétersbourg et à Paris de faire la déclaration précitée dès que leurs collègues allemands auront reçu les instructions analogues (3).

Le Gouvernement impérial et royal croit devoir abandonner au Gouvernement allemand le soin d'apprécier s'il y a lieu d'informer l'Italie de cette démarche. L'ambassadeur impérial et royal à Rome a reçu pour tous les cas une copie de nos instructions à ce sujet, pour pouvoir, dès que l'ambassadeur impérial d'Allemagne aura reçu des instructions de même nature, en informer le Gouvernement italien.

----

(3) Voir n° 429.

N° 428
L'Ambassade d'Autriche-Hongrie
au Ministère des Affaires Etrangères (1).

Berlin, le 30 juillet 1914 (2).

Note.

Extrait d'une instruction du comte Berchtold à M. de Mérey à Rome, du 28 juillet :

« J'ai répondu à l'ambassadeur d'Italie que notre conflit avec la Serbie ne concernait qu'elle et nous, que nous ne songions à aucune acquisition territoriale, et qu'il n'était pas question en conséquence d'une occupation du territoire serbe.

« Sur le désir du duc d'Avarna, d'obtenir à ce sujet une déclaration nous engageant, j'ai déclaré que cela n'était pas possible parce que naturellement on ne pouvait pas prévoir si, contre notre volonté, par suite du cours des opérations, nous ne nous verrions pas obligés de maintenir l'occupation du territoire serbe. Si les choses suivaient un cours normal, il n'y aurait pas lieu de s'y attendre car nous n'avions absolument aucun intérêt à augmenter le nombre de nos sujets serbes.

« Je prie Votre Excellence d'en informer le marquis de San Giuliano et au sujet des prétentions aux compensations fondées sur l'article VII du Traité de la Triple Alliance de faire remarquer ce qui suit :

« Comme je l'ai déjà déclaré au duc d'Avarna, l'acquisition de territoires serbes n'est pas du tout dans nos intentions, mais si nous nous voyions contraints de procéder à une occupation du territoire serbe, n'offrant pas seulement un caractère passager, nous serions prêts, dans ce cas, à entrer dans un échange de vues avec l'Italie au sujet d'une compensation.

« D'autre part, nous devons attendre de l'Italie qu'elle n'empêche pas l'action de son alliée, mais qu'elle conserve

---

(1) D'après une expédition non signée.
(2) Timbre d'enregistrement à l'entrée du Ministère des Affaires Etrangères : 3o juillet après-midi.

vis-à-vis de nous l'attitude amicale et conforme à l'Alliance dont elle nous a fait entrevoir la perspective.

« Pour l'information personnelle de Votre Excellence j'ajoute que je me suis décidé à cette démarche de conciliation parce qu'il s'agit actuellement d'une grande partie, présentant de grosses difficultés et qu'il serait impossible de jouer sans la ferme cohésion des Puissances de la Triplice.

« Vous pourrez utiliser ce qui précède dans vos conversations avec votre collègue de la Triple Alliance. »

Le comte Berchtold qui a chargé l'ambassade impériale et royale de porter ce qui précède à la connaissance du Gouvernement impérial allemand, a l'impression que dans bien des milieux en Italie on songe à des compensations aux dépens de nos territoires de population italienne, spécialement du Trentin.

Le comte Berchtold à ce sujet déclare expressément que la question du démembrement d'une partie de la Monarchie ne saurait faire l'objet d'une discussion possible (3).

____

(3) Cf. n° 419.

N° 429
Procès-verbal du Secrétaire d'Etat
des Affaires Etrangères pour le Chancelier (1).

Berlin, le 30 juillet 1914 (2).

L'ambassadeur d'Autriche m'informe, conformément aux instructions de son Gouvernement, que si les mesures de mobilisation russe ne sont pas immédiatement arrêtées,

____

(1) Ecrit de la main de Jagow.

(2) Timbre d'enregistrement à l'entrée du Ministère des Affaires Etrangères : 30 juillet après-midi. En marge l'annotation de la main de Jagow : « J'ai informé le comte Szögyény que nous ne pouvions pas participer à la démarche à Pétersbourg, car ces jours derniers nous avons déjà fait une communication amicale dans ce sens et que nous ne pouvons pas répéter notre démarche. Un renouvellement de notre démarche ne pourrait de notre part être qu'un ultimatum. L'Autriche devrait faire seule cette démarche. »

(3) Voir n° 427.

l'Autriche-Hongrie devra immédiatement procéder à la mobilisation générale. Comme dernière démarche en vue de maintenir la paix européenne, le comte Berchtold propose que les représentants allemands et autrichiens, à Pétersbourg et éventuellement à Paris, reçoivent pour instructions de déclarer d'une manière amicale que la continuation de la mobilisation russe aura pour conséquence des contre-mesures en Allemagne et en Autriche-Hongrie qui pourraient entraîner de graves conséquences. *Les ambassadeurs impériaux et royaux à Pétersbourg et à Paris ont reçu pour instruction de faire cette déclaration aussitôt que leurs collègues allemands auront reçu des instructions dans ce sens.*

Le comte Berchtold demande si l'Italie doit en être informée (4). J'ai répondu au *comte* Szögyény *qu'il* fallait d'abord que j'en parle à Votre Excellence avant de lui donner une réponse à ce sujet.

J[AGOW].

----

(4) Voir n° 442.

N° 430

**L'Ambassadeur à Paris
au Ministère des Affaires Etrangères (1).**

Télégramme 231.

Paris, le 30 juillet 1914 (2).

Le ton de la presse d'ici est aujourd'hui confiant vu la conviction qu'en cas de guerre on peut certainement compter sur l'assistance anglaise. Delcassé aurait déclaré que la flotte anglaise pourrait affamer l'Allemagne. La presse pense que les chances de paix consistent essentiellement dans le fait que, vu la ferme cohésion de la Triple Entente, la guerre est pour l'Allemagne un jeu trop risqué.

SCHOEN.

----

(1) *D'après le déchiffrement.*

(2) Remis à Paris 1 h. après-midi, parvenu au Ministère des Affaires Etrangères 4 h. 35 après-midi. Timbre d'enregistrement à l'entrée : 30 juillet après-midi. Communiqué le 30 juillet à l'Etat-Major de la Marine conformément à une décision marginale de Jagow, transmis par messager 9 h. 15 soir.

N° 431
Le Secrétaire d'Etat des Affaires Etrangères
à l'Ambassadeur à Constantinople (1).

Télégramme 284.

Berlin, le 30 juillet 1914 (2).

J'approuve la communication au marquis Pallavicini à titre strictement confidentiel, aussitôt que Votre Excellence, dans ses négociations avec le Grand-Vizir, aura acquis la conviction que la Turquie accepte les points essentiels du projet esquissé (3).

JAGOW.

_____

(1) D'après la minute. Projet de la main de Zimmermann.
(2) 4 h. 45 après-midi à l'Office central télégraphique.
(3) Voir n° 398.

N° 432
L'Ambassadeur à Vienne
au Ministère des Affaires Etrangères (1).

Télégramme 136.

Vienne, le 30 juillet 1914 (2).

Vos instructions sont exécutées (3). Le comte Berchtold a déclaré à de Bunsen qu'il ne rejetait que la discussion du conflit austro-serbe avec la Russie, mais que comme je vous en ai informé, il était prêt à discuter avec la Russie toutes les questions touchant directement l'Autriche et la Russie.

C'est par erreur que l'on considère que l'acceptation des articles 5 et 6 de la note autrichienne équivaudrait à son acceptation en entier, car la Serbie a fait des réserves sur divers autres points. L'acceptation intégrale des exigences de la note était considérée comme suffisante aussi longtemps que la solution pacifique du conflit entre la Serbie et la

_____

(1) D'après le déchiffrement.
(2) Remis à Vienne 3 h. 20 après-midi, parvenu au Ministère des Affaires Etrangères 5 h. 20 après-midi. Timbre d'enregistrement à l'entrée : 30 juillet après-midi.
(3) Voir n° 384.

Monarchie était encore en question. Maintenant, depuis qu'a
surgi l'état de guerre, les conditions de l'Autriche devraient
naturellement être différentes.

TSCHIRSCHKY.

N° 433
L'Ambassadeur à Vienne
au Ministère des Affaires Etrangères (1).

Télégramme 135.

Vienne, le 30 juillet 1914 (2).

En raison des armements colossaux et publics de la Russie, tout cela est, je le crains, trop tardif.

maintenant seulement!

bien

Berchtold et le comte Forgach (3)
m'ont prié de vous communiquer ce qui
suit : Conformément à notre suggestion (4) d'hier, qu'on a reçue avec reconnaissance, on a adressé au comte Szapary
des instructions lui prescrivant de *com-
mencer* la conversation avec M. Sasonow.
Le comte Szapary est autorisé à commen-
ter au Ministre russe la note à la Serbie,
qui évidemment n'est plus de saison vu
l'état de guerre, et à accueillir toute suggestion qui serait présentée du côté russe,
ainsi qu'à discuter avec Sasonow toutes
les questions ayant trait directement aux
relations austro-russes (5).

(1) D'après le déchiffrement.

(2) Remis à Vienne 2 h. 3o après-midi, parvenu au Ministère des Affaires Etrangères 5 h. 25 après-midi. Timbre d'enregistrement à l'entrée:
3o juillet après-midi. Soumis à l'Empereur et rendu par lui au Ministère
le 31 juillet. Jagow et Zimmermann ont pris connaissance des annotations
marginales de l'Empereur le 31 juillet et le Chancelier le 1er août. Le télégramme de Tschirschky a été communiqué aux ambassadeurs à Londres et
à Pétersbourg le 3o juillet après quelques petites modifications, 9 h. 5o soir
à l'Office central télégraphique. Voir n° 444 et la note 3.

(3) Jagow dans la communication du télégramme à Pétersbourg et à
Londres a supprimé les mots : « et le comte Forgach. »

(4) Voir n°˙ 323 et 377. Voir aussi n° 396.

(5) Cf. aussi n° 448 qui est la réponse au n° 396.

Si le Gouvernement russe croyait que la mise sur pied de huit corps d'armée était une mesure militaire trop considérable pour la campagne contre la Serbie, le comte Szapary est chargé de dire, au cas où Sasonow en parlerait, que ces effectifs répondent aux conceptions militaires d'ici vis-à-vis d'une armée serbe de 400.000 hommes.

Le comte Berchtold mandera aujourd'hui Schebeko auprès de lui et lui parlera dans le même sens. En outre le Ministre dira à l'ambassadeur de Russie — et le comte Berchtold en ma présence a pris note des points suivants — que la Monarchie n'avait aucune intention d'opérer des annexions territoriales en Serbie, et qu'après la *conclusion de la paix* elle se proposait exclusivement une occupation temporaire du territoire serbe pour forcer le Gouvernement serbe à exécuter entièrement ses exigences et le contraindre à lui *procurer des garanties* d'une bonne attitude future. Au fur et à mesure que la Serbie accomplirait les conditions de paix suivrait l'évacuation du territoire serbe par la Monarchie.

TSCHIRSCHKY.

quand aura-t-elle lieu?

Gage

C'est à peu près mon projet accepté et adopté tel que je l'ai télégraphié au Tsar comme mon opinion.

bon

N° 434
L'Ambassadeur à Vienne
au Ministère des Affaires Etrangères (1).

Télégramme 137.

Vienne, le 30 juillet 1914 (2).

Vos instructions ont été consciencieusement exécutées (3). Le comte Berchtold après avoir pris les ordres de l'Empereur François-Joseph donnera immédiatement une réponse (4).

TSCHIRSCHKY.

---

(1) D'après le déchiffrement.
(2) Remis à Vienne 5 h. 20 après-midi, parvenu au Ministère des Affaires Etrangères 5 h. 56 après-midi. Timbre d'enregistrement à l'entrée : 30 juillet après-midi.
(3) Voir n° 395.
(4) Voir n° 437, 440, 441, 450, 464, 465, 468 et 482.

N° 435
L'Ambassadeur à Londres
au Ministère des Affaires Etrangères (1).

Télégramme 184.

Londres, le 30 juillet 1914 (2).

Je viens de causer avec Sir E. Grey dans le sens ci-dessus (3). Il me dit qu'il pouvait m'assurer que la France usait de toute son influence à Pétersbourg dans le sens d'une solution pacifique. D'après les nouvelles reçues ici on n'aurait procédé jusqu'ici qu'à la convocation des militaires en permission à la frontière allemande. Il n'y avait pas eu de

---

(1) D'après le déchiffrement.
(2) Remis à Londres 4 h. 41 après-midi, parvenu au Ministère des Affaires Etrangères 5 h. 56 après-midi. Timbre d'enregistrement à l'entrée : 30 juillet après-midi. Communiqué à l'Etat-Major général et à l'Etat-Major de la Marine, au Ministère de la Guerre et au Ministère de la Marine après quelques légères modifications et en supprimant les phrases : « Il en parlera d'ailleurs... communiquer le résultat » et « Il aurait dit... le renouvellement de pareilles crises. » Expédié le 31 juillet 1 h. 45 matin.
(3) Voir n° 409.

véritables préparatifs de guerre comme l'appel des réservistes. Il en parlera d'ailleurs cet après-midi à Cambon et m'a encore une fois prié de venir auprès de lui pour me communiquer le résultat.

En ce qui concerne les armements russes il essaiera d'agir dans le sens désiré par l'entremise du comte Benckendorff.

Le Ministre a le ferme espoir que l'action médiatrice de Votre Excellence réussira à amener une entente et il veut agir aussi à Pétersbourg dans le sens de sa proposition. Il aurait dit ce matin à un familier que si la coopération anglo-allemande réussissait cette fois à sauvegarder la paix, il croyait que nos rapports seraient affermis pour toujours, et qu'à l'avenir il réussirait, en exerçant son influence sur ses associés, à empêcher le renouvellement de pareilles crises.

LICHNOWSKY.

N° 436

**Le Chargé d'affaires à Athènes
au Ministère des Affaires Étrangères (1).**

Télégramme 223.

Athènes, le 30 juillet 1914 (2).

Le ministre de Bulgarie a remis ici aujourd'hui la déclaration officielle de la neutralité de la Bulgarie.

BASSEWITZ.

---

(1) D'après le déchiffrement.

(2) Remis à Athènes 2 h. après-midi, parvenu au Ministère des Affaires Étrangères 6 h. 43 après-midi. Timbre d'enregistrement à l'entrée : 3o juillet après-midi. Le déchiffrement a été soumis à l'Empereur qui par décision marginale en a ordonné la communication aux représentants à Vienne, Bucarest et Belgrade (Nisch) ; revenu le 31 au Ministère. Le télégramme de Bassewitz a été communiqué télégraphiquement le 1er août 10 h. 5 soir aux représentants à Vienne, Bucarest et Belgrade ; il avait déjà été communiqué télégraphiquement par Jagow le 3o juillet après-midi à la légation de Bucarest. Voir n° 453.

N° 437
L'Empereur à l'Empereur d'Autriche (1).

Télégramme (sans numéro).

Nouveau-Palais, le 30 juillet 1914 (2).

Je n'ai pas cru pouvoir rejeter la demande personnelle (3) du Tsar d'entreprendre une tentative de médiation pour empêcher une conflagration générale, et (4) maintenir la paix du monde, et hier et aujourd'hui j'ai fait soumettre des propositions à Ton Gouvernement par mon ambassadeur. Elles prévoient entre autres choses que l'Autriche après l'occupation de Belgrade ou d'autres localités fasse connaître ses conditions. Je Te serai sincèrement reconnaissant de me faire part le plus tôt possible de Ta décision (5).

Ton ami fidèle,
GUILLAUME.

----

(1) D'après la minute. Projet de la main de Jagow. Dans la copie de ce projet soumise à l'Empereur se trouvent des additions de la main de l'Empereur.

(2) Le Chancelier de l'Empire a envoyé le projet qu'on lui avait réclamé avec un rapport immédiat à l'Empereur et a proposé l'envoi direct du Nouveau Palais Dans l'expédition du rapport immédiat existant aux Archives se trouve l'annotation de la main de l'Empereur « N P. 3o juillet 1914, reçu 7 h. soir. Télégramme transmis à 7 h. 15 soir, G. ». Sur le projet de sa main l'annotation « Transmis le 3o juillet 1914 7 h. 15 min. soir. G. ».

(3) « personnelle » ajouté de la main de l'Empereur.

(4) « empêcher une conflagration générale et », ajouté par l'Empereur.

(5) Voir n°⁵ 3g5, 434, 44o, 441, 45o, 464, 465, 468 et 482.

N° 438
L'Ambassadeur à Londres
au Ministère des Affaires Etrangères (1).

Télégramme 187.

Londres, le 30 juillet 1914 (2).

Sir E. Grey vient de me dire que la flotte britannique est partie vers le nord le long de la côte orientale en se dirigeant

----

(1) D'après le déchiffrement.

(2) Remis à Londres 5 h. 48 après midi, parvenu au Ministère des Affaires Etrangères 8 h. 45 soir; timbre d'enregistrement à l'entrée : 3o juillet

vers les ports écossais. Le mot d'ordre « strained relations »
que le Foreign Office transmet avant tout ordre de mobilisation n'a pas encore été lancé (3). Tant que nous ne mobilise-
rons pas, les Français ne le feront pas, et l'Angleterre non
plus. Cambon lui a assuré que les Français ne faisaient pas
plus que nous ne faisions ; on se bornait à prendre quelques
mesures de précaution.

Lichnowsky.

après-midi. Communiqué à l'Etat-Major général, au Ministère de la Guerre,
à l'Etat Major de la Marine et au Ministère de la Marine, transmis par messager 31 juillet 12 h. 45 matin.

(3) Voir n° 484.

N° 439

**L'Ambassadeur à Londres
au Ministère des Affaires Etrangères** (1).

Télégramme 189.

Londres, le 30 juillet 1914 (2).

Sir E. Grey vient de me montrer le télégramme à Sir George
Buchanan (3), où il lui prescrit d'appuyer notre suggestion de
s'engager dans des conversations en vue d'une entente, au cas
où l'Autriche consentirait après l'occupation de certaines
localités frontières à arrêter les hostilités. Sur mon désir, il
n'est plus question de l'ultimatum autrichien, mais uniquement de négociations sur les charges et les obligations qu'on
imposerait à la Serbie. La réponse de Sasonow sur la trans-
formation de l'ultimatum, donnée au comte Pourtalès et communiquée ici par le comte Benckendorff, a été déclarée par
moi au Ministre inacceptable et j'ai considéré par suite
comme plus pratique de ne plus mentionner le mot ultimatum.

Le Ministre était parfaitement calme et ne paraissait pas
avoir encore renoncé à tout espoir.

Lichnowsky.

(1) D'après le déchiffrement.
(2) Remis à Londres 6 h. 10 après-midi, parvenu au Ministère des Affaires Etrangères 8 h. 45 soir ; timbre d'enregistrement à l'entrée : 30 juillet
après-midi.
(3) Voir n° 460.

N° 440

Le Chancelier de l'Empire à l'Empereur (1).

Télégramme (sans numéro).

Berlin, le 30 juillet 1914 (2).

La réponse de Vienne arrivera au plus tôt demain à midi vu que le comte Tisza n'arrive que demain matin à Vienne (3).

Votre fidèle sujet,

v. Bethmann Hollweg.

---

(1) Minute de la main du Chancelier de l'Empire. Sur un feuillet annexé se trouve l'annotation du chancelier de l'Empire du 3o juillet : « Il semble nécessaire que j'adresse à Sa Majesté le télégramme ci-annexé ? Si vous n'y voyez pas d'inconvénients je vous prie de le faire expédier ».

(2) 8 h. 55 soir à l'Office central télégraphique.

(3) Voir n°s 3g5, 434, 43y, 44i, 45o, 464, 465, 468 et 482. Pour le voyage de Tisza voir n° 465, par. 4

N° 441

Le Chancelier de l'Empire à l'Ambassadeur à Vienne (1).

Télégramme 200.

Urgent. Berlin, le 30 juillet 1914 (2).

Si Vienne, comme on peut l'admettre d'après la conversation téléphonique de Votre Excellence avec M. de Stumm, se refuse à toute concession, et rejette en particulier la dernière proposition de Grey, (télégramme n° 192) (3), il n'est plus guère possible de faire retomber sur la Russie la faute de la conflagration européenne qui éclaterait (4). Sa Majesté a, à la demande du Tsar, entrepris l'intervention à Vienne,

---

(1) D'après la minute de la main du Chancelier de l'Empire.

(2) Remis 9 h. soir à l'Office central télégraphique, parvenu à Vienne le 3i juillet 3 h. matin.

(3) Voir n° 3g5.

(4) Dans le projet du Chancelier, après les mots « qui éclaterait », suivait tout d'abord : « Il en résulterait pour nous vis-à-vis de notre propre nation une situation absolument intenable » ; le Chancelier a rayé cette phrase pour la reproduire plus bas sous la même forme.

parce qu'elle ne pouvait pas la décliner sans provoquer le soupçon irréfutable que nous voulons la guerre. La réussite de cette entreprise est toutefois rendue plus difficile (5) par le fait que la Russie a mobilisé contre l'Autriche. Nous en avons fait part aujourd'hui à l'Angleterre (6) en ajoutant que nous avions déjà suggéré sous une forme amicale à Pétersbourg et à Paris l'arrêt des mesures militaires russes et françaises, et que nous ne pourrions faire une nouvelle démarche dans ce sens que par un ultimatum qui signifierait la guerre. Nous avons en conséquence prié Sir E. Grey d'agir de son côté énergiquement dans ce sens à Paris et à Pétersbourg, et nous recevons à l'instant par Lichnowsky les assurances qu'il a données à ce sujet (7). Si l'Angleterre réussit dans ses efforts, alors que Vienne refuse tout, Vienne prouve qu'elle veut absolument la guerre dans laquelle nous sommes entraînés, alors que la Russie reste indemne de toute faute. Il en résulte pour nous vis-à-vis de notre propre nation une situation absolument intenable. Nous ne pouvons en conséquence qu'insister énergiquement pour que l'Autriche accepte la proposition de Grey, qui maintient sa position sous tous les rapports.

Je prie Votre Excellence de faire les plus énergiques déclarations dans ce sens au comte Berchtold et éventuellement au comte Tisza.

Sa Majesté a adressé ce soir le télégramme suivant à l'Empereur François-Joseph :

« Je n'ai pas cru devoir rejeter la demande personnelle du Tsar... de me faire part le plus tôt possible de Ta décision ». (8)

v. Bethmann Hollweg.

---

(5) Avant les mots « plus difficile » le Chancelier avait tout d'abord écrit : « extrêmement difficile », après « plus difficile » il avait ensuite écrit « si elle ne la met pas en danger » et il l'a rayé ensuite.

(6) Voir n° 409.

(7) Voir n° 435.

(8) Ici est inséré le télégramme de l'Empereur à l'Empereur François-Joseph du 30 juillet (n° 437). Voir aussi les n⁰ˢ 434, 440, 450, 451, 464, 465, 468 et 482.

N° 442

Le Secrétaire d'État des Affaires Étrangères
à l'Ambassadeur à Vienne (1).

Télégramme 201.

Berlin, le 30 juillet 1914 (2).

Le comte Szögyény a proposé ici une démarche commune à Pétersbourg et à Paris, dans laquelle nos ambassadeurs feraient ressortir amicalement les conséquences de la mobilisation russe. J'ai répondu au comte Szögyény que comme ces jours derniers nous avions déjà parlé dans ce sens à Pétersbourg et à Paris nous ne pouvions plus renouveler cette démarche (3). Nous demandions en conséquence à l'Autriche de faire seule cette démarche. Nous lui avons aussi conseillé d'en informer Rome.

JAGOW.

------

(1) D'après la minute de la main de Jagow.
(2) 9 h. soir à l'Office central télégraphique.
(4) Voir n°ˢ 427 et 429.

N° 443

L'Ambassadeur à Vienne
au Ministère des Affaires Étrangères (1).

Télégramme 139.

Vienne, le 30 juillet 1914 (2).

A la question que j'ai posée sur l'attitude du Gouvernement d'ici vis-à-vis de nos représentations, au sujet des prétentions de compensations italiennes, on m'a dit que les instructions transmises à Rome avaient été rédigées conformément à une entente intervenue à Berlin. Je n'ai pas manqué d'aller au fond des choses, et à ma demande j'ai reçu communication du télégramme du comte Szögyény du 27 de ce mois, dont le texte est le suivant :

« M. de Jagow approuve complètement la réponse que Votre Excellence a

------

(1) D'après le déchiffrement.
(2) Remis à Vienne 7 h. 30 soir, parvenu au Ministère des Affaires Etrangères 9 h. 30 soir. Timbre d'enregistrement à l'entrée : 30 juillet après-midi.

faite à l'ambassadeur d'Italie (télégramme de Votre Excellence d'hier) et il trouve tout à fait bien que Votre Excellence ne se soit pas engagée dans une controverse sur l'interprétation de l'article VII. Néanmoins le Secrétaire d'Etat est d'avis que, dès maintenant, Votre Excellence, sans invoquer l'article VII, déclare expressément au Gouvernement italien qu'au cas où, contre notre volonté, une occupation du territoire serbe n'offrant pas un caractère passager serait considérée comme une mesure indispensable, Votre Excellence admettrait le principe d'une compensation offerte à l'Italie (sans aucune indication sur son étendue).

« M. de Jagow pense, comme M. Zimmermann, qu'une pareille déclaration apaiserait l'Italie qui continuellement fait ici des représentations dans ce sens ».

TSCHIRSCHKY.

N° 444

Le Secrétaire d'Etat des Affaires Etrangères à l'Ambassadeur à Londres (1).

Télégramme 192.
Pour information confidentielle.

Berlin, le 30 juillet 1914 (2).

L'ambassadeur impérial à Vienne télégraphie :

« Berchtold et le comte Forgach m'ont prié... par la Monarchie » (3).

Le télégramme a trait à notre invitation précédente d'engager des conversations directes entre Vienne et Pétersbourg et il dénote tant de conciliation de la part de Vienne que nous espérons que l'Angleterre agira à Pétersbourg pour obtenir la même attitude conciliante et notamment l'arrêt de ses mesures de guerre.

JAGOW.

---

(1) D'après la minute de la main de Jagow.
(2) 9 h. 50 soir à l'Office central télégraphique.
(3 Ici est inséré le télégramme de Tschirschky du 30 juillet après quelques légères modifications (Cf. n° 433). Voir en outre n°° 323, 377, 388, 448, 489. En même temps le télégramme (sous le n° 149) a été communiqué à l'ambassadeur à Pétersbourg.

N° 445
L'attaché militaire à la Cour de Russie
au Ministère des Affaires Etrangères (1).

Télégramme 195.

Pétersbourg, le 30 juillet 1914 (2).

Pour Sa Majesté :

Le prince Troubetzkoï m'a dit hier, lorsqu'il a assuré la remise immédiate du télégramme de Votre Majesté à l'Empereur Nicolas : « Dieu merci un télégramme de votre Empereur, mais je crains qu'il ne soit trop tard. » Il vient de me dire que le télégramme avait fait sur l'Empereur une impression profonde, mais qu'il ne pouvait malheureusement plus rien changer, car la mobilisation contre l'Autriche avait été ordonnée et Sasonow avait dû persuader Sa Majesté qu'il n'était plus possible maintenant de reculer. Je lui ait dit que cette mobilisation prématurée contre l'Autriche à l'occasion d'une guerre locale avec la Serbie pouvait entraîner des conséquences impossibles à prévoir, car la réponse de l'Allemagne était tout indiquée et la Russie en porterait la responsabilité, en dépit de l'assurance de l'Autriche qu'elle ne se proposait aucune annexion territoriale en Serbie. Il me dit *qu'on ne pouvait plus croire ici* à de pareilles assurances de l'Autriche. *Je lui répondis* qu'a-

Sornettes !
Impudence

---

(1) D'après le déchiffrement. Cf. Livre allemand de mai 1915, p. 32, n° 20.
(2) Remis à Pétersbourg 5 h. 46 après-midi, parvenu au Ministère des Affaires Etrangères 10 h. 5 soir. Timbre d'enregistrement à l'entrée : 30 juillet après-midi. Le déchiffrement a été soumis à l'Empereur et est revenu au Ministère le 31 juillet. Le Chancelier, Jagow et Zimmermann ont pris connaissance le 31 juillet des annotations marginales de l'Empereur. Pour le paragraphe 2, voir aussi n° 505.

lors il faudrait plus tard régler les comptes à ce sujet avec l'Autriche. L'Autriche n'avait pas mobilisé contre la Russie, mais contre la Serbie, et il n'y avait pas de raison pour la Russie d'intervenir aussitôt. En outre je lui dis que le langage de la Russie, nous ne pouvons pas laisser nos frères de Serbie dans l'embarras, n'était *plus* compris en *Allemagne* après l'épouvantable *crime de Sarajevo.* Il invoqua en terminant comme unique raison la *lenteur de la mobilisation russe,* mais j'ai eu l'impression qu'il était au fond convaincu que la Russie avait agi avec trop de précipitation. Comme je lui dis qu'il ne pouvait pas s'étonner de la mobilisation des forces allemandes, il s'arrêta épouvanté et dit qu'il fallait qu'il se rendît immédiatement à Péterhof.

ah! ah! dans tous les cas gagner du temps et être prêts avant nous!

il ne s'y attend pas!!!

Le Grand-Duc Nicolas Michailowitch m'a dit qu'au club il avait reçu la nouvelle que l'armée belge était mobilisée, car la Belgique avait un traité d'alliance avec la France ; je reproduis ces paroles, bien que le Grand-Duc tienne beaucoup de propos qu'il ne peut justifier. La ville de Pétersbourg est calme sauf quelques démonstrations, vu qu'on a pris de fortes mesures de police pour protéger les ambassades autrichienne et allemande.

Blague!

Dans des milieux... (3), où l'on a envers nous des intentions absolument amicales, on espère une entente de l'Allemagne avec la Russie sur les bases des garanties do

---

(3) Lacune dans le déchiffrement. D'après une copie aux archives de l'ambassade d'Allemagne à Pétersbourg on peut lire : « du club ».

l'Allemagne contre un agrandissement
de l'Autriche après la guerre avec la
Serbie, c'est-à-dire contre un démembrement complet de cette dernière, ce que je
reproduis sans commentaires.

En ce qui concerne la mobilisation, plusieurs officiers supérieurs m'ont déclaré
au club que toutes mesures destinées à la
modifier ou à l'arrêter étaient impossibles
à exécuter en Russie, vu l'immensité des
distances et ne provoqueraient que la confusion ; qu'en outre en Russie *entre le
commencement* de la mobilisation et le
commencement de la guerre il y avait
encore un grand intervalle de temps qui
pouvait toujours être utilisé pour des
explications amicales.

J'ai l'impression que l'on n'a mobilisé
*ici que par crainte des événements qui
pouvaient surgir*, sans intentions *agressives* et *qu'on est maintenant effrayé de
ce qu'on a fait.*

CHELIUS.

N° 446

**L'Ambassadeur à Rome
au Ministère des Affaires Etrangères (1).**

Télégramme 156.

Rome, le 30 juillet 1914 (2).

Le marquis de San Giuliano est très alarmé de la nouvelle
de la rupture des négociations directes entre l'Autriche et la
Russie. Il était indiscutable maintenant que la Russie était

(1) D'après le déchiffrement.
(2) Remis à Rome 7 h. 30 soir, parvenu au Ministère des Affaires Etrangères 10 h. 5 soir. Timbre d'enregistrement à l'entrée : 30 juillet après-midi.

prête à la guerre, et que l'Angleterre y participerait. Les divergences de fait entre la Russie et l'Autriche ne seraient que très minimes depuis que l'Autriche avait déclaré qu'elle n'avait pas l'intention d'opérer des annexions territoriales. Il s'agissait de savoir ce que voulait au fond l'Autriche, et de demander ensuite à Pétersbourg si la Russie pouvait accepter les intentions autrichiennes. Il était absolument nécessaire que le Gouvernement impérial entrât en relations avec Vienne, non pour déterminer l'Autriche à des concessions, mais pour établir les intentions et les exigences de l'Autriche (3). Alors les autres puissances, en particulier l'Angleterre et l'Italie, pourraient négocier sur cette base à Pétersbourg, pour éviter la guerre européenne.

J'ai répondu que la rupture entre la Russie et l'Autriche avait été vraisemblablement provoquée par la mobilisation russe et me paraissait compréhensible. Le Ministre dit que cela n'excluait pas des négociations ultérieures.

Confidentiel. M. Bollati a donné l'information que le Gouvernement impérial, contrairement à ses suppositions primitives, était convaincu que la Russie et l'Angleterre prendraient part à la guerre.

FLOTOW.

---

(3) Voir n° 457.

N° 447

**L'Ambassadeur à Londres
au Ministère des Affaires Etrangères (1).**

Télégramme 191.

Londres, le 30 juillet 1914 (2).

Il n'existe à mon avis et d'après l'opinion qui règne ici qu'une issue pacifique. Elle consiste à inviter le comte Ber-

---

(1) D'après le déchiffrement.

(2) Remis à Londres 7 h. 49 soir, parvenu au Ministère des Affaires Etrangères 10 h. 25 soir. Timbre d'enregistrement à l'entrée : 30 juillet après-midi.

chtold à déclarer que, par égard pour la paix européenne
et les désirs de ses alliés, il est prêt à se contenter provisoirement des résultats obtenus, à surseoir provisoirement aux
opérations militaires et à s'entretenir par notre entremise
avec Sasonow des conditions à imposer à la Serbie, au cas
où le Gouvernement russe cesserait ses armements à la frontière autrichienne. J'ai parlé dans ce sens à mon collègue
austro-hongrois.

Lichnoswky.

N° 448

**L'Ambassadeur à Vienne
au Ministère des Affaires Étrangères** (1).

Télégramme 141.

Vienne, le 30 juillet 1914 (2).

J'ai interpellé le comte Berchtold sur la contradiction
entre mon information et celle de M. Schebeko au sujet de
l'entretien de ce dernier avec le Ministre (3). Le comte
Berchtold fit observer qu'il y avait en fait, ainsi que le suppose
Votre Excellence, un malentendu du côté russe. M. de Schebeko était parti de l'idée que le comte Szapary avait eu avec
Sasonow un entretien amical portant aussi sur la note à la
Serbie, et qu'il aurait déclaré : « ce serait utile de continuer
cette conversation. » (4) Là-dessus, lui, le Ministre, aurait fait
observer que le comte Szapary était bien autorisé à fournir
des explications sur la note, mais qu'il devait se refuser nettement à discuter les divers points de la note à la Serbie, leur
justification, etc. M. Schebeko en aurait conclu que l'Autriche
ne voulait pas conférer avec la Russie.

---

(1) D'après le déchiffrement.
(2) Remis à Vienne 8 h. 50 soir, parvenu au Ministère des Affaires
Étrangères 10 h. 25 soir. Timbre d'enregistrement à l'entrée : 30 juillet
après-midi. Communiqué télégraphiquement par Jagow le 31 juillet, après
quelques légères modifications, à l'ambassadeur à Londres « pour utilisa-
tion », 2 h. 20 matin à l'Office central télégraphique.
(3) Voir n° 396.
(4) En français dans le texte (Note du traducteur).

Cette conclusion était d'autant moins justifiée que M. Schebeko au cours de l'entretien aurait déclaré encore : « nous pourrions aussi causer de nos propres affaires (5) » et que le Ministre n'avait manifesté aucune opposition à cette suggestion.

Après que le comte Berchtold eût également reçu connaissance de ce malentendu par le comte Szapary et qu'il eût été saisi de notre suggestion instante d'entrer en conversation avec la Russie, il a adressé immédiatement au comte Szapary des instructions à cette fin. (Télégramme chiffré n° 135) (6).

TSCHIRSCHKY.

(5) En français dans le texte (Note du traducteur).
(6) Voir n° 433.

N° 449
L'Ambassadeur à Saint-Pétersbourg au Ministère des Affaires Etrangères (1).

Télégramme 197.

Saint-Pétersbourg, le 30 juillet 1914 (2).

Je viens de communiquer à M. Sasonow le contenu des télégrammes 142 et 143 (3-4). Le Ministre m'a dit que la Russie s'abstiendrait, en attendant, de tout acte d'hostilité contre l'Autriche si elle n'était pas provoquée par cette puissance.

Au reste, je ne peux que constater que M. Sasonow, après comme avant, se refuse à se départir du point de vue dont j'ai fait part à Votre Excellence dans mes dernières communications.

POURTALÈS.

(1) D'après le déchiffrement.
(2) Remis à Saint-Pétersbourg 9 h. 5o soir, parvenu au Ministère des Affaires Etrangères 11 h. 5 soir. Timbre d'enregistrement à l'entrée : 3o juillet.
(3) Voir n° 392.
(4) Voir n° 397.

N° 450
Le Chancelier de l'Empire
à l'Ambassadeur à Vienne (1).

Télégramme 202.

Urgent.   Berlin, le 30 juillet 1914 (2).

Je vous prie de ne pas exécuter (3) provisoirement l'instruction n° 200 (4).

BETHMANN HOLLWEG.

-----

(1) D'après la minute. Projet de la main de Zimmermann.
(2) Expédié en clair, 11 h. 20 soir à l'Office central télégraphique.
(3) Voir n° 441.
(4) Voir n° 464.

N° 451

Projet d'un télégramme non envoyé
du Chancelier de l'Empire
à l'Ambassadeur à Vienne (1).

Berlin, le 30 juillet 1914 (2).

J'ai arrêté l'exécution de l'instruction n° 200, (3) parce que l'Etat-Major général vient de m'informer que les préparatifs militaires de nos voisins, notamment à l'Est, nous forcent à de promptes décisions, si nous ne voulons pas nous exposer à des surprises. L'Etat-Major général désire instamment être fixé immédiatement et de façon définitive sur les décisions prises à Vienne, notamment sur celles d'ordre militaire. Je vous prie de réclamer avec insistance une réponse pour demain.

BETHMANN HOLLWEG.

-----

(1) D'après la minute. Projet de la main de Zimmermann.
(2) Timbre d'enregistrement à l'entrée. 30 juillet après-midi. Sur un feuillet annexe, annotation du 30 juillet : « D'après un ordre téléphonique de M. le Sous-Secrétaire d'Etat, ne doit pas partir provisoirement. » Le télégramme, en fait, n'est *pas parti*. Voir n° 464.
(3) Voir n° 441.

N° 452

Le Roi d'Angleterre au Prince Henri de Prusse (1).

Télégramme (sans numéro).

Londres, le 30 juillet 1914 (2).

Prince Henry of Prussia,

Berlin.

Thanks for your telegram. So pleased to hear of Williams efforts to concert with Nicky to maintain peace. Indeed I am earnestly desirous that such an irreparable disaster as a European war should be averted. My Government is doing its utmost suggesting to Russia and France to suspend further military preparations, if Austria will consent to be satisfied with occupation of *Belgrade and neighbouring* Servian territory as a *hostage for satisfactory settlement* of her demands *other countries meanwhile suspending their war preparations*. Trust William will use his great influence to induce Austria to *accept this proposal* thus proving that Germany and England are working together to prevent what would be an international catastrophe. Pray assure William I am doing and shall continue to do

Gage (3).

Austria has this evening made the same proposals (4).

---

(1) D'après le texte écrit sur une formule télégraphique en complétant la ponctuation. Voir n° 417.

(2) Remis à Londres 8 h. 54 soir; reçu à l'Office central télégraphique de Berlin 11 h. 8 soir. Le télégramme a été soumis à l'Empereur qui a fait des annotations dans les interlignes. Timbre d'enregistrement à l'entrée du Ministère des Affaires Étrangères 30 juillet après-midi. Une copie du télégramme certifiée personnellement par le prince Henri de Prusse a été soumise à l'Empereur le 31 juillet. Sur cette copie, annotation marginale de l'Empereur. « 30 vii, 11 h. 30 soir. »

(3) Annotation interlinéaire de l'Empereur en face du mot « hostage ».

(4) Annotation interlinéaire de l'Empereur en face des mots « accep this proposal. »

all that lies in my power to preserve
peace of Europe (5).

Traduction.

Merci de Ton télégramme. Je suis heureux d'apprendre les efforts de Guillaume à l'effet de se concerter avec Nicky, en vue du maintien de la paix. Je désire instamment qu'un désastre aussi irréparable qu'une guerre européenne puisse être évité. Mon Gouvernement fait tout son possible en proposant à la Russie et à la France de suspendre leurs préparatifs militaires, si l'Autriche veut consentir à se contenter de l'occupation de Belgrade et des territoires serbes voisins comme otage, garantissant le règlement satisfaisant de ses exigences, les autres pays suspendant en même temps leurs préparatifs militaires. J'espère que Guillaume usera de sa grande influence pour amener l'Autriche à accepter cette proposition, prouvant ainsi que l'Allemagne et l'Angleterre travaillent de concert pour éviter ce qui serait une catastrophe internationale. Je fais et continuerai de faire ce qui est en mon pouvoir pour sauvegarder la paix européenne.

GEORGE.

(5) Cf. Livre Blanc allemand de mai 1915, p. 45.

N° 453

Le Secrétaire d'Etat des Affaires Etrangères au Chargé d'affaires à Athènes (1).

Télégramme 102.

Berlin, le 30 juillet 1914 (2-3).

Je vous prie de me télégraphier le texte précis de la déclaration de neutralité.

JAGOW.

(1) D'après la minute. Projet de la main de Jagow.
(2) 11 h. 50 soir à l'Office central télégraphique.
(3) Voir n° 436.

N° 454
L'Ambassadeur à Londres
au Ministère des Affaires Etrangères (1).

Télégramme 193.

Londres, 30 juillet 1914 (2).

Sir Edward Grey et M. Asquith ont fait aujourd'hui à la
Chambre des Communes, des déclarations dans lesquelles ils
ont insisté sur la gravité de la situation. Le premier fait
connaître que l'Angleterre, après comme avant, ne poursui-
vait que le grand but du maintien de la paix. M. Asquith a
fait rayer de l'ordre du jour le bill des amendements, vu que
des querelles de partis n'étaient pas de saison, et que l'Angleterre, qui n'était pas directement intéressée, devait pré-
senter un front unique. Il espérait que le patriotisme de tous
les partis contribuerait, sinon à détourner, tout au moins à
limiter le danger menaçant.

LICHNOWSKY.

(1) D'après une copie du Ministère des Affaires Etrangères.
(2) Remis à Londres le 30 juillet 9 h. 5 soir ; parvenu au Ministère des
Affaires Etrangères à minuit ; timbre d'enregistrement à l'entrée : 31 juillet
matin.

N° 455
L'Ambassadeur à Paris,
au Ministère des Affaires Etrangères (1).

Télégramme 233.

Paris, le 30 juillet 1914 (2).

L'ambassade et le consulat général sont assaillis par des
Allemands qui demandent si leur départ s'impose. Vu la possibilité que le Gouvernement français, à la déclaration de
guerre, interne les Allemands d'âge à porter les armes ou

(1) D'après le déchiffrement.
(2) Remis à Paris le 30 juillet 8 h. 47 soir, parvenu au Ministère des
Affaires Etrangères à minuit. Voir n° 461.

les refoule en Espagne, nous considérons qu'il y a lieu de conseiller le retour sans bruit des hommes astreints aux obligations militaires. Les autres Allemands établis pourraient attendre, au cas où ils ne seraient pas congédiés de leur emploi, ce qui jusqu'ici, n'a eu lieu que rarement.

Votre Excellence approuve-t-elle ce point de vue?

SCHOEN.

N° 456
Procès-verbal de la séance
du Ministère prussien du 30 juillet 1914 (1).

Berlin, 30 juillet 1914.

Présents :

Le Président du Ministère D^r v. Bethmann Hollweg,

Les ministres d'Etat :

v. Tirpitz,	Dr Frhr. v. Schorlemer,
Dr Delbrück,	Dr Lentze,
Dr Beseler,	v. Falkenhayn,
v. Breitenbach,	v. Loebell,
Dr Sydow,	Kühn,
D. D^r von Trott zu Solz,	S. Ex. v. Jagow était empêché.

Comme commissaire du Chancelier de l'Empire le Sous-Secrétaire d'Etat Wahnschaffe. Le Sous-Secrétaire d'Etat Heinrichs.

Le Ministère s'est réuni aujourd'hui en une séance où on a discuté les points suivants :

1° — Le Président du Conseil des Ministres a exposé qu'il avait prié MM. les Ministres d'Etat de se réunir aujourd'hui pour leur donner un aperçu de la situation politique actuelle, dans la mesure du possible. La situation oscillait d'heure en heure et était encore, vu les facteurs incertains de son développement, très douteuse.

a) Sa Majesté *a cherché à provoquer une entente entre le*

____

(1) D'après une copie mise à la disposition des auteurs de la publication par le Ministère prussien.

*Gouvernement de Vienne et le Gouvernement de Saint-Péters-
bourg*. Le Gouvernement de Vienne a déclaré à Saint-
Pétersbourg, après le rejet par la Serbie de ses exigences,
qu'il ne se proposait aucune annexion territoriale, et qu'il ne
voulait pas porter atteinte à l'intégrité territoriale de l'Etat
serbe.

Le Gouvernement allemand a invité le Gouvernement de
Vienne à déclarer à Pétersbourg : la Serbie n'a consenti
qu'en partie à se conformer aux désirs de Vienne ; en outre,
il est au plus haut point douteux qu'elle tienne les engagements pris. Le Gouvernement de Vienne se propose en conséquence de se procurer, par une occupation temporaire, une
garantie de l'exécution de ses exigences et de la bonne conduite du Gouvernement serbe. Cette démarche, faite hier,
n'a pas encore reçu de réponse. Les *motifs* déterminants de
l'attitude de l'Allemagne dans le conflit actuel sont les suivants : il convient d'attacher le plus grand prix à mettre la
Russie dans son tort, et on atteindrait ce but par une déclaration austro-hongroise telle qu'elle réduirait à l'absurde les
affirmations du Gouvernement russe ; il y avait lieu d'ailleurs
de tenir compte de ce que la réponse serbe, sauf des points
de détails donnait en fait satisfaction aux desiderata austro-
hongrois.

b) A côté de ces négociations avec Vienne, un échange de
dépêches entre Sa Majesté et le Tsar était en cours. Le Tsar
dans son télégramme avait qualifié l'attaque autrichienne
contre la Serbie de guerre ignoble, et fait appel à l'assistance
de l'Empereur en vue d'éviter une guerre européenne. Dans
son télégramme au Tsar, l'Empereur avait fait ressortir que
tous les Etats monarchiques avaient intérêt à se protéger
contre les tendances destructrices fomentées en Serbie, et
aboutissant au régicide et à la révolution. Ces dépêches s'é-
taient croisées. Un échange ultérieur de télégrammes n'avait
pas encore abouti à un résultat, résultat d'autant plus difficile à obtenir que la mobilisation russe était intervenue dans
l'intervalle. Par suite les propositions adressées à Vienne
étaient devenues plus ou moins illusoires.

c) Enfin, il y avait lieu de prendre en considération les

propositions du Secrétaire d'Etat anglais Grey tendant à ce
que l'Autriche fît à Saint-Pétersbourg des déclarations analogues à celles qu'on recommandait du côté allemand. Ces
négociations n'étaient pas encore terminés.

*d) L'Allemagne et l'Angleterre avaient fait toutes les
démarches possibles pour éviter une guerre européenne.* On
donnait, il est vrai, comme explication de la mobilisation russe
que ces mesures de mobilisation ne pouvaient se comparer
aux mesures de mobilisation dans l'Europe occidentale. Les
troupes russes pouvaient rester pendant des semaines l'arme
au pied dans cet état de mobilisation. La Russie ne voulait
pas la guerre, mais elle était forcée de prendre ces mesures
par l'attitude de l'Autriche. A cela on pouvait répondre que
les quatre corps d'armée austro-hongrois mobilisés au sud
de la Monarchie n'étaient pas dirigés contre la Russie, et que
la mobilisation des corps d'armée dans le nord en Bohême
était due en première ligne à l'attitude politique douteuse
des Tchèques et répondait à des nécessités locales.

*Sa Majesté était d'avis qu'avant de prendre de plus amples
résolutions il fallait d'abord terminer l'action ci-dessus exposée
à Vienne.* Mesures militaires : la déclaration de menace de
guerre signifiait la mobilisation et celle-ci dans notre situation — la mobilisation des deux côtés — la guerre. On ne
pouvait pas convenablement poursuivre en même temps des
actions politiques et militaires. Il était probable que c'était
aujourd'hui qu'interviendrait à Vienne la décision relative
aux propositions allemandes et anglaises.

En ce qui concernait l'attitude des autres nations, tout
espoir en l'Angleterre équivalait à zéro. L'Angleterre prendrait parti pour la Double Alliance. L'attitude de l'Italie ne
pouvait pas être clairement prévue. Le conflit austro-serbe
était impopulaire en Italie, parce qu'on craignait qu'il ne
menaçât les intérêts italiens dans les Balkans. L'Italie craignait
de ne pouvoir tenir dans toute leur étendue les engagements
d'alliance qu'elle avait pris par écrit. On avait agi sur l'Autriche pour l'amener à s'entendre avec l'Italie, mais cette
entente ne s'était pas encore réalisée, et d'ailleurs l'Autriche
était très difficile à manier dans la conduite de sa politique.

Il ne fallait pas compter sur l'aide de la Roumanie, pas plus que sur celle de la Bulgarie, parce que le Gouvernement actuel serait vraisemblablement renversé et remplacé par un Gouvernement russophile.

f Les mesures militaires prises en Russie comme en France ressemblaient à la déclaration du danger de guerre chez nous. En Russie, en ce qui concernait la frontière allemande, les gardes frontières avaient été renforcés, et l'état de guerre avait été déclaré dans le gouvernement de Kowno. Dans la Baltique, les phares étaient éteints et les stations de radiotélégraphie fermées. Au reste la Russie assurait encore ce matin qu'il n'était pas intervenu de mobilisation contre l'Allemagne.

La France avait déclaré l'état de siège, mais n'avait avoué que des mesures préparatoires de défense. Les autres bruits ne pouvaient être vérifiés.

g) Le Président du Conseil des Ministres fit ressortir en terminant que tous les Gouvernements, y compris la Russie et la grande majorité des peuples, étaient en eux-mêmes pacifiques, mais que la direction était perdue et que la machine était mise en mouvement. Comme *homme politique,* tant que sa démarche à Vienne n'aurait pas été rejetée, *il n'abandonnait pas ses espérances et ses efforts en faveur du maintien de la paix.* La décision pourrait intervenir à bref délai ; alors on s'engagerait dans une autre voie. L'opinion publique en Allemagne était bonne, (ainsi qu'on le confirmait de tous côtés). Il n'y avait rien de particulier à craindre de la démocratie socialiste et du parti socialiste, ainsi qu'il pouvait le conclure de conversations avec le député au Reichstag Südekum. Il ne serait pas question d'une grève générale ou partielle ni de sabotage.

2. — Le Ministre d'Etat, v. Tirpitz exposa qu'en cas de danger de guerre menaçant Sa Majesté devrait ordonner à l'administration de la marine la « Sicherung » permettant de prendre les mesures de précaution nécessaires en vue d'assurer la sécurité des ports, du canal Empereur Guillaume II, de l'estuaire de la mer du Nord, et la surveillance de la navigation, etc... Il pouvait prendre de sa propre ini-

tiative les mesures principales, ce qui provoquerait moins d'émotion mais ne produirait pas des effets aussi complets.

Le Président du Conseil des Ministres déclara que, du côté militaire, on avait exprimé le désir de proclamer le « danger de guerre menaçant », mais qu'il *avait soutenu avec succès auprès de Sa Majesté le point de vue opposé*, et qu'on s'était borné à la protection militaire des voies ferrées.

MM. les Ministres d'Etat v. Tirpitz et v. Falkenhayn répondirent que le « danger de guerre menaçant » ne fût-ce que par l'appel des réserves, allait plus loin que la « Sicherung » et que cette dernière n'était pas publique.

Après que le ministre d'Etat v. Breitenbach eût fait valoir que la « Sicherung » répondrait aux mesures prises sur terre, le Président du Conseil des Ministres déclara qu'il n'avait pas d'objection contre la « Sicherung » *comme mesure purement défensive*, et laissa à M. le Ministre d'Etat v. Tirpitz le soin de faire à Sa Majesté une proposition dans ce sens.

3. — A la demande du Ministre de la Justice, on considéra comme opportun d'ajourner les discussions en cours concernant la poursuite des orateurs qui avaient provoqué la grève générale.

Au cours des débats suivants, le Président du Conseil des Ministres, MM. les Ministres d'Etat v. Tirpitz et v. Falkenhayn se retirèrent, et M. le Ministre d'Etat Delbrück prit la présidence.

4. — M. le Ministre d'Etat Dʳ baron v. Schorlemer demanda s'il fallait prendre un décret prohibant l'exportation des blés. Le Ministre d'Etat v. Breitenbach déclara qu'il avait déjà avisé la Direction des chemins de fer de l'Est d'arrêter à la frontière les transports de blé et les automobiles. Ces mesures pourraient être étendues à tous les districts.

Le Ministre d'Etat v. Delbrück fit remarquer qu'une interdiction générale des exportations aurait besoin de l'assentiment du Bundesrat qui pourrait être obtenu le lendemain.

M. le Ministre d'Etat Dʳ Sydow déclara qu'il attachait du prix à une interdiction générale et régulière des exportations, qui opérerait automatiquement même contre l'Autriche. Des transports à destination de pays déterminés, comme, par exemple, la Suisse, qui, d'après les communications de M. le Ministre d'Etat Dr Delbrück, ne soulevaient pas d'objections, pourraient être autorisées par une ordonnance spéciale de M. le Chancelier de l'Empire.

Après de plus amples discussions qui eurent trait, en particulier, à la question de l'exportation du bétail, le Ministre d'Etat Dr Delbrück résuma les résultats de la discussion en déclarant que les Ministres d'Etat étaient d'accord à l'effet de provoquer une interdiction de l'exportation et du transit pour les produits agricoles et horticoles, avec quelques exceptions qu'il y aurait lieu de préciser, ainsi que l'interdiction de l'exportation et du transit des automobiles et des chevaux.

5. — Le Ministre d'Etat Dr Delbrück donna communication des vingt-cinq projets de loi et ordonnances désignés dans l'annexe, qui devraient être rendus en cas de mobilisation et présentés par le Bundesrat.

Ces projets furent soumis à un examen au cours duquel le Ministre d'Etat Dr Beseler émit des doutes sur le point de savoir si, en cas de convocation du Landsturm entier et du second contingent, le fonctionnement de la justice pourrait être assuré. On lui répondit qu'il serait possible de réclamer des sursis.

Pour le surplus, les projets ne soulevèrent pas d'objections.

Le Ministre d'Etat v. Loebell demanda si en cas de déclaration de guerre on se proposait de convoquer le Landtag. Il n'avait pas, en ce qui le concernait, à déposer de projet de loi, mais il croyait que la convocation serait un acte de déférence vis-à-vis du Landtag qui produirait une bonne impression.

Le procès-verbal a été approuvé.

Signé: v. Bethmann Hollweg,   v. Loebell,
     v. Breitenbach,   Delbrück,
     v. Schorlemer,   v. Trott zu Solz,
     v. Tirpitz,   v. Falkenhayn,
     Sydow,   Kühn.
     Lentze,

Lu : v. Jagow.

N° 457
Le Chancelier de l'Empire
à l'Ambassadeur à Rome (1).

Télégramme 147.

Berlin, le 31 juillet 1914 (2)

Nous avons continué notre médiation auprès de la Russie et de l'Autriche, aussi bien par un échange direct de dépêches entre Sa Majesté l'Empereur et le Tsar qu'en nous entendant avec Sir Edward Grey. Tous nos efforts sont rendus très difficiles, sinon impossibles, par la mobilisation de la Russie. Les demandes de la Russie ont été jusqu'ici inacceptables. La Russie, d'après toutes les nouvelles que nous recevons, en dépit de nos assurances tranquillisantes, continue à prendre contre nous des mesures tellement importantes que la situation devient de plus en plus menaçante.

BETHMANN HOLLWEG.

---

(1) D'après la minute. Projet de la main de Jagow. Cf. Livre Blanc allemand de mai 1915, p. 35, n° 21. Voir n° 446.

(2) 12 h. 45 matin à l'Office central télégraphique.

N° 458
L'Ambassadeur à Rome
au Ministère des Affaires Etrangères (1).

Télégramme 158.

Rome, le 30 juillet 1914 (2).

Le marquis de San Giuliano me dit qu'il peut me donner les assurances les plus formelles que l'information relative à une entente de l'Italie avec l'Angleterre, d'après laquelle les

---

(1) D'après le déchiffrement.

(2) Remis à Rome 30 juillet 9 h. 30 soir; parvenu au Ministère des Affaires Etrangères 31 juillet 12 h. 52 matin. Timbre d'enregistrement à l'entrée : 31 juillet matin. Communiqué le 31 juillet à l'Etat-Major général, au Ministère de la Guerre, à l'Etat-Major de la Marine et au Ministère de la Marine, transmis par messager 11 h. 45 matin.

deux pays, en cas de |guerre, n'entreprendraient rien l'un contre l'autre, était une invention dénuée de tout fondement (3). Il était persuadé que l'Angleterre prendrait part à la guerre. Cela suffisait pour exclure la possibilité en cet instant d'accords secrets du Gouvernement italien avec l'Angleterre.

FLOTOW.

(3) Voir N° 36a.

N° 459
L'Ambassadeur à St-Pétersbourg
au Ministère des Affaires Etrangères (1).

Télégramme 196.

St-Pétersbourg, le 30 juillet 1914 (2).

Sasonow prétend avoir reçu du Ministre de la Marine une information d'après laquelle la flotte allemande se trouverait en état de mobilisation devant Dantzig. La Russie devait, en conséquence, prendre des contre-mesures. Suis-je autorisé à démentir cette nouvelle ?

POURTALÈS.

(1) D'après le déchiffrement.
(2) Remis à St-Pétersbourg 30 juillet 8 h. 40 soir ; parvenu au Ministère des Affaires Etrangères 31 juillet 12 h. 52 matin. Timbre d'enregistrement à l'entrée : 31 juillet matin.
(3) Voir n° 462.

N° 460
L'Ambassadeur à Londres
au Ministère des Affaires Etrangeres (1).

Télégramme 192.

Londres, le 30 juillet 1914 (2).

Télégramme à Sir G. Buchanan-Pétersbourg (3).

« German Ambassador informs me that German Govern-

(1) D'après le déchiffrement. Voir n° 439.
(2) Remis à Londres 30 juillet 9 h. 50 soir ; parvenu au Ministère des Affaires Etrangères 31 juillet 12 h. 52 matin. Timbre d'enregistrement à l'entrée : 31 juillet matin.

ment would endeavour to influence Austria, after taking Belgrade and Servian territory in region of frontier, to promise not to advance further, while Powers endeavoured to arrange that Servia should give satisfaction sufficient to pacify Austria. Territory occupied would of course be evacuated when Austria was satisfied. I suggested this yesterday as a possible [relief] (4) to the situation, and, if it can be obtained, I would earnestly hope that it might be agreed to suspend further military preparations on all sides.

« The Russian Ambassador has told me of condition laid down by Sasonow, as quoted in your telegram n° 155 and fears it cannot be modified : but if Austrian advance were stopped after occupation of Belgrade, I think the Russian Minister for Foreign Affairs, formula might be changed to read that the Powers would examine how Servia could fully satisfy Austria without impairing Servian sovereign rights or independance.

« If Austria, having occupied Belgrade and neighbouring Servian territory, declares herself ready in the interest of European peace to cease her advance and to discuss how a complete settlement can be arrived at, I hope that Russia would also consent to discussion and suspension of further military preparatives (5) provided that other Powers did the same ».

Lichnowsky.

Traduction.

L'ambassadeur d'Allemagne m'informe que le Gouvernement allemand s'efforcerait d'amener l'Autriche-Hongrie, après l'occupation de Belgrade et des territoires serbes dans le voisinage de la frontière, à promettre de ne pas avancer plus loin, pendant que les Puissances s'efforceraient d'obtenir que la Serbie donnât des satisfactions suffisantes pour apaiser l'Autriche. Les territoires occupés seraient, naturellement, évacués dès que l'Autriche aurait reçu satisfaction. J'ai proposé ceci, hier, comme remède possible à la situation, et, si cela peut-être obtenu, j'espère sérieusement que l'on pourra convenir de suspendre de tous les côtés tous préparatifs militaires ultérieurs.

L'Ambassadeur de Russie m'a parlé de la condition posée par M. Saso-

---

(3: Cf. Livre Bleu anglais n° 103.

(4) Lacune dans le déchiffrement, complétée conformément au sens au Ministère des Affaires Etrangères.

(5) *Sic*, pour « preparations » du Livre Bleu anglais.

now, telle que vous l'avez exposée dans votre télégramme 155 et il craint qu'elle ne puisse être modifiée ; mais si l'avance autrichienne était arrêtée après l'occupation de Belgrade, je crois que la formule du Ministre russe des Affaires Étrangères pourrait être modifiée et interprétée dans le sens que les Puissances examineraient comment la Serbie pourrait donner pleine satisfaction à l'Autriche, sans porter atteinte aux droits de souveraineté ou l'indépendance de la Serbie.

Si l'Autriche, ayant occupé Belgrade et les territoires serbes environnants se déclare prête, dans l'intérêt de la paix européenne, à cesser son avance et à discuter comment on peut aboutir à un réglement définitif de la question, j'espère que la Russie consentira aussi à une discussion et à la suspension de préparatifs militaires ultérieurs, à condition que les autres puissances en fassent autant.

N° 461

Le Secrétaire d'Etat des Affaires Etrangères à l'Ambassadeur à Paris (1).

Télégramme 175.

Berlin, le 31 juillet 1914 (2-3).

Le départ des Allemands est à conseiller.

JAGOW.

---

(1) D'après la minute de la main de Jagow.
(2) 1 h. 30 matin à l'Office central télégraphique.
(3) Voir n° 455.

N° 462

Le Secrétaire d'Etat des Affaires Etrangères à l'Ambassadeur à Pétersbourg (1).

Télégramme 150.

Berlin, le 31 juillet 1914 (2).

La nouvelle est de pure invention (3). Je vous prie de la démentir énergiquement.

JAGOW.

---

(1) D'après la minute de la main de Jagow.
(2) 1 h. 55 matin à l'Office central télégraphique.
(3) Voir n° 459.

N° 463
Le Chargé d'Affaires à Bucarest
au Ministère des Affaires Etrangères (1).

Télégramme 52.

Secret.   Sinaia, le 30 juillet 1914 (2-3).

S. M. le Roi, qui vient de me recevoir, considère la mobilisation russe comme une mesure destinée à donner satisfaction à l'opinion publique. Quant à la proposition d'une
démarche de la Roumanie à Pétersbourg ou d'un télégramme à l'Empereur de Russie, S. M. fut d'avis qu'il était
difficile pour lui de l'envoyer. Je revins sur ce point une
seconde fois, mais également sans succès. Le Roi me parla
de rechef de nouvelles inquiétantes reçues de Bulgarie et me
donna connaissance d'un télégramme d'après lequel l'Angleterre, au cas où nous attaquerions la Russie, ne resterait pas
indifférente. Il a conseillé à Belgrade d'accepter en toutes
circonstances toutes les conditions décisives de l'Autriche-
Hongrie. Le Roi a déclaré qu'il cherchait à préparer l'opinion
publique à une guerre éventuelle contre la Russie, mais il
insista de nouveau sur les grandes difficultés qu'il aurait à
satisfaire à ses obligations d'allié.

WALDBURG.

----

(1) D'après le déchiffrement
(2) Remis à Sinaia 3o juillet 1o h. 3o soir; parvenu au Ministère des
Affaires Etrangères 3i juillet 2 h. 35 matin. Timbre d'enregistrement à l'entrée : 3i juillet matin.
(3) Voir n° 38g.

N° 464
Le Chancelier de l'Empire
à l'Ambassadeur à Vienne (1).

Télégramme 203.

Berlin, le 31 juillet 1914 (2).

J'ai arrêté l'exécution de l'instruction n° 200 (3) en tenant compte du télégramme suivant du Roi d'Angleterre au Prince Henri :

« Thanks for your telegram... peace of Europe. » (4).

Je prie Votre Excellence de communiquer immédiatement ce télégramme au comte Berchtold, et, s'il en exprime le désir, de lui en laisser copie, pour qu'il s'en serve éventuellement auprès de l'Empereur François-Joseph.

Nous désirons instamment une décision définitive de Vienne au cours de cette journée.

BETHMANN HOLLWEG.

---

(1) D'après la minute. Projet de la main de Zimmermann. La phrase finale : « Nous désirons instamment... au cours de cette journée » a été ajoutée de la main du Chancelier de l'Empire.

(2) 2 h. 45 matin à l'Office central télégraphique A l'ambassade à Vienne 9 h. matin.

(3) Voir n°s 441, 450 et en outre 451.

(4) Voir n° 452.

N° 465
L'Ambassadeur à Vienne
au Ministère des Affaires Etrangères (1).

Vienne, le 30 juillet 1914 (2).

Télégramme 142.

Le télégramme 192 (3) parvenu à midi m'a été apporté immédiatement après déchiffrement au Ministère des Affaires Etrangères, où je déjeûnais avec le comte Berchtold. Aussitôt le repas terminé, j'ai communiqué les instructions qu'il contenait au comte Berchtold, en présence du comte Forgach. Le Ministre qui assista, pâle et silencieux à la lecture, à deux reprises — le comte Forgach prenait des notes, — déclara en terminant qu'il en rendrait compte immédiatement à l'Empereur.

---

(1) D'après le déchiffrement.

(2) Daté du 30 juillet ; remis à Vienne le 31 juillet 1 h. 35 matin, parvenu au Ministère des Affaires Etrangères 4 h. 35 matin. Timbre d'enregistrement à l'entrée : 31 juillet matin.

(3) Voir n° 395.

Doc. II.

J'attirai encore particulièrement l'attention du Ministre sur le fait que les prétentions justifiées de l'Autriche paraissaient avoir reçu pleine satisfaction, grâce à l'acceptation de la proposition de médiation comportant le châtiment de la Serbie, avec des garanties pour sa bonne attitude ultérieure, et qu'ainsi le but déclaré de toute l'action de la Monarchie contre la Serbie, pourrait être atteint par la Monarchie, sans déchaîner la guerre mondiale. Dans ces conditions, le rejet total de la médiation me paraissait impossible. L'honneur des armes serait suffisamment satisfait par l'occupation de territoires serbes par des troupes austro-hongroises. L'occupation militaire de territoires serbes, avec l'assentiment exprès de la Russie signifiait incontestablement un précieux renforcement de l'influence autrichienne vis-à-vis de la Russie et dans les Balkans. Je priai ces deux Messieurs de ne pas perdre de vue les conséquences incalculables du rejet de la médiation.

Après que le comte Berchtold eût quitté la pièce pour changer de vêtements et se rendre à l'audience de l'Empereur, je fis un appel énergique à la conscience du comte Forgach, qui me déclara qu'il était également d'avis qu'il fallait accepter la médiation. Toutefois la limitation des opérations militaires en cours, ne lui paraissait guère possible.

Cet après-midi avant et après la conversation téléphonique avec M. de Stumm, j'ai saisi l'occasion de renouveler mon entretien avec le comte Forgach et le comte Hoyos, en insistant sur notre opinion. Ils m'ont assuré tous les deux qu'en raison de l'opinion dans l'armée et dans le peuple, la limitation des opérations militaires, était à leur avis, impossible. Demain matin le comte Tisza arrivera à Vienne, et on prendra son avis pour cette décision d'une grande portée.

Conrad de Hötzendorf devait soumettre ce soir à l'Empereur, l'ordre de mobilisation générale comme réponse... (4)

---

(4) Lacune dans le déchiffrement ; annotation du bureau du chiffre : « Il est arrivé, baron von Berckheim généralement ». D'après les archives de l'ambassade de Vienne aucun mot ne manque entre « réponse » et « aux « mesures ».

aux mesures déjà prises du côté russe. On était dans l'incertitude sur le point de savoir si dans la situation actuelle la mobilisation s'imposait encore (5).

Tschirschky.

(5) Voir aussi nᵒˢ 434. 437, 440, 441, 450, 464, 468 et 482.

Nᵒ 466

Le Chancelier de l'Empire à l'Empereur (1).

Berlin, le 30 juillet 1914 (2).

J'attends le projet d'un télégramme de réponse au Roi d'Angleterre et d'une communication éventuelle à S. M. le Tsar sur les propositions anglaises et celles de Vienne qui coïncident presqu'entièrement avec les miennes.   G.

Je me permets de proposer respectueusement à Votre Majesté Impériale et Royale, la réponse suivante au télégramme de S. M. le Roi Constantin, du 27 juillet que j'ai l'honneur de vous remettre en annexe.

« Je Te remercie cordialement de Ton télégramme que Tu M'as transmis par l'entremise du comte Bassewitz, et qui M'a extraordinairement calmé. Je considère aussi une entente entre la Grèce et la Turquie, après comme avant, comme un acte de bonne (3) politique, et Je M'efforcerai de l'encourager de toutes Mes forces.

« Aussi longtemps que le conflit se limitera à l'Autriche et à la Serbie, on ne permettra, naturellement, ni à la Turquie ni à la Bulgarie d'intervenir. Si l'on en

(1) D'après la minute. Projet de Rosenberg avec modifications d'une autre main. L'expédition avec les annotations marginales de l'Empereur reproduites plus haut se trouve maintenant aux Archives. Sur l'expédition en haut se trouve l'annotation marginale de l'Empereur : « N. Pal. 31-vii-14. 6h.45 matin. G. » V. nᵒˢ 243 et 504.

(2) Sur la minute l'annotation de la main du Chancelier : « Pour aujourd'hui le projet au net. v. B. H. 30 ». L'expédition a été transmise le 31, 6 h. matin par messager.

(3) « de bonne » a été substitué par une autre main aux mots d'abord écrits par Rosenberg « la seule juste ».

vient à une conflagration générale, non seulement ces Etats, mais tous les Etats des Balkans auront à opter. Je considère comme allant de soi qu'à lui seul le souvenir de Ton père tombé sous la main d'un assassin T'empêchera, Toi et la Grèce, de prendre parti contre Moi et la Triple Alliance en faveur des assassins serbes. Mais aussi au point de vue exclusif des intérêts grecs, il Me semble indiqué pour Ton pays et Ta dynastie de prendre place aux côtés de la Triple Alliance. La Serbie elle-même, qui ne pourrait être protégée contre son sort par l'appui de la Grèce, se rendra compte que c'est un cas de force majeure qui détermine l'attitude de la Grèce. Personne n'a contemplé d'un œil plus jaloux que la Russie l'essor merveilleux de la Grèce sous Ton règne. Jamais il ne se présentera pour la Grèce, une meilleure occasion qu'aujourd'hui de secouer, sous la puissante protection de la Triple Alliance, la tutelle que la Russie cherche à exercer sur les Balkans (4).

« Si contre mon attente confiante Tu Te rangeais du côté de mes adversaires, la Grèce serait exposée à l'attaque immédiate de l'Italie, de la Turquie et de la Bulgarie et Nos rapports personnels auraient à en souffrir pour toujours (5).

---

(4) Les mots écrits tout d'abord dans le projet de Rosenberg... « et de trouver la riche récompense de la victoire dans l'Hinterland serbe de Salonique. Je m'efforcerai d'assurer une juste répartition du butin serbe entre nos alliés » ont été rayés.

(5) Les mots écrits primitivement par Rosenberg « mais la nappe sera coupée entre Moi et Toi à tout jamais à l'avenir » ont été modifiés par « et nos rapports... pour toujours. »

« Je T'ai parlé sincèrement et Je Te prie
de me communiquer sans retard Ta décision avec la même sincérité complète et
Guillaume   sans réserve. »

Vu la situation actuelle, il y aurait
lieu de n'autoriser le chargé d'affaires à
Athènes, qu'à lire oralement ce télégramme et non à le communiquer par
écrit.

v. Bethmann Hollweg.

N° 467

**Le Consul général à Anvers
au Chancelier de l'Empire (1).**

Anvers, le 30 juillet 1914 (2).

Le conflit austro-serbe semble avoir complètement surpris
le monde commercial et financier belge. Les inquiétudes au
sujet des conséquences économiques pour le pays ont été
accrues par le bruit d'une attitude réservée de la Banque de
Belgique qui, à ce que l'on disait, refuserait même l'escompte
des traites de commerce. D'après les informations que je me
suis procurées, il est exact que les traites de l'étranger (banques, grandes industries, maisons de commerce) sur des
banques belges ne seront pas escomptées, jusqu'à nouvel
ordre, par la Banque nationale. Il en est de même des traites
de banques belges et de particuliers belges sur des banques
belges. Par contre, les traites des maisons de commerce et
des industries belges sur des banques belges continueront à
être escomptées.

J'adresse copie à la légation impériale à Bruxelles.

v. Schnitzler.

---

(1) D'après le déchiffrement.

(2) Timbre d'enregistrement à l'entrée du Ministère des Affaires Étrangères : 31 juillet matin. Communiqué le 2 août à la Trésorerie de l'Empire,
au Ministère des Finances, à la Reichsbank et à la Direction du Commerce
maritime.

N° 468

Note du Directeur de la Direction Politique
au Ministère des Affaires Etrangères (1).

Berlin, le 31 juillet 1914 (2).

M. de Tschirschky téléphone que l'Autriche a ordonné la mobilisation générale et a déclaré à Saint-Pétersbourg qu'il s'agissait exclusivement d'une contre-mesure contre la mobilisation russe.

Si j'ai bien compris M. de Tschirschky, la réponse à notre proposition ne sera probablement pas conçue comme un refus sans réserve (3).

(1) De la main de Stumm.

(2) Timbre d'enregistrement à l'entrée du Ministère des Affaires Etrangères : 31 juillet matin. Le Chancelier de l'Empire, Jagow, Zimmermann ont reçu connaissance de cette note le 31 juillet.

(3) Voir nos 395, 434, 437, 440, 441, 450, 464, 465 et 482.

N° 469

L'Ambassadeur à Londres
au Ministère des Affaires Etrangères (1).

Télégramme 194.

Londres, le 31 juillet 1914 (2).

La voie la plus pratique ne serait-elle pas un télégramme de Sa Majesté au Tsar, dans lequel Sa Majesté dans l'intérêt de la paix européenne, proposerait l'arrêt des armements russes, au cas où l'Autriche arrêterait les opérations contre la Serbie, et l'acceptation de la médiation de Votre Excellence en vue de la solution de la question serbe ?

En ce qui concerne les deux conditions posées par Sasonow au comte de Pourtalès (3), on pourrait peut-être dire que la

(1) D'après le déchiffrement.

(2) Remis à Londres 7 h. 38 matin, parvenu au Ministère des Affaires Etrangères, 10 h. 55 matin. Timbre d'enregistrement à l'entrée : 31 juillet après-midi.

(3) Voir n° 421.

première reçoit satisfaction par le fait que le comte Berchtold
est prêt à procéder avec lui à un échange de vues par l'entremise de Votre Excellence, et en ce qui concerne l'ultimatum qu'il serait prêt à examiner la possibilité d'autres garanties et à les discuter.

LICHNOWSKY.

N° 470
La Princesse Pless à l'Empereur (1).

Télégramme (sans numéro).

Londres, le 31 juillet 1914.

His Majesty the Emperor, Neues Palais.

Belgrade has fallen, Servia is punished, let Austria return
now so that the peace of Europe is assured. Only your
Majesty can influence this and hold Russia back, otherwise
under such conditions I fear for Germany. God be with your
Majesty now and always.

DAISY.

Traduction.

A Sa Majesté l'Empereur, Nouveau Palais.

*Belgrade est tombée ; la Serbie est punie. Que l'Autriche revienne main-
tenant en arrière, de sorte que la paix européenne soit assurée. Seule,
Votre Majesté peut obtenir ce résultat et retenir la Russie. Autrement,
dans de pareilles conditions, je crains pour l'Allemagne. Que Dieu soit
avec Votre Majesté maintenant et toujours.*

---

(1) Remis à Londres 8 h. 24 matin, reçu au Bureau télégraphique du
Nouveau Palais 10 h. 17 matin, renvoyé par l'Empereur le 31 juillet au
Ministère des Affaires Étrangères. Timbre d'enregistrement à l'entrée :
31 juillet après-midi.

N° 471
Projet non envoyé d'un télégramme de l'Empereur
au Roi de Roumanie (1).

L'effroyable attentat de Sarajevo a été suivi d'événements
dont le développement ultérieur me cause des craintes

---

(1) Projet non daté, dactylographié et non paraphé, avec des modifications
de la main de Bergen. Timbre d'enregistrement à l'entrée du Ministère des

graves. Dans un souci exemplaire du bien de ses peuples, notre vénérable ami et allié l'Empereur François-Joseph a cherché à obtenir de la Serbie une réparation pour le terrible assassinat de son neveu et l'engagement formel de rompre avec cette politique d'assassinat dirigée contre l'Autriche-Hongrie. Nous étions en droit de nous attendre à voir ces exigences justifiées exécutées par la Serbie et appuyées moralement par les Monarques de l'Europe et par toutes les nations civilisées. Mais, le panslavisme croit devoir étendre sa main protectrice au-dessus de la Serbie. La Russie se place aux côtés de la Serbie, faisant par là, siennes, les menées serbes minant les conditions d'existence de la Monarchie austro-hongroise. Je ne saurais méconnaître que l'agitation poursuivie par les panslavistes contre l'Autriche-Hongrie se propose pour but final l'effondrement de la Monarchie du Danube, l'affaiblissement ou la rupture de la Triple Alliance et, par voie de conséquence, l'isolement de mon Empire, pour pouvoir, sans obstacle, établir leur domination sur le sud-est de l'Europe. Mes devoirs d'alliance, l'honneur et le sentiment de la conservation me placent, en conséquence, aux côtés de l'Autriche-Hongrie. A cette heure grave de nos destinées, je dirige ma pensée vers Toi qui, dans cette Marche orientale de l'Europe, as consacré Ton activité féconde au maintien de la civilisation et à l'édification de cette digue solide contre la marée montante du panslavisme. Je sais que comme Souverain dévoué à Ton pays et comme prince de Hohenzollern (2), Tu resteras aux heures graves un ami fidèle.

Affaires Étrangères : 3o juillet après-midi. Le télégramme n'est pas parti avec le texte de ce projet, mais sous la forme reproduite au n° 472.

(2) Le texte original portait : « comme prince de Hohenzollern et officier. »

N° 472

L'Empereur au Roi de Roumanie (1).

Berlin, le 31 juillet 1914 (2).

Après l'abominable attentat de Sarajevo notre vénérable ami et allié l'Empereur François-Joseph a demandé satisfaction à la Serbie. La Russie, qui prétend à une hégémonie sur les Balkans, en intervenant en faveur de la Serbie, fait siens ses efforts à l'effet de détruire la Monarchie autrichienne. Je ne puis m'empêcher de reconnaître que les tendances panslavistes poursuivent avec la destruction de la Monarchie du Danube la dissolution de la Triple Alliance, l'isolement et l'affaiblissement de l'Allemagne et la domination de la Russie sur tout le sud-est de l'Europe. La fidélité à l'Alliance, l'honneur et le sentiment de la conservation me placent aux côtés de l'Autriche. Dans cette heure grave mes pensées vont à Toi qui as créé à la Marche est de l'Europe un État civilisé et érigé ainsi une digue contre la marée slave. J'ai confiance que comme Roi et comme Hohenzollern Tu resteras fidèle à Tes amis et que Tu Te conformeras sans réserve à Tes obligations d'allié (3).

GUILLAUME.

---

(1) D'après la minute. Projet de la main de Jagow avec une addition de la main de l'Empereur à qui le Chancelier a fait parvenir le 30 juillet par rapport immédiat le projet de Jagow. Annotation de l'Empereur sur l'expédition du rapport immédiat : « 31 juillet 1914. 7 h. 15 matin. G. Entendu ». Le télégramme a été transmis télégraphiquement le 31 par le Chancelier à la légation de Bucarest en la priant de le faire parvenir immédiatement au Roi, 10 h. 55 à l'Office central télégraphique.

(2) « et que Tu Te conformeras sans réserve... d'allié » ajouté par l'Empereur. Voir n° 471.

N° 473
L'Ambassadeur à Pétersbourg
au Ministère des Affaires Etrangères (1).

Télégramme 199.

Pétersbourg, le 31 juillet 1914 (2).

La mobilisation générale de l'armée et de la flotte a été ordonnée. Le premier jour de la mobilisation est le 31 juillet.

POURTALÈS.

---

(1) D'après le déchiffrement.

(2) Remis à Pétersbourg 10 h. 20 matin, parvenu au Ministère des Affaires Etrangères 11 h. 40 matin. Timbre d'enregistrement à l'entrée : 31 juillet après-midi. Communiqué le 31 juillet à l'Etat-Major général, au Ministère de la Guerre, à l'Etat-Major de la Marine et au Ministère de la Marine.

N° 474
L'Empereur au Ministère de la Marine
et à l'Etat-Major de la Marine (1).

Pour l'information du Ministère de la Marine et de l'Etat-Major de la Marine.

Très secret.   31 juillet 1914, midi.

Hier, 30 juillet, le Chef d'Etat-Major de la Marine m'a donné connaissance du télégramme de l'attaché naval à Londres relatif à l'entretien de Sir E. Grey avec le prince Lichnowsky, dans lequel on donnait à entendre à l'Allemagne que seule une trahison envers son alliée par sa non partici-

---

(1) Lettre autographe de l'Empereur.

(2) Adressée en original le 31 juillet par le Chef du Cabinet de la Marine avec prière de renvoi au Secrétaire d'Etat de la Marine qui en a accusé réception à 2 h. 15 (après-midi) et qui l'a transmise directement au Chef d'Etat-Major de la Marine qui en a eu connaissance à 2 h. 50 après-midi. Müller fit parvenir cette lettre en original au chef d'Etat-Major général qui en accusa réception à 8 heures soir et la renvoya au Ministère de la Guerre qui en eut connaissance à 8 h. 10 soir. La lettre n'est parvenue qu'en janvier 1919 au Ministère des Affaires Etrangères. L'Empereur écrivit sur la lettre l'annotation marginale suivante : « *Adresser copie au Chef d'Etat-Major général et au Ministre de la Guerre.* »

pation à la guerre contre la Russie nous *préserverait* d'une attaque anglaise immédiate. Bientôt après une communication de l'ambassadeur confirmant cette conversation nous est parvenue, et a été transmise sans commentaires par le Ministère des Affaires Etrangères (3). J'ai compris que par là Sir E. Grey avait fait paraître peu sincère son propre Roi qui venait de me faire parvenir officiellement (4) par le Prince Henry une déclaration évidente de neutralité qui m'a été transmise oralement le 29 juillet. Comme je suis maintenant convaincu que toute la crise est provoquée par l'*Angleterre seule* et ne peut être résolue que par elle seule (au moyen d'une pression sur les Russes et les Français alliés), je me suis décidé à adresser un télégramme privé au Roi qui semble n'avoir nullement conscience de son rôle et de sa responsabilité dans la crise actuelle. Par l'entremise du Prince Henry, j'ai fait télégraphier ce qui suit (5): J'étais très reconnaissant à Sa Majesté de sa déclaration de neutralité que le Prince m'avait transmise ainsi qu'il l'en avait chargé. J'étais très préoccupé de la situation et je m'efforçais sérieusement de la résoudre. Un échange de vues permanent entre le Tsar et moi par télégrammes avait lieu, vu que le Tsar avait fait appel à ma médiation entre lui et Vienne, médiation que j'avais très volontiers entreprise. Malheureusement le 29 le Tsar m'avait informé qu'il avait mobilisé et il résultait de la date qu'il avait, trois jours avant l'appel qu'il m'avait adressé, ordonné la mobilisation sans m'en informer (6). J'ai attiré l'attention du Tsar sur le fait que par cette mesure inattendue il rendrait illusoire (7) ma situation de médiateur, que l'Autriche proposait de la considérer comme une menace et qu'ainsi il assumait une énorme responsabilité en cas de conflagration mondiale. J'étais d'avis qu'actuellement la seule possibilité d'éviter une conflagration générale que l'Angleterre ne pouvait pas désirer, était à *Londres* et non à *Berlin*. Au lieu

---

(3) Voir n° 368.
(4) Voir n° 374.
(5) Voir n° 417.
(6) Le télégramme visé est le télégramme du 30 juillet n° 390.
(7) Voir n° 420.

de faire des projets pour des conférences, Sa Majesté le Roi
devrait nettement et carrément ordonner aux Russes et aux
Français — ce sont bien *ses alliés* — d'*arrêter* immédiatement leur mobilisation, de rester *neutres* et d'attendre les
propositions de l'Autriche que je transmettrais aussitôt
qu'elles m'auront été communiquées. L'*entière responsabilité*
de la plus terrible conflagration mondiale qui ait jamais sévi
tomberait incontestablement *sur lui* et il resterait condamné
par le monde et par l'histoire. Je ne pouvais rien faire de
plus *directement*; c'était maintenant à lui à intervenir et à
prouver la sincérité de l'attachement de l'Angleterre à la
paix. Il pouvait être assuré de mon loyal et vif appui. Le Roi
a répondu par le télégramme ci-annexé (8). Ses projets sont
conformes aux miens, que j'ai suggérés (9) au Cabinet de
Vienne qui nous laisse depuis six jours sans réponse, et qui
nous ont été communiqués comme tels de Vienne par
télégramme hier au soir. Je les ai communiqués à Londres (10) ainsi que la réponse du Roi à Vienne (11). Entre
Vienne et Peterhof des conversations diplomatiques ont
enfin été entamées, et Peterhof a imploré la *médiation* de
Londres. A Pétersbourg d'après une communication d'aujourd'hui de l'ambassadeur (12) il n'y a *absolument aucun*
enthousiasme pour la guerre. Au contraire l'opinion est
déprimée, vu qu'hier au soir il y a eu de nouveau de violents
combats de rues entre les révolutionnaires et les troupes.
A la Cour et dans les milieux militaires l'opinion est
déprimée, car on revient à soi, et l'on est effrayé de ce
qu'on a fait et de ce qu'on peut faire encore par la mobilisation prématurée.

Guillaume I. R.

---

(8) Voir n° 452.
(9) Voir n° 323, en outre n° 395 et les numéros qui y sont indiqués.
(10) Voir n° 477.
(11) Voir n° 464.
(12) Voir n° 339; l'information est du 27 juillet, elle est parvenue le 29,
elle a été transmise à l'Empereur le 30 juillet.

N° 475

Le Secrétaire d'Etat des Affaires Etrangères
au Chargé d'affaires à Bucarest (1).

Télégramme 55.

Berlin, le 31 juillet 1914 (2).

Je vous prie de me télégraphier si la nouvelle d'après laquelle l'opinion deviendrait de plus en plus hostile à l'Autriche est exacte.

JAGOW.

(1) D'après la minute. Projet de la main de Bergen.
(2) 12 h. 25 après-midi à l'Office central télégraphique.

N° 476

Le Chargé d'affaires à Cettigné
au Ministère des Affaires Etrangères (1).

Télégramme 22.

Cattaro, le 30 juillet 1914 (2).

Le Ministre des Affaires Etrangères auprès duquel je me suis rendu après la réception du télégramme de Votre Excellence (3), me déclare que la mobilisation générale n'offre... que le caractère d'une mesure préventive. Le Monténégro n'a pas l'intention d'attaquer l'Autriche, mais il a dû mobiliser, vu qu'à tout instant il doit s'attendre à une attaque des Autrichiens. Sur ma réponse que je ne voyais pas la raison

(1) D'après le déchiffrement.
(2) Remis à Cattaro le 30 juillet 10 h. 10 soir, parvenu au Ministère des Affaires Etrangères le 31 juillet à 12 h. 50 après-midi. Timbre d'enregistrement à l'entrée : 31 juillet après-midi. Communiqué par Jagow le 31 juillet après quelques modifications et en supprimant la phrase finale par le télégramme 210 à l'ambassadeur à Vienne, à 8 h. 5 soir à l'Office central télégraphique. Communiqué également le 31 juillet sur l'ordre de Jagow, après quelques modifications, et en supprimant la phrase finale, à l'Etat-Major général, au Ministère de la Guerre, à l'Etat-Major de la Marine et au Ministère de la Marine, transmis par messager 8 h. 25 soir, communiqué en extrait par Bergen le 31 juillet au secrétaire de légation de l'ambassade austro-hongroise, le comte Kuehn.
(3) Voir n° 322.

pour laquelle l'Autriche attaquerait le Monténégro, le Ministre répondit que l'Autriche officielle et le comte Berchtold
n'avaient peut-être aucuns desseins contre son pays. Mais
les événements de Cattaro avaient démontré que pour l'instant dans la Monarchie les militaires dominaient seuls et
de la part de ces messieurs militaires on pouvait tous les jours
s'attendre à une attaque. Il n'avait aucune confiance dans les
promesses de l'Autriche; on leur en avait fait depuis 35 [ans] et
on ne les avait jamais tenues. Il n'y avait pas lieu de s'étonner que l'Autriche dans le moment actuel fut particulièrement libérale en promesses. Il serait dans les circonstances
actuelles très désagréable à la Monarchie d'être engagée
dans une guerre avec le Monténégro, car la Russie ne pourrait pas rester spectatrice passive d'une lutte de l'Autriche
contre deux Etats slaves. Du reste, il aurait entendu dire que
la Russie aurait déjà envahi la Galicie, et que les régiments
slaves se refusaient à marcher. J'ai averti le Ministre de ne
pas accorder trop de confiance à de pareilles nouvelles sans
confirmation et de ne pas se laisser entraîner personnellement... (4) à une démarche irréfléchie.

Le Ministre me déclara encore que, dans aucun cas, le Monténégro ne pourrait contempler passivement le démembrement de la Serbie. Entouré de tous côtés par l'Autriche le
Monténégro serait voué à une perte certaine. Je répondis que
je ne croyais pas que l'Autriche eût cette intention et j'ai
représenté au Ministre que dans les circonstances actuelles
une guerre avec la Monarchie était sans espoir de succès.
Alors le Ministre me déclara encore une fois que le Monténégro ne songeait pas provisoirement à une attaque contre
l'Autriche, mais qu'il repousserait une attaque jusqu'à la
dernière extrémité... (5).

....(6) déclare être trop occupé pour recevoir les diplomates, mais aurait déjà fait il y a quelques jours des déclarations dans le même sens.

ZECH.

---

(4) Groupe de chiffres inintelligible.
(5) Comme à la note 4.
(6) Un groupe de chiffres manque.

N° 477
L'Empereur au Roi d'Angleterre (1).

Télégramme (sans numéro).

Nouveau-Palais, le 31 juillet 1914 (2).

H. M. the King, Buckingham Palace, London.

Many thanks for kind telegram (3). Your proposals coïncide with my ideas and with the statements I got this night from Vienna which I have had forwarded to London. I just received news from chancellor that official notification has just reached him that this night Nicky has ordered the mobilization of his whole army and fleet. He has not even awaited the results of the mediation I am working at and left me without any news. I am off for Berlin to take measures for ensuring safety of my eastern frontiers where strong Russian troops are already posted.

WILLY.

Traduction.

Tous mes remerciements pour Ton bon télégramme. Tes propositions concordent avec mes idées et avec les déclarations que j'ai reçues de Vienne cette nuit et que j'ai envoyées à Londres. Je reçois à l'instant du Chancelier la nouvelle qu'il vient de recevoir la notification officielle que Nicky ordonnée cette nuit la mobilisation de toute son armée et de toute sa flotte par Nicky. Il n'a même pas attendu les résultats de la médiation à laquelle je travaille et m'a laissé sans nouvelle. Je rentre à Berlin à l'effet d'assurer la sécurité de mes frontières de l'est où de forts contingents de troupes russes sont déjà stationnées.

GUILLAUME.

---

(1) D'après la copie de l'Office central télégraphique de Berlin (V. plus bas note 2). Cf. Livre Blanc allemand de mai 1915, p. 45.

(2) Le télégramme a été transmis 12 h. 55 après-midi, par l'Office télégraphique du Nouveau-Palais au Roi d'Angleterre. Sur l'ordre de l'Empereur il a été communiqué télégraphiquement au Chancelier et au Ministère des Affaires Etrangères (télégrammes reçus à Berlin à l'Office central télégraphique 1 h. 37 après-midi. Timbre d'enregistrement à l'entrée du Ministère des Affaires Etrangères 31 juillet après-midi). Sur une question posée par le Ministère des Affaires Etrangères, l'Office central télégraphique du Nouveau-Palais communiqua au Ministère des Affaires Etrangères la provenance de ce télégramme (comme il est indiqué ci-dessus).

(3) Voir n° 452.

N° 478

L'Ambassadeur à Pétersbourg
au Ministre des Affaires Etrangères (1).

Télégramme 198.

Pétersbourg, le 30 juillet 1914 (2).

L'attaché militaire informe l'Etat-Major général :

D'une source sûre on apprend que, contrairement à des bruits répétés, on n'a pas encore fait partir de troupes du district militaire de Pétersbourg.

Le 1ᵉʳ corps d'armée aurait reçu le 29 après-midi l'ordre de mobilisation qui a été revoqué une heure après. Par des officiers bulgares qui servent dans un régiment de la 37ᵐᵉ Division (3) on a appris que cette division a reçu, cet après-midi un ordre de mobilisation. On contrôlera demain sérieusement cette nouvelle. Il paraîtrait que la Garde le cas échéant, serait employée à la frontière ouest. Elle serait remplacée à Pétersbourg par les Cosaques d'Orenburg.

Toutes les nouvelles parvenues jusqu'ici du déplacement de troupes non mobilisées vers la frontière créent l'impression que l'on a commandé prématurément et avec nervosité des mesures de protection de la frontière qui pourraient exercer une influence sur le cours de la mobilisation.

Pour compléter l'information sur l'envoi à l'arrière des munitions et du matériel de Varsovie on apprend d'une source sûre que, vu que les nouveaux travaux de Nowogeorgiewsk ne sont pas terminés, on a décidé et commencé l'évacuation de cette forteresse.

La flotte sera réunie jusqu'au 29 à Sweaborg et aurait reçu l'ordre de mobilisation le 30 à 2 heures du matin. La flotte à

---

(1) D'après le déchiffrement.

(2) Daté du 30 juillet ; remis à Pétersbourg le 31 juillet 9 h. 10 matin, parvenu au Ministère des Affaires Etrangères 31 juillet 1 h. 35 après-midi. Timbre d'enregistrement à l'entrée : 31 juillet après-midi. Communiqué le 31 juillet à l'Etat-Major général, au Ministère de la Guerre, à l'Etat-Major de la Marine et au Ministère de la Marine.

(3) Les Etats-Majors du 1ᵉʳ Corps d'armée et de la 37ᵐᵉ Division faisant partie du 18ᵐᵉ Corps d'armée se trouvaient à Pétersbourg.

Reval et à Cronstadt visiblement se prépare à la lutte. Elle aurait reçu l'ordre de faire feu immédiatement sur tout navire de guerre allemand apparaissant dans les eaux russes.

POURTALÈS.

N° 479
Le Chancelier de l'Empire
à l'Ambassadeur à Vienne (1).

Télégramme 204.

Berlin, 31 juillet 1914 (2).

Après la mobilisation générale russe nous avons proclamé la menace de danger de guerre ; la mobilisation s'ensuivra probablement dans le délai de 48 heures. Elle signifiera inévitablement la guerre. Nous attendons de l'Autriche une participation *active* immédiate à la guerre contre la Russie.

BETHMANN HOLLWEG.

---

(1) D'après la minute. Projet de la main de Jagow.

(2) 1 h. 45 après-midi à l'Office central télégraphique, parvenu à l'ambassade à Vienne 4 h. 20 après-midi.

FIN DU TOME II

Paris. — Imprimerie G. Picquoin, 53, Rue de Lille

KAUTSKY (K.), Secrétaire d'État adjoint des Affaires Étrangères d'Allemagne, lors de la Révolution du 9 novembre 1918. — **Comment s'est déclenchée la guerre mondiale.** Traduit de l'allemand par Victor Dave. 16ᵉ mille. 1 vol. in-8 . . . . 10 fr.

LEFÈVRE (A.). — **Germains et Slaves, origines et croyances.** 1 vol. in-18 avec 15 figures dans le texte et un atlas de 32 cartes dressées par Albert Lacroix . . . . 4 fr. 90

GRAND-CARTERET (John). — **Une victoire sans guerre.** Documents et images pour servir à l'histoire du différend franco-allemand relatif au Maroc (Agadir 1911). 1 vol. in-8° avec 97 figures . . . . 4 fr. 90

DELTUF (Paul). — **Essai sur les œuvres et la doctrine de Machiavel,** avec la traduction littérale du *Prince* et de quelques fragments historiques et littéraires. 1 vol. in-8° . . . . 12 fr.

BULWER (Sir H. Lytton), ancien ambassadeur. — **Essai sur Talleyrand.** Traduit de l'anglais par Georges Perrot. 1 vol. in-8° . . . 15 fr.

FRIEDLAENDER (L.), professeur à l'Université de Kœnigsberg. — **Mœurs romaines du règne d'Auguste à la fin des Antonins.** Trad. sur la deuxième édition allemande avec des considérations générales et des remarques, par Ch. Vogel. 4 volumes in-8°. Chaque volume, 18 fr.

    Tome I. — La ville et la cour, les trois ordres, la société et les femmes.
    Tome II. — Les spectacles et les voyages des Romains.
    Tome III. — Le luxe et les beaux-arts.
    Tome IV. — Les belles-lettres, la situation religieuse et l'état de la philosophie.
    Le tome III ne se vend pas séparément.

MOREAU DE JONNÈS (A.), membre de l'Institut. — **État économique et social de la France depuis Henri IV jusqu'à Louis XIV** (1589-1715). 1 vol. in-8° . . . . 10 fr.

MOHL (Jules), membre de l'Institut, professeur au Collège de France. — **Vingt-sept ans d'histoire des études orientales.** 2 vol. in-8° 20 fr.

LABORDE (Dr J.-V.), membre de l'Académie de Médecine, professeur à l'École d'anthropologie. — **Léon Gambetta.** Biographie psychologique (le cerveau, la parole, la fonction et l'organe). Histoire authentique de la maladie et de la mort. 1 vol. in-8° avec 10 gravures, dont 5 hors-texte . . . . 7 fr. 50

SCHLIEMANN (Henri). — **Thyrinthe. Le palais préhistorique des rois de Thyrinthe.** Résultat des dernières fouilles. 1 vol. grand in-8° avec 1 carte, 4 plans, 24 planches en chromolithographie et 188 gravures sur bois, cartonné . . . . 24 fr.

SOURY (Jules). — **Études historiques sur les religions, les arts, la civilisation de l'Asie antérieure et de la Grèce.** 1 volume in-8° . . . . 10 fr.

SURAN (Théodore), agrégé de l'Université, professeur au Lycée d'Avignon. — **Les esprits directeurs de la pensée française, du moyen âge à la Révolution.** 1 vol. in-16 avec portraits . . . . . . 4 fr. 90

ROBIQUET (Paul). — **Histoire municipale de Paris** depuis les origines jusqu'à l'avènement d'Henri III. 1 vol. in-8° broché . . . . 12 fr.
    Relié . . . . 15 fr.

CHAMPION (Edme). — **Esprit de la Révolution française.** 1 vol. in-12 . . . . 4 fr. 90

www.ingramcontent.com/pod-product-compliance
Ingram Content Group UK Ltd.
Pitfield, Milton Keynes, MK11 3LW, UK
UKHW021645170726
13836UKWH00005B/2409